"十四五"职业教育国家规划教材

icve 智慧职教 高等职业教育在线开放课程新形态一体化教材

高等职业教育商科类专业群
市场营销专业新目录·新专标配套教材

新目录
新专标

广告原理与实务

（第四版）

主　编　王宏伟
副主编　周　瑾　牛力娟　曹　勇

中国教育出版传媒集团
高等教育出版社·北京

内容提要

本书是“十四五”职业教育国家规划教材，也是高等职业教育商科类专业群市场营销专业新目录·新专标配套教材。

本书共九章，分为广告原理和广告实务两部分。第一章介绍广告原理，从广告的概念和要素入手，主要阐述广告与市场营销、广告与受众心理、广告与传播、广告与消费者行为、广告代理等方面的知识。第二章至第九章介绍广告实务，其内容结构按照广告流程来设计，重点阐述广告调查的内容、程序和方法以及调查问卷的构成与设计，广告策略的目标和选择，广告预算的编制和分配方法，广告媒体选择的原则和策略，主要广告媒体的应用，广告创意与创作，广告效果与测评等有关内容。本书附录为课程教学建议。

本次修订更新了上版部分案例和数据，根据网络应用的不断发展，对媒体应用章节进行了优化改写，突出了互联网媒体广告的内容，反映了高等职业教育最新教学改革思路。本书可作为高等职业院校、高等专科院校、成人高校、民办高校及本科院校举办的二级职业技术学院市场营销专业及相关专业的教学用书，也可作为五年制高职、中职相关专业教学用书以及广告工作人员的业务参考及培训用书。

本书配有教学课件、二维码等数字化教学资源，转型升级为新形态一体化教材，以帮助读者进一步了解相关知识内容，进行实例分析。具体资源获取方式请见书后“郑重声明”页的资源服务提示。

图书在版编目（CIP）数据

广告原理与实务 / 王宏伟主编. -- 4版. -- 北京 : 高等教育出版社，2018.12（2023.8重印）
ISBN 978-7-04-050813-0

Ⅰ. ①广… Ⅱ. ①王… Ⅲ. ①广告学-高等职业教育-教材 Ⅳ. ①F713.80

中国版本图书馆CIP数据核字(2018)第240271号

广告原理与实务（第四版）
GUANGGAO YUANLI YU SHIWU

策划编辑 贾若曦　责任编辑 贾若曦　封面设计 张雨微　版式设计 马 云
插图绘制 于 博　责任校对 王 雨　责任印制 朱 琦

出版发行 高等教育出版社
社　　址 北京市西城区德外大街4号
邮政编码 100120
印　　刷 天津鑫丰华印务有限公司
开　　本 787 mm×1092 mm 1/16
印　　张 16.5
字　　数 380千字
购书热线 010-58581118
咨询电话 400-810-0598
网　　址 http://www.hep.edu.cn
http://www.hep.com.cn
网上订购 http://www.hepmall.com.cn
http://www.hepmall.com
http://www.hepmall.cn
版　　次 2007年4月第1版
2018年12月第4版
印　　次 2023年8月第10次印刷
定　　价 44.50元

物 料 号 50813-B0

第四版前言

近年来，随着社会经济文化的迅速发展，广告以其对经济的巨大推动力而成为现代社会生活的重要组成部分，它充斥着人们的视听，引导、创造着消费，影响着人们的消费习惯，进而改变了人们的消费观念。懂得欣赏、评析一则广告，熟悉广告的运作过程，掌握一定的广告技术并善于运用广告为企业服务，已经成为对营销人员的基本能力要求。

党的二十大报告提出："育人的根本在于立德。全面贯彻党的教育方针，落实立德树人根本任务，培养德智体美劳全面发展的社会主义建设者和接班人。""加强全媒体传播体系建设，塑造主流舆论新格局。健全网络综合治理体系，推动形成良好网络生态。"

为加快推进党的二十大精神进教材，进课堂，进头脑，引导学生做社会主义核心价值观的坚守者和宣传者，编写团队对教材进行了修改完善，一是结合现代高素质广告职业人才的培养要求，在每章的学习目标中增加素养目标；二是完善整合营销传播、全媒体传播、网络广告、广告信息设置等知识点的内容，将党的二十大精神融入其中，弘扬社会主义法治理念，共建良好网络生态；三是挖掘案例中的课程思政元素，进行系统梳理和完善，同步优化"引导案例""知识库""课堂练习""实践与实训""引思明理"等栏目，增强职业教育教材的类型特色，落实立德树人根本任务。

本书从市场营销专业学生知识和技能培养的需要出发，依照广告策划和广告运作流程来构建广告学理论及实践的整体知识框架，以便突出高职高专的教学性质和要求。具体体现以下特点：一是针对性，即针对高职高专院校市场营销专业的学生，从其掌握广告理论知识和实践技能的需要出发，以必要的相关理论知识为铺垫，注重技能培养；二是实践性，即根据高等职业教育的培养目标和培养要求，强调"理论够用，实践为主"，以技能培养为目标，突出案例教学和实践环节；三是基础性，即以广告行业的基本技能为导向，着重要求学生具备基本的广告策划、广告策略、广告媒体、广告创意和广告写作方面的基本能力。

本书共九章，主要内容分为广告原理和实务两部分。第一部分为原理部分，从广告的概念和要素入手，主要阐述广告与市场营销、广告与受众心理、广告与传播、广告与消费者行为等方面的知识，并根据能力培养的需要，简要阐述了广告代理制。

第二部分为实务部分，按照广告策划和运作流程，重点讲述了广告调查、广告策略、广告预算、广告媒体、媒体应用、广告创意与广告创作、广告效果与测评等有关内容，旨在指导学生通过广告调查，根据企业的营销策略和目标确定广告目标，编制广告预算，撰写媒体计划书，在广告活动中选择媒体并建立媒体组合，开展广告创意和创作，对广告活动的结果进行测评，避免无效广告，提高广告传播效果。根据互联网应用的深入，新版修订突出了互联网媒体广告的内容，对媒体应用部分进行了优化，力求体现广告的新业态和新发展。

本书的突出特色表现在两个方面：一是教材的内容结构完整。整个教材的内容分成学习目标、引导案例、正文、阅读资料、知识库、同步案例及同步实务等部分。同时，在每章中穿插课堂练习及课外练习，提高学生对所学内容的理解和掌握；每章结合所学内容提炼出各章结构图，使学生对本章所学内容有一个清晰的认识，便于学生的学习和提高，并以思考与练习、案例分析、实践与实训等不同形式对学生所学知识和所学技能进行训练和巩固，进一步强化对学生实践技能的培养。二是实用性强。本书是长期工学结合的成果，主编王宏伟自2003年至今一直兼任郑州金升广告有限公司总经理，具有丰富的广告工作经验；参编宫俊昌先生（广州众矢易生文化传播有限公司总经理）不仅对教材编写提出了许多具体意见和建议，而且亲自参与第9章的编写。这些都使本书的实用性大大提升。

在本次修订中，新增了二维码，转型升级为新型态一体化教材，以供本书读者即扫即看，更好地学习知识内容并进行案例分析。

本书由王宏伟任主编，周瑾、牛力娟、曹勇任副主编，康金辉、宫俊昌参编。具体的编写分工是：第一章由王宏伟编写，第二、三章由牛力娟编写，第四、五章由康金辉编写，第六章由曹勇编写，第七、八章由周瑾编写，第九章由宫俊昌编写。全书由王宏伟总纂定稿，由仲岩教授审稿。在编写过程中，本书借鉴了大量文献资料，得到了广州金升广告有限公司、郑州金升广告有限公司及许多朋友的关心和支持，在此一并予以致谢。同时，也请各位同仁、专家和读者对本书的不当之处不吝指教匡正。

编　者

二〇二三年六月

第一版前言

广告在当今社会中几乎无处不在，充斥着人们的视听，左右着人们的生活。广告引导着消费，也创造着消费，影响了人们的消费习惯，改变了人们的消费观念。

为适应现代社会经济发展的需要，本书从市场营销专业学生知识和技能培养的需要出发，依照广告策划和广告运作流程，以必要的相关理论知识为铺垫，突出案例教学和实践环节，注重技能培养，实现理论与实践的有机结合。本书共9章，主要内容分为广告原理和实务两部分。第1章为原理部分，根据“够用”和“必需”的教学原则，从广告的概念和要素入手，主要阐述广告与市场营销、广告与消费心理、广告与传播、广告与消费行为等方面的知识，并根据能力培养的需要，简要阐述了广告代理制。在此基础上，其余各章按照广告策划和运作流程，突出实践环节，重点学习广告调查的内容、方法和调查问卷的设计，广告策略的目标和选择，广告预算的编制方法和预算资金的分配，广告媒体选择的原则和媒体组合策略，报纸、杂志、电视、广播、户外、网络等主要广告媒体的特点和应用，广告创意的特征、过程、方法和广告创作，广告效果的表现、广告效果测评指标的评价、广告效果测评的步骤和方法以及无效广告的规避等有关内容。实务部分旨在指导学生通过广告调查，根据企业的营销策略和目标确定广告目标，编制广告预算，通过学习媒体选择的原则、媒体组合策略和各主要媒体的特征，撰写媒体计划书，在广告活动中选择媒体并建立媒体组合，开展广告创意和创作，对广告活动的结果进行测评，避免无效广告，提高广告传播效果。

本书的突出特点表现在内容结构的编排上，把整个教材的内容分成几大块。即学习目标：每章正文前提出本章学习的知识要求和技能要求；正文：主要的学习内容；资料链接：便于学生学习和理解的背景资料和阅读资料；案例：与正文内容密切相关的经典案例和案例分析；知识库：对所涉及的相关知识和内容的进一步了解和学习；拓展提高：拓展视野，提高对问题的进一步认识和理解；计算公式链接：书中所涉及的有关指标的计算方法和公式。同时，除各章节的综合思考与练习外，结合所学内容在每章中穿插思考题和快速测试题，以提高学生对所学内容的理解和掌握；各章的小结也以图表的形式表述，使学生对本章所学内容有一个清晰的认识，便于学生复习和提高。

本书由王宏伟担任主编，张帅旗、胡云兰担任副主编，参加编写的还有芦阳、徐继英两位老师。其中，第六章由王宏伟撰写，第一、三章由张帅旗撰写，第八、九章由胡云兰撰写，第二、四章由芦阳撰写，第五、七章由徐继英撰写。全书由王宏伟总纂定稿，由蔡玉平教授审稿。在编写过程中，本书借鉴了大量文献资料，得到许多人的关心和支持，在此一并予以致谢。也请各位同仁、专家和读者对本书的不当之处不吝指教匡正。

编　者

二〇〇六年十二月

目　录

第一章

广告学原理

本章学习目标

※ **知识目标**

- 掌握广告的概念及其构成要素
- 了解整合营销传播的内容和思路
- 掌握广告与心理、广告与传播、广告与消费者行为的关系

※ **技能目标**

- 能够结合心理学理论分析、指导广告实践
- 能够结合传播学理论分析广告传播的特点
- 能够运用沃恩的修改后层级模式分析广告在不同产品中的影响

※ **素养目标**

- 了解《中华人民共和国广告法》的主要内容，增强法制观念
- 遵守广告从业规则，提高广告人员职业道德与素养

本章结构

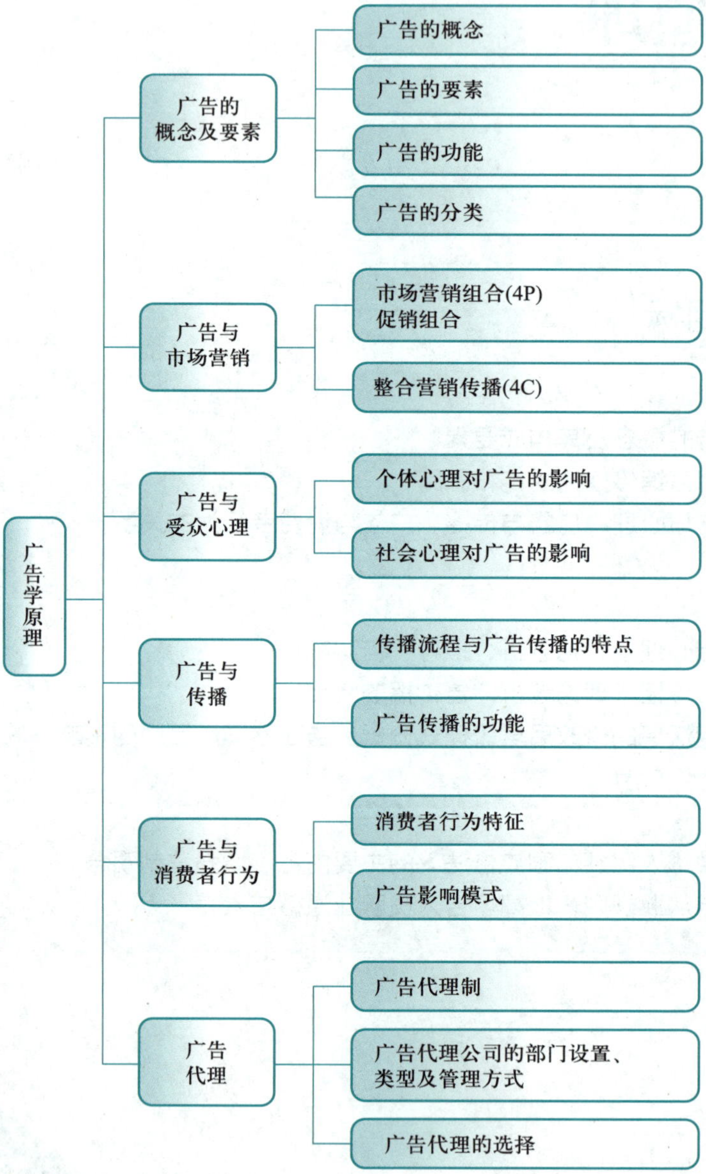
广告学原理
广告的概念及要素
广告的概念
广告的要素
广告的功能
广告的分类
广告与市场营销
市场营销组合(4P)
促销组合
整合营销传播(4C)
广告与受众心理
个体心理对广告的影响
社会心理对广告的影响
广告与传播
传播流程与广告传播的特点
广告传播的功能
广告与消费者行为
消费者行为特征
广告影响模式
广告代理
广告代理制
广告代理公司的部门设置、类型及管理方式
广告代理的选择

引导案例

2020年中国广告行业市场现状与发展趋势分析

广告业作为服务性产业，伴随着中国经济的发展而不断发展壮大。1993年，国家有关部门印发了《关于加快广告业发展的规划纲要》，明确了广告业是知识密集、技术密集、人才密集的高新技术产业，为广告业跨越式发展提供了保障。进入21世纪后，随着互联网、移动通信、社交媒体等新兴媒介的飞速发展，广告业进入了蓬勃发展时期，广告业年营业额从2008年的1900亿元增长至2019年的8647.28亿元。

目前，我国广告市场媒体已形成电视媒体、互联网媒体、生活圈媒体三大阵营格局。电视媒体广告具有覆盖率广和公信力强等优势，互联网媒体广告呈现出了高连接性和强互动性等特点，而生活圈媒体广告则展示出城市生活空间媒体高触达和高匹配的特点。

据计算，2019年传统广告费用下降了11.4%，较2018年下降了9.9%。自2011年以来，传统广告费用总体呈明显的增速下降趋势，2014年后，传统广告花费几乎进入了负增长时代，总体而言，再难达到过去的辉煌时代。

从各细分广告收入规模变化情况来看,2020年广告收入同比增长的细分媒介为电梯海报，电梯电视和影院视频，其中电梯海报收入增长最快。此外，2019-2020年，影院视频和电梯电视的广告收入表现也相对较好。2020年，广告收入同比下降的细分媒介为报纸、传统户外和电视等。报纸作为降幅之首,2020年同比下降了22.2%。由此可见，传统广告发展日渐式微。

随着新兴媒体技术及电子信息技术的快速发展和不断完善，技术革新推动广告行业内容、传播方式和商业模式等发生变化，广告正在朝着精准化方向发展。一方面，信息化、大数据和云计算等先进技术的应用，为未来广告策划、投放、监测和效果评估等提供了技术基础，广告受众将进一步细分，广告营销精准度进一步提高；另一方面，随着优质广告资源价格的不断提升，广告主投放广告的成本压力更大了，精准的品牌定位、优秀的广告创意内容、精良的广告片制作、科学的媒介传播策略等都直接决定了广告主的广告投入回报率，能够为客户提供精准化的创意策划、媒介传播策略和制作内容将显得尤为重要。

问题：广告传播对社会生活和产品销售产生重要的影响，在新时代，如何才能提高广告传播的影响力？

点评：广告作为一种商业信息传播活动，通过影响人们的心理达到促进产品或服务交易之目的，同时也对受众的价值观、审美观、生活方式和生活态度产生重要影响。如何提高广告信息传播的有效性是广告活动的关键。

广告不仅影响到人们的生活和消费，还影响到整个社会经济，更有甚者，广告还对社会文化产生了巨大影响，广告传承并改变和创造着社会文化。

广告在当今社会中无处不在，充斥着人们的视听，某种程度上左右着人们的生活。广告引导并创造着消费，影响了人们的消费习惯，改变了人们的消费观念。广告也影响和制约着企业的产品和销售，促进了企业的生产与经营，促进了社会经济的增长，成为社会经济发展的晴雨表。从某种意义上说，现代社会也是广告社会。

知识库：2020年中国广告行业现状

第一节　广告的概念及要素

一、广告的概念

“广告”一词源于英文中的advertising，而英文的advertising又源于拉丁文的advertere，意思是“注意”或“诱导”。“广告”一词传入我国后形成了汉语的字面意思“广而告之”，即向广大公众告知一件事。对广告的定义有很多，不论具体的定义如何，广告都包含以下六个方面的含义：一是广告必须有明确的广告主；二是广告必须是由广告主支付费用；三是广告是一种信息传播活动；四是广告必须有特定的传播对象；五是广告的目的是为广告主销售产品或服务；六是广告信息的传播要通过一定的大众媒体，属于非人际的传播。

广告：广告主为了推广其产品、服务及观念而借助于媒体，对其目标消费者进行的信息传播活动。

知识库：广告的几则定义

根据广告活动的目的，一般把广告分为营利性广告和非营利性广告。营利性广告是以获得商业利益为目的的广告，即商业广告；非营利性广告不以获得商业利益为目的，而是向社会公众宣传一些公益性理念或道德规范等，又称公益广告。本书所讲的广告为商业广告。

二、广告的要素

从广告的定义可以看出，广告要成功地运行，离不开以下五个要素，即广告主、广告代理公司、广告媒体、广告受众和广告信息。其关系如图1-1所示。

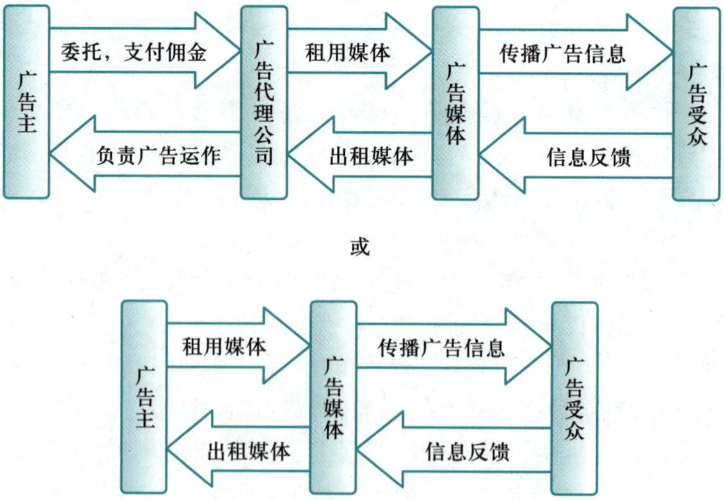

图1-1　广告要素间关系示意图

（一）广告主

广告主是为推销产品或服务，自行或者委托他人设计、制作、发布广告的法人、其他经济组织或者个人。广告主是整个广告活动的发起者，是广告信息的发布者和最终付费者，是广告活动的法律责任的承担者。

（二）广告代理公司

广告代理公司简称广告公司，是受广告主的委托提供广告设计、制作、代理服务的法人。在广告代理制下，广告公司的主要职能是为客户提供以策划为主导、以市场调查为基础、以创意为中心、以媒体选择为实施手段的全方位、立体化服务。

（三）广告媒体

广告媒体是指为广告主或者广告主委托的广告经营者发布广告的法人或者其他经济组织。广告媒体是沟通广告主和广告受众的桥梁，是广告信息的载体。

（四）广告受众

广告受众又称为广告诉求对象（或广告对象）。广告受众是广告信息的接收者和反馈者。从广告传播层面上讲，广告受众是广告传播活动的终端和目的地，是整个广告运作的客体；从营销的层面上说，广告受众是产品或服务的目标消费者。因此，广告传播的受众必须是产品或服务的目标消费者，两者应保持一致。

（五）广告信息

广告信息是广告传播的主要内容，包括产品信息、服务信息和观念信息。产品信息主要包括产品的供销、性能、质量、用途、价格、销售时间和地点等；服务信息主要是指广告主提供的各种服务的信息，观念信息主要是指广告主通过广告的表现在受众心中建立起 种有利于推广产品或服务的消费观念。

三、广告的功能

现代广告的功能很多，主要有经济功能、社会文化功能、心理功能。

（一）广告的经济功能

广告为社会和公众提供产品或服务信息，有助于沟通产销，促进社会生产发展；广告传播产品信息，加速产品流通，扩大产品销售。广告有利于建立公平的市场竞争秩序，促进企业的发展。

（二）广告的社会文化功能

广告具有一定的新知识与新技术的教育功能，可以向社会大众传播科技领域的新知识、新发明和新创造；也可以向消费者传达新的消费理念和价值观念。广告作为一种特殊的精神产品，在一定程度上满足了消费者的审美需要，促进了社会文化的发展。

（三）广告的心理功能

通过广告，能引起受众的注意，诱发受众的兴趣与欲望，吸引消费者的关注和进一步的咨询了解，进而促进消费行为的产生。

四、广告的分类

广告分类的标准很多，按照不同的标准，广告有不同的分类。

按广告目的划分，广告可分为商业性广告、非商业性广告。

按广告传播范围划分，广告可分为全球性广告、全国性广告、区域性广告和地区性广告。

按广告传播媒体划分，广告可分为网络广告、电视广告、广播广告、报纸广告、杂志广告、户外广告、电影广告等。

按广告活动地点划分，广告可分为销售现场广告和非销售现场广告。销售现场广告是设置在销售现场的广告，主要包括橱窗广告、货架陈列广告、室内外彩旗广告、卡通式广告、巨型产品广告等；非销售现场广告是存在于销售现场之外的一切广告形式。

按广告诉求方式划分，广告可分为感性诉求广告、理性诉求广告。

按产品所处的生命周期阶段划分，广告可分为导入期广告、成长期广告、成熟期广告、衰退期广告。

按广告产生效果的快慢划分，广告可分为即效性广告和迟效性广告。

第二节　广告与市场营销

一、市场营销组合与促销组合

广告是促销组合的组成部分，而促销又是传统的市场营销组合的重要构成因素。

（一）市场营销组合

在现代市场营销理论中，市场营销组合主要是指“4P”组合，即产品（product）、价格（price）、渠道（place）和促销（promotion）。产品即企业提供的、满足消费者需求的东西（或服务）；价格即制定合适的价格；渠道即通过分销渠道把产品便利地送到消费者手中；促销即将产品以目标市场喜欢的方式展示出来，促进销售。

市场营销组合理论认为，要让消费者满意，这四个因素都很重要，每个因素对目标市场都有吸引力，都应得到妥善处理并相互协调。服务包含在产品概念中，是产品的组成部分，不论是单独的服务还是产品销售引发的维修服务等，都是对消费者需求的满足，都应得到充分的重视。

（二）促销组合

促销是企业或机构用以向目标市场通报自己的产品、服务、形象和理念，说服和提醒他们对企业产品和机构本身信任、支持和注意的沟通形式。促销组合则是营销主体针对特定的目标市场和产品，把各种促销策略有机地集合在一起建立的有利于产品销售的策略组合。广告、人员销售、宣传推广和销售促进是构成促销组合的四大要素。

促销是企业市场营销组合的重要因素之一，也是任何企业营销计划的重要组成部分。促销可帮助企业传播企业理念，树立品牌形象，促进产品销售，与渠道成员进行交流，为顾客提供售后服务，并开展其他活动。

1. 广告

广告是最有效也是最常用的促销手段。与其他促销手段相比，广告能在最短的时间内将企业的产品服务信息传达给目标受众；广告表现能够引起受众的认知、兴趣乃至喜爱，改变受众的态度和消费理念，引导消费；广告有助于传播企业理念，建立品牌形象。但要想实现广告信息的广泛有效传播，广告主必须支付较高的广告费用。

2. 人员销售

人员销售是一种旨在通知和说服消费者购买企业产品的人员沟通。人员销售是说服消费者做出购买决策的最有效手段之一。其优点是能与消费者直接接触，便于信息交流和感情沟通，信息反馈及时、直接，有利于促进交易协议直接达成。但其信息传播范围有限，销售费用较高。

3. 宣传推广

宣传推广是通过大众媒体，以新闻报道的形式进行的一种非人员、不付费的信息发布。例如，报纸、广播、电视、网络中关于一个公司新开商店、投入新产品或人事变动的新闻报道。宣传推广的优势在于新闻价值和可信度较高，能帮助企业树立公共形象。宣传推广要求企业必须能够提供大众媒体认为有价值的新闻或报道，与媒体建立良好的合作关系，但企业无法控制宣传推广活动。

4. 销售促进

销售促进是利用某些活动和名目直接刺激顾客和销售人员，促进产品销售的各种活动。销售促进给产品增加了某些额外价值，如提供打折品或额外补贴、奖励、派发赠品等，或通过举办活动，如各种让消费者参与的竞赛活动，以提高消费者购买产品的积极性。销售促进的优势在于形式灵活多样，活动可以随时进行，或专门针对经销商展开销售竞赛活动，活动效果明显。过多的、不加选择的销售促进活动可能有损企业的品牌形象。

另外，公共关系也可作为促销组合的重要因素。公共关系是企业与社会公众之间所建立的一种适应性关系，能够帮助企业面对危机或困境。美国公共关系协会认为，公共关系能够帮助一个组织与它所面对的公众相互适应。

促销组合是一个有机整体，尽管各要素在使用上存在一定的独立性。就活动目的和效果来看，营销主体要达到预期的促销目标或实现最大的销售量，必须对各要素进行合理搭配，避免各要素间的干扰，影响信息的有效传播。

二、整合营销传播

整合营销传播（integrated marketing communication，IMC）是在20世纪80年代中期，由美国营销大师唐·舒尔茨提出和发展的，其含义是指在企业经营过程中，以由外而内的战略观点为基础，为实现与利害关系人的有效沟通，以营销传播管理者为主体所开展的传播战略。

整合营销传播的核心思想是：以整合企业内部和外部所有资源为手段，再造企业的生产行为与市场行为，充分调动一切积极因素，以实现企业统一的传播目标。IMC从广告心理学入手，强调与顾客的全方位接触，通过接触点向顾客传播一致的、清晰的企业形象。

（一）整合营销传播的市场营销理论基础

传统的市场营销理论是以“4P”为核心。“4P”理论的出发点是企业的产品，围绕产品定价、渠道建设和促销组合开展市场营销，其明显的缺陷是忽视消费者的需求和对需求的有效满足。20世纪末，“4C”理论的产生，有效地弥补了“4P”理论的缺陷，改变了传统营销的思考模式：

消费者（consumer）——研究消费者的需求和欲求；

成本（cost）——研究消费者的支付能力；

方便性（convenience）——考虑如何使消费者方便地购买到产品；

沟通（communication）——研究如何与消费者进行沟通。

“4C”理论是把企业营销的重点放在了消费者身上，以消费者为中心，以满足消费者需求为出发点，将满足消费者需求的有关活动都纳入市场营销的范围：提供消费者想要的产品，根据消费者的支付能力确定产品价格，让消费者能够方便地购买到自己所需的产品，及时与消费者沟通。与“4P”理论相比，“4C”就是忘掉产品，专注需求；忘掉价格，专注消费者支付能力；忘掉渠道，专注便利；忘掉促销，专注沟通。

（二）整合营销传播的内涵

整合营销是从消费者的角度做逆向思考，通过研究消费者的需求和支付能力，进行多角度、全方位的广告策划，不断提高购买的方便性和沟通的有效性，最终实现利润、市场占有率、品牌、接近公众这四大成本效益，主动引导消费行为的过程。

1. 以消费者为核心

在整合营销传播中，消费者处于中心地位。一方面，只有消费者才是企业生存和发展的根本，消费者的需求是企业研究开发产品的信息源；另一方面，消费者是企业信息传播的对象，在信息接收和处理上处于主动地位。所以，一切传播活动都要围绕消费者展开，整合营销传播就是与消费者进行有效沟通。

2. 以资料库建设为基础

整合营销传播的核心和出发点是消费者，企业品牌建设的一切活动都要围绕着消费者展开。整合营销传播的基础是，借助现代信息技术，了解目标市场的特征，包括人口统计特征、心理特征、行为特征等，收集、整理和分析目标市场的各方面资料，建立完整的目标市场资料库（用户档案）。

3. 以建立消费者与品牌之间的关系为目的

整合营销传播的核心内容之一就是培养真正的“顾客价值”观，与那些最有价值的、最有可能给企业带来利润的客户建立长期稳定的关系，通过掌握客户占有率、客户忠诚度和客户终身价值达到获利性的成长。

4. 以“一个声音”为传播的信息内核

现代信息传播纷杂，信息间相互干扰。有效的信息传播，要求信息传播者建立统一的品牌形象，维持一致的传播声音；要求信息传播者确保信息/媒体的一致性，确保广告信息中的文字信息与其他视觉要素之间的一致性，确保不同传播媒体广告诉求的一致性。

5. 以各种传播媒体的整合运用为手段

各种传播媒体的整合运用就是要建立有效的促销组合，将广告、人员销售、宣传推广、销售促进及公关等促销因素进行整合，确保人际营销传播与非人际营销传播的高度一致。

整合营销传播要求加强对消费者的“接触（contact）管理”，即加强传播渠道管理，将目标市场能够接触到的品牌信息跟产品服务信息传播渠道进行整合，最终实现信息传播的一致性。

知识库：整合营销的实施方法

（三）整合营销传播的策略思考模式

整合营销传播的思考模式主要有以下几种：

（1）改变以产品为中心的思考模式，建立以消费者为中心的思考模式。

（2）通过市场和资料库研究挖掘出消费者购买的诱因。

（3）全面深入地研究市场竞争状况、竞争对手的营销策略和传播策略。

（4）找到品牌或产品能带给消费者的竞争性的利益，并以此为传播点。

（5）找到足以令人相信的理由来支撑自己品牌的竞争性的利益点。

（6）赋予品牌富有生命与灵魂的品牌个性。

（7）传播策略中要明确提出整体营销传播目标，营销各部门都要执行该传播目标。

（8）清楚要改变的消费者的认知是什么，怎样才能建立。

（9）找到消费者所能接触到的企业产品品牌信息的所有渠道，并把这些渠道整合。

（10）规划好品牌的未来，即建立良好的客户关系，使消费者信赖品牌。

同步案例

微博视频整合营销方案

10月17日，第十届金投赏重磅环节——“最具期待数字平台竞标会”在上海波特曼丽思卡尔顿酒店圆满落幕。经过激烈竞拍，微博全新发布的社交媒体视频整合营销方案“视不可挡”被高洁丝以千万出价摘取，成为当晚成交金额最高的社交视频营销方案，在视频化日益成为社会化营销新趋势的大环境下，重新定义社会化营销的商业价值。

微博视频商业产品具有原生内容、形式多样，主动观看、兴趣覆盖，内容互动、涟漪传播，高效引导、粉丝积累等多维营销价值，从品牌内容、品牌呈现、品牌触达以及品牌传播四大维度帮助品牌主达到原生化、生动化、“无死角”的社会化营销效果。

9月底，作为国内最活跃的短视频分发平台之一，微博推出了国内首个社交媒体品牌视频营销解决方案。该营销方案拥有动态视频开机、微博故事、品牌热推、视频推荐广告四大广告产品。动态视频开机抓人眼球，可以助力品牌实现海量曝光；而新鲜有趣的微博故事，则可以随时随地分享品牌故事；火力全开的品牌热推，帮助品牌广告瞬变热点；基于原生推荐的视频流广告，则巧妙覆盖用户观看路径。而微博超级粉丝通的深度融合，将帮助品牌精准定向触达目标人群。

资料来源：艾瑞网

问题：查看微博视频广告，分析其整合营销策略。

第三节　广告与受众心理

广告是信息传播的活动，通过向受众传达产品的信息并作用于受众的心理，让受众对所宣传的产品知晓、理解、喜爱、偏好、信服乃至产生购买动机；广告传播者根据受众的心理制定广告传播目标，设定广告主题，确定广告表现形式，传播受众想了解的信息，塑造受众喜欢的品牌个性，满足受众的心理需求。因此，广告传播是传播者和受众之间心理沟通的桥梁，有效的广告信息传播必须研究受众的个体心理和受众在社会群体中的心理活动。

一、个体心理与广告

个体心理是指个人所具有的或在个人身上所发生的心理现象。个体心理分为心理活动、心理过程、心理状态和心理特征四个方面。

（一）心理活动

心理活动的动力由动机、需要、兴趣等构成。

1. 动机

动机是激发和维持有机体的行动，并使该行动朝向一定目标的心理倾向或内部驱动力。依据动机的起源，可分为生理性动机和社会性动机。动机具有三方面功能：① 激发功能，激发个体产生某种行为；② 指向功能，使个体的行为指向一定的目标；③ 维持和调节功能，使个体的行为维持一定的时间，并调节行为的强度和方向。

整合营销传播中，把对消费者购买诱因的研究作为其出发点，重在研究消费者和潜在消费者的购买动机。

2. 需要

需要是个体在生理和心理上的某种失衡状态，是个体进行活动的基本动力和个体积极性的源泉。需要包括生理需要和社会需要两大类。生理需要包括衣、食、住、行等，社会需要包括劳动、人际交往、成就、自尊、认识世界、审美享受等。

知识库：马斯洛的需求层次划分

在广告信息传播中，既要满足目标受众的生理需要，也要重视对其社会需要和精神需要的满足。比如饮料，在家中饮用就要注重口味、价格等；在宴席、聚会等社交场合饮用就必须建立品牌形象，满足消费者的社会需要和精神需要。

3. 兴趣

兴趣是个体力求认识、探究某种事物或从事某种活动的心理倾向，表现为个体对某事物、某项活动的选择性态度和积极的情绪反应。兴趣的基础是个体的需要，是一种带情绪色彩的表现，在实践中形成。人的兴趣包括：物质兴趣和精神兴趣，直接兴趣和间接兴趣，高尚兴趣和庸俗兴趣。

广告创意的目的之一就是引起目标受众的注意，让受众对广告作品产生兴趣。了解目标受众的兴趣点是广告创意成功的关键。例如，郑州××楼盘在开盘之前，先在本地网站和报刊上用软文广告告知市民在郑州的西南发现了一个大湖，根据市民对水的渴求，吸引他们的兴趣和注意力，然后引出要推广的楼盘。

（二）心理过程

心理过程是一种动态的活动过程，包括认知过程、情绪过程和意志过程。

1. 认知过程

认知过程是个体获取知识和运用知识的过程。认知过程包括感觉、知觉、记忆、思维和语言交流等。

感觉：反映事物的个别属性和特性；

知觉：反映客观事物的整体形象和表面联系的心理过程；

记忆：知识经验体验的存储和再现；

思维：运用已有的经验，间接概括、判断和推理；

语言交流：认识、思维、情感。

2. 情绪过程

情绪过程是对客观事物是否符合自己的需要而产生的态度体验，是主观体验。客观事物是情绪体验的客观来源，而人的需要是情绪产生的主观原因。

3. 意志过程

人不仅能够认识世界，对事物的产生有肯定或否定的情绪表现，而且能够有目的、有计划地改造世界。心理学把人的这种自觉的能动性叫作意志过程。意志过程是自觉地确定目的，并为实现目的而有意识地支配和调节行为的心理过程。人的意志过程往往与克服困难相联系，体现在行为的发动和制止方面。

研究受众的心理过程有助于广告主确定广告活动的形式和目标。例如，广告对受众的影响过程首先从影响受众的认知开始，让受众认知产品品牌，了解产品的特性和利益（认知过程）；然后让受众对品牌产生兴趣、喜好，激发其购买欲望（情绪过程）；最后结合其他促销手段，让受众信任品牌，尝试购买（意志过程）。而在广告活动过程中，广告创意人员应当重视受众认知过程中的感觉和知觉，研究受众的选择性记忆、思维方式和语言接受心理，为广告决策提供参考依据。

（三）心理状态

心理状态是指心理活动在一段时间里出现的相对稳定的持续状态。它既不像心理过程那样容易变动，也不像心理特征那样稳固持久。例如，认知活动中的聚精会神或漫不经心；思维活动中的灵敏或刻板状态；情绪活动中的心境、激情、应激状态。人的心理活动总是在睡眠状态、觉醒状态或注意状态下展开的，不同的心理状态体现着主体的心理激活程度和脑功能的活动水平。注意作为一种比较紧张、积极的心理状态，是人们自觉清晰地反映客观现实的心理活动的基础。

广告策划人员必须研究受众接触媒体时的心理状态。在不同的心理状态下，受众选择不同的媒体，对广告信息的接收和选择也不同。例如，足球比赛中插播的广告和音乐节目中插播的广告的风格应有所区别。

（四）心理特征

心理特征是人们在认知、情绪和意志活动中形成的那些稳固而经常出现的意识特性。心理特征主要包括能力、气质和性格，表现出人与人之间的差异。

1. 能力

能力体现着个体活动的效率，决定着其完成某项工作的可能性与现实性，是顺利完成某种活动所必须具备的心理特征。例如，观察敏锐精确，记忆力强，思维灵活，思考全面，想象力丰富等。

2. 气质

气质是人的心理活动和行为在动力方面的表现。例如，速度与强度的特点、稳定性的特点、指向性的特点等。

3. 性格

性格是对现实的稳固态度和习惯的行为方式。例如，态度方面的谦虚谨慎、骄傲自满、沉着自信、怯弱自卑，行为方面的积极进取、被动退缩、坚毅果敢和优柔寡断等。

研究目标受众的能力、气质和性格，有助于企业的广告决策。广告诉求是采用感性诉求还是理性诉求，并不取决于广告主的偏好或广告策划人员的能力，而是取决于受众的能力和性格。如果受众有敏锐的观察力和较强的记忆力，思考全面，就应采用理性诉求；反之，则采用感性诉求。

人格是气质与性格的统称，又叫个性。个性的研究为品牌个性的塑造提供强有力的支持。品牌个性来源于受众的个性或其渴望拥有的个性。

知识库

人的个性与品牌个性

个性的概念原本只用于人，有的人暴躁，有的人稳重，有的人活泼，有的人孤僻，有的人高傲，有的人谦卑，有的人开放，有的人保守……这些都是对人的个性的描述。

我们可以把一个人看成一个品牌。例如，有一个姑娘，芳龄二八，金发白肤，身材娇小，漂亮可爱，这些与品牌特点相似。当你逐渐了解她之后，就会信任她，喜欢与她相处，甚至当她不在身边时还十分想念。有她相伴是一种快乐，你已经被她深深打动。这些就类似于人们对品牌个性所产生的情感效应。品牌人格化理论认为，品牌也是人，因此品牌也具有个性，这是品牌与品牌之间识别的重要依据。人们选择某一种产品，越来越多地取决于其精神感受；而人们价值观念的多元化，是品牌个性存在的基础，人们需要不同个性的品牌。总的来说，人们喜欢有人情味的东西。如果能够为一个品牌创造一种个性，就更容易打动消费者。品牌会成长，如同人际关系会发展一样，也往往正是这种情感方面的因素，决定了消费者对品牌的忠诚。个性能提供情感方面的不同体验，从而使品牌得到发展。下面是几个受消费者欢迎的知名品牌的个性：

雀巢（食品）：温馨的、美味的；

李维斯（牛仔裤）：结实的、强壮的；

哈雷（摩托车）：爱国的、自由的；

美的（家电）：美好的、创新的；

李宁（运动类）：中国设计、热情、民族情怀；

小米（科技类）：时尚、现代、酷。

二、社会心理与广告

社会心理是社会刺激与社会行为之间的中间过程。社会心理包含的内容非常丰富，对广告活动有着较大的影响。

（一）个体在社会化过程中的社会角色和自我

1. 社会角色

社会角色是个体与其社会地位、身份相一致的行为方式及相应的心理状态。社会是一个大舞台，每个人都在舞台上扮演一定的角色，一个人在不同的环境中有不同的社会角色，其行为和心理状态也不同。例如，一个人在学校时是教师，在家是父亲、是丈夫、是儿子；作为教师要教书育人，作为父亲要教育抚养子女，作为丈夫要关心照顾妻子，作为儿子要孝敬赡养老人。

人的角色包含三个层面：理想角色——表明他人或社会对个人的期望；知觉角色——人们自身或与他发生关系的人对他的角色的看法；扮演角色——指一个人怎样担当自己的角色。人扮演其角色的行为不但取决于社会的期望和自身的理解，还会伴随着特定的社会情境所给予的压力和机会而产生变化。

社会角色分析为广告诉求主题和诉求方式的选择提供了依据，要求广告策划创意人员根据社会对诉求对象的理想角色的期望进行创意。

知识库：人的社会角色

2. 自我

自我（或自我概念），是个体对自己存在状态的认知。自我概念的形成经历了三个阶段，即生理自我、社会自我、心理自我。随着年龄的增长，个体逐渐脱离对成人的依赖，表现出主动和独立的特点，强调自我价值与自我理想，特别重要的是发展了自尊和自信。而自我的结构包括五个层面：物质自我、心理自我、社会自我、理想自我和反思自我。

广告策划人员要充分挖掘目标诉求对象的自我意识，尤其是受众在社会自我和理想自我方面的追求，为产品品牌增加个性色彩。现在，消费行为已成为许多人自我展现的重要方面，为广告策划人员针对目标受众提炼广告诉求提供了参考。

（二）态度

态度是个体对某一特定事物、观念或他人稳固的，由认知、情感和行为倾向三个成分组成的心理倾向。态度的心理成分包括：认知成分、情感成分、行为倾向成分。其中，情感成分是态度的核心。

要培养目标对象对品牌的态度，广告就要在认知的基础上加大情感成分的渲染，在认同阶段努力培养目标对象对品牌的忠诚度。

知识库

态度形成的过程

态度是在学习过程中形成的，是经验积累的结果。态度形成的过程一般要经过三个阶段：依从、认同和内化。

依从是指人们为了获得奖励或避免惩罚而采取的与他人的要求在表面上相一致的行为。依从不是自己愿意这样做，而是迫于外界强制性的压力所采取的一时性的行为。在态度形成的过程中，依从是很普遍的现象。在个体生活的早期，态度的形成在很大程度上依赖于依从。

认同是个体自愿地接受心目中榜样人物的观点或信念，使自己的态度与他们相一致的行为。实际上，人们正是用其他社会角色的态度、观点等作为参照物，指导自己的思想和行为。

内化是态度形成中最重要的阶段。每个群体都有要求其成员遵守的规则，其中有明确的，也有模糊的。违反这些规则，就会受到惩罚。我们把这些成文的或不成文的规定，作为自己的行动准则并依此来行动，这个过程就是内化。

（三）社会影响中的从众心理与模仿、暗示和社会感染

1. 从众心理

从众心理是在群体压力下，个体在认知、判断、信念与行为等方面自愿与群体中多数人保持一致的现象。从个体来看，只有在多方面与社会主导倾向保持一致，才能更好地适应社会生活。影响从众的因素有两个：一是群体因素，群体成员态度的一致性对个体有较强的吸引力，并受群体规模的影响；二是个体人格因素，包括个体的自我评价和自信心。个体自我评价越高，从众行为产生越少；个体自信心较强的，从众行为较少。

课堂练习

请写出哪些人群具有从众心理，哪些类型的产品可以利用从众心理进行宣传。（时间：10分钟）

2. 模仿、暗示和社会感染

模仿、暗示和社会感染作为社会影响的三种形式，属于大众社会心理现象。模仿是在没有外在压力的条件下，个体受他人影响仿照他人，使自己与之相同或相似的现象。暗示是在非对抗的条件下，通过语言、表情和身体语言以及符号对他人的心理与行为产生影响，使之接受暗示者的意见和观点或者按所暗示的方式去活动。暗示有三个要素：暗示者、暗示信息和被暗示者。社会感染是一种较大范围内的信息与情绪的传递过程，即通过语言、表情、动作及其他方式引起众人相同的情绪和行为，其特点是双向性、爆发性、迅速接受性。

知识库

暗示及影响因素

暗示者的社会地位、权力、威望及人格魅力对暗示效果有明显影响；被暗示者如果独立性差，缺乏自信心，知识水平低，则暗示效果明显；年龄越小越容易接受暗示，女性比男性易受暗示。被暗示者所处情境是影响暗示效果的客观因素。个体处于困难情境又缺乏社会支持，往往易受暗示。

同步案例

暗示的效果

1957年，美国学者贝克利进行了潜意识投射广告试验。将“请喝可口可乐”的字样在影片上做了字幕的反白试验，以1/3 000秒的速度在银幕上放映。客观地讲，观众是看不到“请喝可口可乐”的字样的。但是，可口可乐的销售量却增加了18%。唯一的解释是，“请喝可口可乐”的字样经由暗示渠道进入人的潜意识，潜意识的力量推动了消费者实现购买行为。

问题：企业在利用暗示改善广告的效果方面可以采取哪些技巧？

（四）家庭

家庭作为一个群体，是社会的细胞，即社会生活的基本单位。家庭是由婚姻关系、血缘关系及收养关系构成的，以婚姻、血缘关系为纽带。家庭是一种初级社会群体，与其他社会关系相比较，家庭关系最为密切、深刻。家庭的功能包括：经济功能、生育功能、抚养与赡养功能、教育功能、感情交流功能、休闲与娱乐功能。

知识库：家庭生命周期阶段和购买行为模式

家庭生命周期反映一个家庭从形成到解体呈循环运动的过程。一般把家庭生命周期划分为形成、扩展、稳定、收缩、空巢与解体六个阶段。理论界对家庭生命周期的划分不尽相同。

从家庭的构成和功能看，家庭也是购买和消费的基本单位，对于家庭的研究，尤其是家庭生命周期的研究可以为广告人提供很多信息。

课堂练习

谈谈家庭生命周期对广告表现形式的影响。（时间：20分钟）

第四节　广告与传播

广告是为商业活动服务的，以一种特定的传播方式用于市场营销。传播是手段，营销是目的。从本质上讲，广告是一种信息传播，是一种特殊的商业信息传播。广告传播研究涉及广告信息的处理、广告传播通道的选择、广告信息的到达与接受以及广告效果的达成等诸多方面。

一、传播流程与广告传播的特点

（一）传播的流程

传播的流程模型如图1-2所示。

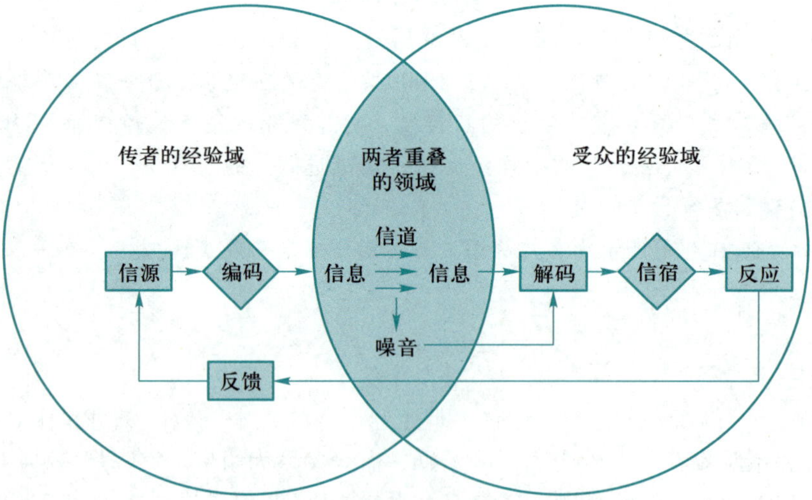

图1-2　传播的流程模型

传播包括八个要素，即信源、信息、信宿、信道、反应、噪音、编码、解码。其中，信源、信息和信宿是三个基本要素。信源是传播信息的来源，是信息的发出者，又叫传者；信宿是信息传播的目的地和对象，是信息的接收者，又叫受者；信源通过传者和受者预先约定的符号和信号来传送，这些符号和信号即为信息。

传播信息的渠道叫信道，又称为信息媒体。在人际传播时，传者把信息传给受者。要想保持人际传播的畅通，受者就要对传者传送的信息做出回应或反馈，这时受者又变成了传者，过去的传者又成了受者，信息就开始了交流，形成双向沟通。因此，信道和反馈又构成了信息传播的要素。

信源的信息很多，要想有效传播给受者，就需要传者对信息进行加工，即把信息变换为适应于通过信道传播的符号和信号，这个过程叫作编码；受者在信道上看到这些符号和信号，就需要把它转换为原信息，这个过程叫作解码。编码和解码又构成了信息传播的重要因素。

信息传播中，存在的可能歪曲信息内容，妨碍传者、受者对信息共同理解的因素，称为噪音。噪音分为信道噪音和语义噪音。信道噪音是源于信道因素，如来自不同信源的信息间的相互影响；语义噪音是由于传者和受者存在着“经验域”的差别，对信息意义的理解产生误差。

由于噪音的影响，信息不能得以有效传播。为提高信息传播效果，必须防止信息中途丢失和被歪曲，选择合适的信息传播渠道，采用易被接受者正确理解和接受的编码。

（二）广告传播的特点

广告传播既具有一般传播的共性，又有自己的个性。

1. 信源和传者的不一致性

信源往往是企业，传者的角色一般由广告人担当。对于品牌、产品，广告人只有站在品牌角度去传播，才能准确把握信源。信源越准确，广告越有说服力。有效的广告传播应该使广告人既是信源又是传者。

2. 信宿和受者的一致性

受者就是广告信息传播的目标对象。在人际传播中，传者和受者的传播是双向的、直接的，受者非常明确，所以传播效果很好。而在非人际传播中，广告诉求对象在理论上是明确的，但实际上是一个模糊的概念，内涵可以确定，但外延就很难界定，影响广告传播的效果。所以，广告传播中要力求受众（广告诉求对象）是明确的、具体的，这样传播才会有的放矢。

3. 以大众媒体为信道

大众媒体是连接品牌和广告诉求对象的中介。在广告传播中，品牌（产品）和广告诉求对象是隔离的，传者通过大众媒体向媒体另一端的目标对象传递信息，没有受众的反馈产生，媒体也不能作为受众的信息反馈的信道，广告传播多是单向的。受众对广告的反馈一般通过专门的调查机构和工具来测定。

4. 信息是关键

广告传播成败的关键不在于传者传递什么信息，而在于经传者编码后的信息是否是受众想得到的信息。传者对信息的编码即广告人对广告主题的提炼、创意及表现，是整个广告传播的核心内容。广告诉求对象对广告信息的理解是否和广告传者所要传达的一致（即解码），也是广告人应该认真研究对待的。

5. 存在严重的噪音

现代广告传播的频率很高，各种广告信息相互影响，再加上媒体受传播环境的影响及媒体传播本身质量问题等因素，媒体噪音越来越厉害。而广告传播的高频率已经干扰受众的正常生活，使受众在心理上产生抵触情绪，导致语义噪音也越来越严重。如何克服广告传播中的噪音，也成为当今广告传播的一大难题。

课堂练习

讨论怎样才能有效消除广告传播中受众的语义噪音。（时间：5分钟）

二、广告传播的功能

广告是一种信息传播活动。广告信息传播的目的就是通过向受众传递有关产品服务的特性、利益、品牌形象等信息，使其在产生购买行动前对产品服务形成良好的心理倾向，促使受众产生购买行为，或通过信息感染，诱导受众产生购买欲望。广告传播的主要功能包括推介功能、劝服功能、提示功能、强化功能和竞争功能。

（一）推介功能

推介功能是广告传播最基本的功能。在产品新上市阶段，广告的主要任务就是介绍产品信息，宣传产品品牌，让消费者知道产品的品牌名称，了解产品的功能和利益，促进产品上市推广。

（二）劝服功能

当受众了解了产品或品牌的特点后，企业就要塑造良好的品牌形象，赋予品牌个性，加大情感渲染，拉近受众与品牌间的距离，努力劝说受众，使其喜欢企业的品牌并尝试购买。广告的劝服功能一般是在产品的成长期发挥作用。

广告的推介功能和劝服功能的目的是吸引受众购买企业产品，是广告主投入广告预算最多的目标。产品销售状况及变化趋势是证明劝服功能有效性的主要标志。

（三）提示功能

现代社会的广告传播频次太高，以至于一旦产品广告停播，产品就很难在市场立足。所以，企业为了巩固前期的广告效果，使消费者常常记得其产品或品牌，就必须不断刊播广告，提示消费者。这类广告通常在产品的成熟期刊播，对其暴露度的要求很高。另外，售点广告也具有提示功能。

（四）强化功能和竞争功能

当消费者在广告的作用下产生购买行为后，广告主就会进一步通过一系列品牌广告提高自己的销售额或市场份额。广告内容不仅包括介绍产品的新用途、新功能，或采取比较性广告来影响自己的现有消费者，品牌形象诉求也会大量增加，以提高顾客的忠诚度，区分其他竞争性品牌。这类广告多在产品快速增长期和成熟期刊播。

课堂练习

围绕广告的提示功能和强化功能，试举例讨论这两种广告功能的信息特点。（时间：5分钟）

第五节　广告与消费者行为

现代市场营销观念认为，消费者是市场营销的中心，所有市场营销活动都要围绕消费者进行。广告传播既要向消费者传递产品信息，影响消费者的消费，更要根据消费者的消费行为和消费心理去收集、整理、加工产品信息。

一、消费者行为特征

消费者行为特征包括消费者自身状况、影响消费者行为的因素、消费者的购买决策过程、消费者的购买行为及消费者购买后的行为和心理。

（ ）消费者自身状况

消费者自身状况主要是消费者的人口统计资料，如年龄、性别、职业、收入状况、家庭状况、受教育程度、地理区域、所属社会阶层等。消费者人口统计特征是市场细分的主要依据。

（二）影响消费者行为的因素

影响消费者行为的因素主要包括文化、社会、个人和心理四个因素。

1. 文化因素

党的二十大报告指出："中华优秀传统文化源远流长、博大精深，是中华文明的智慧结晶，其中蕴含的天下为公、民为邦本、为政以德、革故鼎新、任人唯贤、天人合一、自强不息、厚德载物、讲信修睦、亲仁善邻等，是中国人民在长期生产生活中积累的宇宙观、天下观、社会观、道德观的重要体现，同科学社会主义价值观主张具有高度契合性。"文化是引发人们的愿望及行为的最根本原因，对消费者行为有着最广泛、最深刻的影响。

2. 社会因素

消费者行为还受到社会因素的影响，如受到相关群体、家庭、社会地位的影响。相关群体是能直接和间接影响一个人之态度、行为和价值观的群体，如家庭、朋友、邻居、同事；家庭成员对购买者行为有很大的影响，家庭作为社会中最重要的消费组织，越来越受到营销主体的重视；一个人在每个群体中的位置取决于他的角色和地位，而每个角色都代表一定的社会地位，反映社会对其综合的评价。人们通常选择能代表自己身份的产品和品牌。

知识库

群体及其作用

1. 群体

群体是指互相依赖、互相影响的成员结成的集合体，群体的成员间通常有面对面的接触或互动的可能性。

2. 群体规范

为了保证群体目标的实现，群体本身必须有制约其成员的思想、信念与行为的准则。这种每个成员都必须严格遵守的思想信念与行为准则，就是群体规范。

3. 群体的心理功能

（1）群体使个体在心理上有归属感。群体成员在共同的活动中会表现出观念与行为的一致性，当与其他群体比较时，成员会产生一种属于自己群体的感觉，这就是归属感。

（2）群体使个体具有认同感。群体认同感是指群体内各个成员对一些重大的事件与原则问题的认识和评价与群体保持一致。

（3）群体的社会性支持力量。当个体的思想行为符合群体的要求时，群体往往会给予赞许和鼓励，从而强化这种思想与行为。

4. 群体规范的作用

（1）保持群体的一致性。群体最重要的特色之一就是其成员在某些方面具有一致性，而群体规范的存在能使这种一致性得以实现。

（2）为成员提供认知标准与行为准则。即使对相同的事物，不同的人往往也会有不同的认识。群体规范为成员提供了衡量自己言行和他人言行的统一标准，这一标准成为成员认识事物、判断是非的共同心理参照物。

知识库：影响消费者行为的几种心理因素

3. 个人因素

购买者的决策还要受到个人因素的影响，如购买者的年龄和所处的人生阶段、职业、经济状况、生活方式、个性及自我观念。

4. 心理因素

一个人的购买选择还要进一步受四个主要心理因素的影响，即动机、知觉、学习以及看法和态度。

（三）消费者的购买决策过程

消费者的购买决策过程通常经历四个阶段，如图1-3所示。

1. 明确问题

当消费者对某种产品产生需求并决定要购买时，问题就出现了。

2. 信息收集

当消费者决定要购买某种产品时，就开始收集有关产品的信息。不同的消费者有不同的信息来源，信息收集的方式也不同。信息来源包括人际传递（如亲朋）、企业介绍（如人员推销）和媒体传播（主要来自大众媒体）。信息收集的方式包括主动收集、随机收集和被动收集。

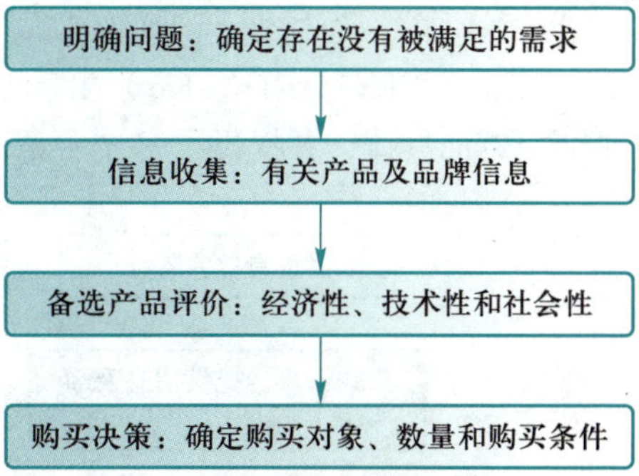

图1–3 消费者的购买决策过程

3. 备选产品评价

对收集到的不同品牌的产品信息分析整理，对备选产品的属性、功能、利益、实用性、经济性等进行综合评价，为购买决策提供依据。

4. 购买决策

对某一品牌产生偏好或达成购买意向后，通过进一步考察、检验、咨询，做出购买决策。

（四）消费者的购买行为

消费者的购买行为包括购买的时间、地点、数量、频率及购买产品的用途等。广告主不仅要对产品合理定价，也要在广告传播中突出产品利益和功能，向消费者提供真实可靠的产品信息，增强其购买信心。

（五）消费者购买后的行为和心理

消费者购买产品后并没有完成消费者行为过程，还要检验产品与广告宣传是否一致，是否物有所值。许多消费者还会继续关注有关产品品牌的信息，获得内心满足，并决定是否会继续购买。

二、广告影响模式

广告是通过信息传播使消费者对广告主所宣传的产品产生预期的积极反应，从而影响消费者的购买行为。广告对消费者影响模式主要有以下三种。

（一）科利模式

美国广告学者罗塞尔·科利（Russell Colloy）1961年在其《制定广告目标以确定广告效果》一书中写道，要使广告达到说服购买的目的，一般要经历以下四个阶段：

（1）知晓。一定要让消费者知道某类产品有某种品牌或某个企业存在。

（2）理解。一定要让消费者了解这个品牌的产品是什么，能给他们带来什么利益，解决什么样的问题。

（3）信服。一定让消费者相信该品牌的产品，对该品牌有一定的心理倾向。

（4）行动。让消费者采取购买行为。

实际上，广告对消费行为的影响远比科利模式复杂得多。

（二）莱维奇和斯坦纳的“从知名到行动”的发展模式

莱维奇（Robert Lavidge）和斯坦纳（Gary Steiner）的模式是在科利模式的基础上进一步细化，更加具体，并提供了一个更好地建立与测定效果的方法，如图1–4所示。

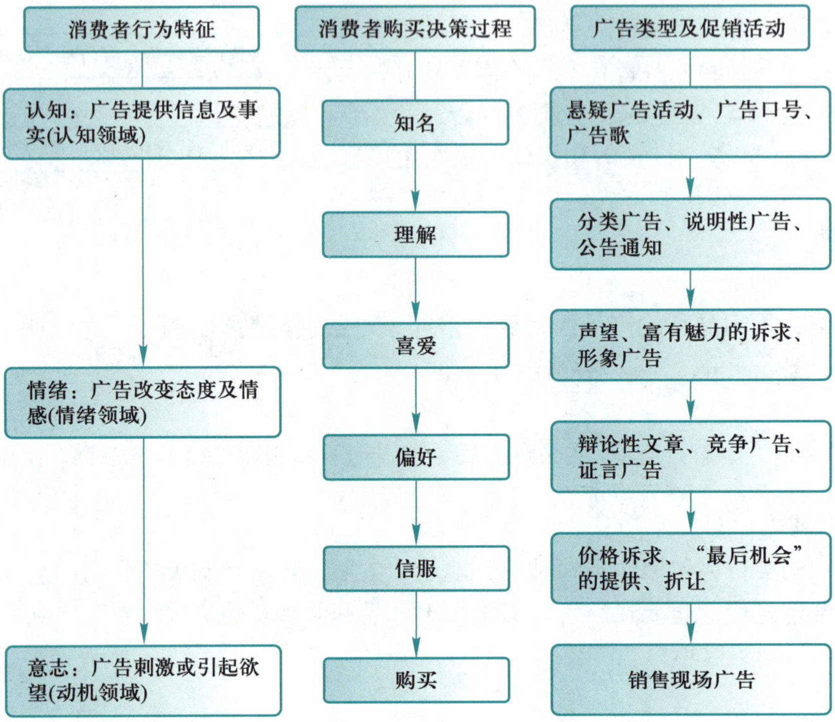

图1–4　莱维奇和斯坦纳的“从知名到行动”的发展模式

莱维奇和斯坦纳的一个基本假设就是：广告播出以后要过一段时间才能发挥作用。广告传播不会导致即时的行为反应或购买；相反，消费者在转向下一个层次时，必须经历一系列的反应，而且每一步都不能疏漏。实际上，不同的消费者对广告的反应不同。例如，某些消费者看了某一品牌洗衣粉的广告宣传后，认为该品牌不错就会产生购买行为；某位大学生看了某一手机的形象宣传广告后，非常喜欢（即偏好），于是就购买了该手机。

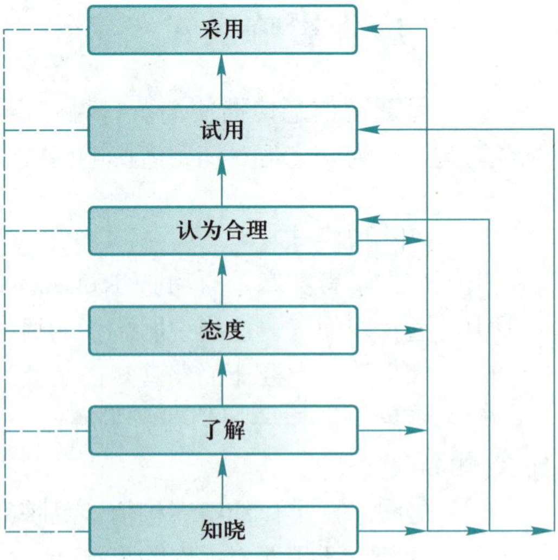

图1–5　沃恩修改后的层级模式

（三）沃恩修改后的层级模式

1980年，沃恩对莱维奇和斯坦纳的模式进一步修改，提出了修改后的新模式，如图1–5所示。

沃恩认为，消费者在广告的影响下会对广

告宣传的产品产生一系列的反应，并按照图中的程序逐层递进，直到购买行为发生。有时，不同的消费者对不同产品的反应可能会越级进行，也可能“知晓”就可以导致“采用”，这取决于不同类型的消费者和不同类型的产品。图1-5中的虚线代表可改变结果的反馈。

课堂练习

举例说明哪些类型产品通过“知晓”就可以导致“采用”，哪些类型产品须通过先“知晓”再“了解”才可以导致“采用”。（时间：30分钟）

第六节　广告代理

一、广告代理制

广告代理制是指广告活动中，广告主、广告公司、广告媒体之间明确分工，广告主委托广告公司制定和实施广告宣传计划，广告媒体通过广告公司寻求广告客户的一种运行机制。广告公司通过为广告主和广告媒体提供双向服务，在广告经营活动中发挥主导作用。广告代理制运行的机制如图1-6所示。

图 1-6　广告代理制运行的机制

广告主、广告公司、广告媒体是广告市场中最基本的组成要素。在广告代理制下，三者分工明确。

（一）广告主

在激烈的市场竞争中，企业要生存、发展，就必须使自己的产品或服务占领市场。而要做到这一点，单靠企业自己的力量显然是有限的，必须依靠和委托有能力的广告代理公司，为其提供专门的广告策划和市场营销服务。

（二）广告公司

在广告代理制下，广告公司的代理职能是双向的。一方面，广告公司要为广告主提供以策划为主导、市场调查为基础、创意为中心、媒体选择为实施手段的全方位、立体化服务，并在整个广告流程中配以公关展览、促销等手段，与营销进行密切配合，最后还要监督制作，对反馈信息进行再度收集整理等。另一方面，广告公司也为广告媒体承揽广告业务，有实力的广告公司还从广告媒体购买时段和版位，规避广告媒体的风险，保证了媒体的赢利空间。

（三）广告媒体

广告媒体的主要功能是发布各种真实有效的信息。在广告代理制下，广告媒体必须经营好自己的媒体，吸引更多的观众、听众，为广告公司提供必要的媒体动态与刊登机会。广告媒体的广告收益则由广告公司保证。

一般情况下，广告主会委托广告公司进行市场调查、广告策划、广告设计和创作、选择广告媒体、编制广告预算、广告实施和监督等总体策划和全面服务代理业务；广告代理公司根据需要，委托“下游公司”为其提供服务或分担部分业务。广告主也可以根据自己的能力和需要，自己承担部分广告业务，或委托多家不同职能分工的广告公司为其提供服务。例如，请专业的市场调查公司完成市场调查工作，请创意咨询公司完成文案创作与设计，请媒体购买公司推荐媒体并购买一定的媒体空间等。

知识库

广告代理的发展

广告代理起源于美国报纸媒体的发展，最初是简单的媒体代理。1880年，在美国产生具有雏形的广告代理业，不仅能为广告主提供广告媒体版面，而且能为广告主代办广告设计和制作。进入20世纪20年代后，随着广播和电视媒体的出现，广告代理有了新的发展，广告代理公司不仅能为广告主制定和实施广告计划，而且能为企业提高营销效果，协助广告主策划和实施市场运营计划。广告也进入了营销服务时代。21世纪以来，广告代理涉及的媒体类型更为广泛，所提供的服务也更为多样。

广告代理制是衡量一个国家的广告业是否走向成熟的主要标志之一。它适应了市场经济发展中社会分工的需要，使广告业更加专业化，强调了专业广告公司在广告活动中的主导地位，使其能超越不同媒体的特点，为客户提供更全面的优质服务。我国广告代理制的发展还比较落后，广告主根据需要只把部分业务委托给代理公司，广告策划、媒体购买等工作往往都由自己完成。

二、广告代理公司的部门设置、类型及管理模式

（一）广告代理公司的部门设置

完善的广告代理公司根据业务需要，通常将公司分为五个业务领域或部门，即客户管理部门、广告策划部门、广告创意部门、媒体部门、制作部门，并配备相应的管理业务人才。

1. 客户管理部门

客户管理部门充当客户和代理机构之间的联络人。客户管理部门应将客户的要求准确无误地下达给代理机构内所有有关人员和部门；应以客户的利益为中心，保证恰当地协调，按时完成工作任务等。客户管理部门主管是客户和代理机构之间的双向代表。

2. 广告策划部门

广告策划部门主要通过对市场的把握和对消费者的洞察认知，制定出传播目标，提炼出诉求信息，传达给广告创意部门。

3. 广告创意部门

广告创意部门把广告策划部门挖掘出的重要信息变成具有冲击力的信息。广告创意部门

的人员包括文案撰写人员和设计人员。广告创意部门需要解决以下三方面的问题：

（1）信息将围绕什么组织起来？表达的主要观点或形式是什么？

（2）应该使用什么样的语言方式来传达信息、表达观点？

（3）信息要怎样设计表现出来？

4. 媒体部门

媒体部门包括媒体策划和媒体购买。媒体策划人员要擅长安排媒体发布计划，能选择最好的媒体以求与目标受众接触；媒体购买人员要能以最理想的价格购买媒体的版面和时段。

5. 制作部门

制作部门是把创意部门的方案转变为广告作品，即把一系列概念变成可以触摸到的有形实体。

（二）广告代理公司的类型

根据广告代理公司提供服务的多少，可将其分为专门服务型广告代理公司、部分服务型广告代理公司和综合服务型广告代理公司。

只提供一种广告服务的公司称为专门服务型广告代理公司，如广告设计公司、广告制作公司、广告发布代理公司。这类公司不求大，只求专和精。

提供两种以上广告服务的公司称为部分服务型广告代理公司。这种广告代理公司在我国占有较大的比例。

综合服务型广告代理公司又称为全面服务型广告代理公司或者4A广告代理公司（4A是美国综合性广告公司协会American Association of Advertising Agencies的缩写），它为广告主提供关于广告活动全过程、全方位的服务，包括产品分析、市场调查、销售形势分析、媒体调查、制定和实施广告规划以及与广告相近、相关的其他服务。

（三）广告代理公司的管理模式

广告代理公司主要指综合服务型广告代理公司，其管理模式有以下两种。

1. 资源集中式

资源集中式（图1-7）即传统的管理模式。该模式的最大优点是易于把公司的人力资源和物力资源集中使用，便于公司的有效管理；其缺点是公司高级管理人员与客户的沟通不够，

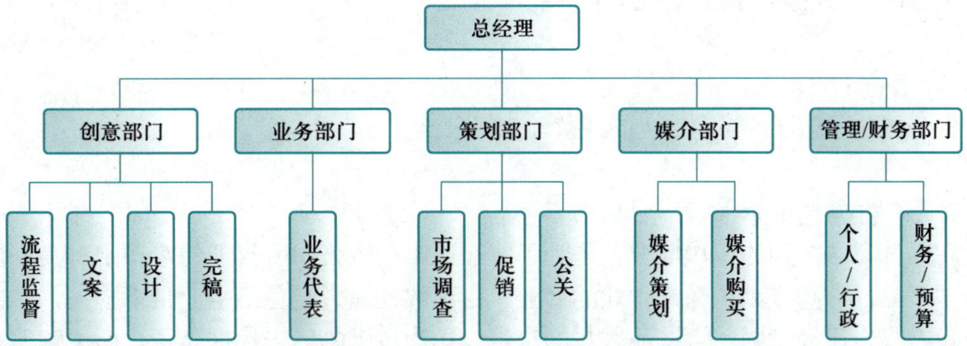

图1-7　资源集中式广告代理公司组织管理模式

内部人员庞杂，运作迟缓，不能有效地满足客户的需求。

2. 小组作业中心式

广告代理公司根据客户的种类和要求，将公司的员工划分为小组，每个小组负责单一或几种不同品牌的产品的广告活动，如图1-8所示。该模式的优点是公司高级管理人员不仅是管理者，也是具体业务的直接参与者或客户管理者；创意工作人员、业务经理和媒体策划人员必须以小组的形式进行合作，以便能够迅速解决问题，团队精神得到充分的发挥；每个客户都有专人负责，公司能够充分掌握每个客户的情况，有效满足客户的需求。该模式的缺点是因为客户大小不一，容易形成各组的资源分配不均或资源浪费。

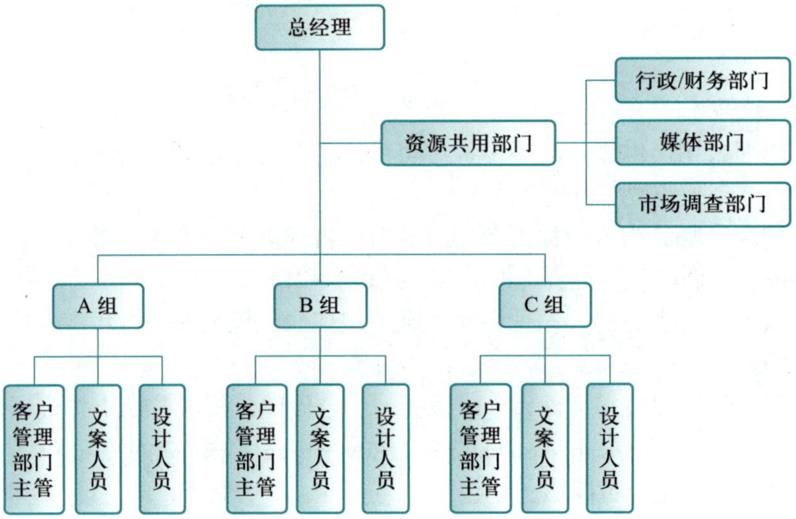

图 1-8　小组作业中心式广告代理公司组织管理模式

三、广告代理的选择

由于广告公司在广告代理制中的特殊地位和特殊作用，对于广告主来说，选择一家广告公司来代理自己的业务，协助完成公司的营销目标，就成为广告运作的关键。广告主在选择广告代理公司时通常会考虑以下几个方面的因素：

（一）相融性

广告公司的理念是否与广告主的经营理念相融合。

（二）广告公司的客户情况及客户记录

了解候选广告公司的客户情况，是为了解在这家广告公司所代理的客户中有没有与自己经营相同产品的客户。为了保证企业的商业机密不致外泄，避免给企业带来损失，广告主通常选择没有与自己经营同一类产品客户的广告公司为自己的广告代理公司。而了解现有客户的代理情况，则主要是了解这些客户的性质、规模和委托代理的时间等项内容。如果一家广告公司所代理的客户都是著名的厂家或品牌，则表明这家广告公司的实力和员工的工作能力比较强；广告公司与客户合作的时间越长，该公司的可信度就越高。因此，了解候选广告公司的客户情况，也是广告主选择广告代理公司时考虑的因素之一。

（三）广告公司的内部管理和重要人员流动情况

对于广告公司的内部管理，广告主可以到候选公司亲自去一趟，了解其内部管理是否有条理，是否有严格的规章制度；还要对广告公司的策划部门、设计部门、客户业务部门以及调查部门的主要人员的任职情况及任职历史获取大致印象。公司管理制度越健全，内部管理就越规范，员工队伍越稳定，公司对人才就越具有吸引力，这些都是广告业务发展的保障。

（四）广告公司的职业道德

向曾经委托该公司代理过广告业务的广告主查询，了解他们相互合作的情况，看是否有过泄露客户商业机密的情况。

（五）广告公司与主要的媒体单位的协作关系

媒体是广告信息传播的中介和载体，离开了媒体，广告信息就很难向公众传播。如果广告公司在主要报纸争取不到版面，在电视台或广播电台争取不到理想的播出时间，在重要网站争取不到合适位置，就势必使广告的效果受到影响。

（六）广告公司的资信情况

向该广告公司的开户银行提出咨询，考察该公司成立以来的财务情况以及银行信誉。在代理制度中，广告主的广告费用都是先入代理公司的账户，然后再由其分别转交所租用的媒体。如果广告公司的财务不稳定，银行信誉不佳，就可能影响到广告主广告预算资金的安全。

（七）广告公司的业务水平

广告公司在争取广告主时，往往拿出过去所取得的成功之作来证明公司的实力，而这些作品均是精选出来的，水平一般都属上乘。因此，广告主必须通过另外的方式来检验广告公司的业务能力。例如，让广告公司拿出一整套具体的作品，让其讲解作业经过、广告计划的精神实质、广告所预期取得的功效等内容，并比照其广告成果。了解该公司进行广告策划和表现创意的水平，以便对该公司的业务素质进行综合评价。

知识库：广告代理公司的收费方式

思考与练习

一、单项选择题

1. 整合营销传播是以（　　）为核心。

A. 消费者　　B. 产品　　C. 促销　　D. 价格

2. 在广告代理制中，（　　）处于中心位置。

A. 广告主　　B. 广告代理公司
C. 广告媒体　　D. 广告制作部门

3. 广告的主要目的是（　　）。
A. 建立品牌知名度　　B. 建立品牌形象
C. 促进产品销售　　D. 吸引顾客

4. 消费者心理特征主要包括（　　）。
A. 能力、气质和性格　　B. 能力、个性和性格
C. 能力、气质和个性　　D. 能力和气质

5. 在没有外在压力条件下，个体受他人影响而模仿他人，使自己与之相同或相似的现象叫作（　　）。
A. 模仿　　B. 暗示　　C. 社会感染　　D. 学习

6. 沟通过程中歪曲信息内容，妨碍传者、受者对信息共同理解的因素叫作（　　）。
A. 反馈　　B. 噪音　　C. 经验　　D. 信道

7. 促销组合中，（　　）手段最有利于树立品牌形象。
A. 人员销售　　B. 广告
C. 公共关系　　D. 销售促进

二、多项选择题

1. 广告的要素有（　　）。
A. 广告主　　B. 广告公司
C. 广告费用　　D. 广告信息

2. 按广告传播范围，广告可分为（　　）。
A. 全球性广告　　B. 全国性广告
C. 区域性广告　　D. 地区性广告

3. 4P理论中的4P包括（　　）。
A. 产品　　B. 价格　　C. 渠道　　D. 促销

4. 下面选项中属于个体心理内容的有（　　）。
A. 态度　　B. 心理过程
C. 心理状态　　D. 心理特征

5. 心理过程是一种动态的活动过程，包括（　　）过程。
A. 认知　　B. 情绪　　C. 意志　　D. 行动

6. 传播的基本要素包括（　　）。
A. 信源　　B. 信息　　C. 信道　　D. 信宿

7. 广告传播的功能包括（　　）。
A. 推介功能　　B. 劝服功能
C. 提示功能　　D. 销售功能

8. 心理活动的动力由（　　）成分构成。
A. 动机　　B. 需要　　C. 注意　　D. 兴趣

三、思考题

1. 什么是广告？广告的构成要素是什么？
2. 比较4P理论和4C理论的思考模式。
3. 简述个体心理与社会心理对广告的影响。
4. 简述广告传播过程中与人际传播过程中的噪音、反馈有何异同？
5. 简述消费者行为特征对广告的影响。
6. 影响广告代理公司选择的因素有哪些？

案例分析

案例一：蚂蚁金服的视频广告

视频：蚂蚁金服品牌形象片“背影”

扫描二维码，观看蚂蚁金服的视频广告。

问题：请结合视频资料，分析广告的功能及其在社会经济生活中的作用。

案例二：支付宝VS微信支付

视频：支付宝广告

视频：微信支付广告

扫描二维码，观看支付宝和微信支付的视频广告。

问题：请结合案例中的资料，分析广告的功能和诉求方式。

实践与实训

实训一：广告案例分析

实训目标：

提高对广告的认识能力。

实训内容：

（1）选择某一则熟悉的广告，记录其广告语及广告表现方式；

（2）分析该广告在消费者心中的印象及其对产品购买者的影响；

（3）收集该广告所对应的产品和企业的营销资料，简要分析该广告对产品销售的影响。

实训要求：

个人单独完成，以 PPT的形式展示，在课堂上进行交流讨论。

实训二：经典广告赏析

实训目标：

（1）了解广告大师的主要理论；

（2）欣赏并评析广告大师的经典作品。

实训内容：

（1）收集并记录大卫·奥格威、R.雷斯、威廉·伯恩巴克、李奥·贝纳等广告大师的主要理论；

（2）收集这些广告大师的经典作品；

（3）分析这些广告大师是如何在其作品中贯彻其主要理论的。

实训要求：

（1）分组完成，每组选择一位广告大师，收集所需资料；

（2）以PPT的形式展示，并在课堂上进行交流讨论。

第二章

广告调查

本章学习目标

※ **知识目标**

- 了解广告调查的概念
- 掌握广告调查的主要内容及方法
- 掌握问卷设计的方法和原则

※ **技能目标**

- 能够按要求设计完整的广告调查问卷
- 能够结合广告调查的相关理论知识参与广告调查实践

※ **素养目标**

- 养成认真调查的好习惯，培养调查分析的能力
- 增强分析并解决广告调查问题的实践能力，提升职业素养

本章结构

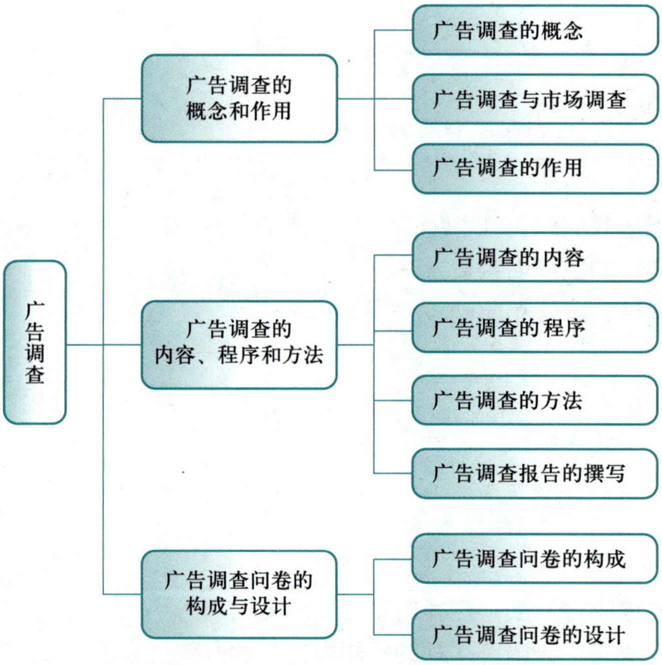
广告调查
广告调查的概念和作用
广告调查的概念
广告调查与市场调查
广告调查的作用
广告调查的内容、程序和方法
广告调查的内容
广告调查的程序
广告调查的方法
广告调查报告的撰写
广告调查问卷的构成与设计
广告调查问卷的构成
广告调查问卷的设计

引导案例

2021年春节央视收视率调查

根据2021年春节央视收视率的调查，整个春节假期，央视频道组整体收视份额达31.55%，收视率较节前一周上涨了43%，除夕当天收视份额达到38.72%。假期期间，忠实观众平均每天收看总台节目116分钟，日均收视时长较节前提升了27分钟。

截至2021年2月11日24时，2021年春晚直播受众规模11.4亿人。其中，新媒体直播用户规模5.69亿人，观看次数17.78亿次，比2020年的12.3亿次净增5.48亿次；电视端直播受众规模5.71亿人，与去年基本持平。美国、法国、德国、意大利、俄罗斯、日本、巴西、澳大利亚、印度、阿联酋、马来西亚、南非等170多个国家和地区的600多家媒体也对春晚进行播出。海外用户观看春晚直播的触达人次超过1 866万次。

2021年春晚别出心裁，以科技融合艺术，以创意拓展内涵，带广大观众共赴一场创新的盛会。首次采用8K超高清视频和AI+VR裸眼3D演播室技术。为了响应严防严控疫情的号召，还使用“云”视频架起了观众和演员之间的桥梁。

问题：案例中，央视的收视率调查有哪些结果？如何才能完成一项科学的广告调查？

点评：毛泽东讲过，没有调查就没有发言权。科学的广告调查是广告策划和提高广告效果的基础。

现代广告综合性的增强和规模的扩大使广告运作变得更加复杂。因此，要制定科学有效的广告策略和广告计划。广告调查是广告运作的基础，成功的广告运作离不开科学有效的广告调查。

第一节　广告调查的概念和作用

一、广告调查的概念

广告调查是广告运作的基础，切实可靠的调查结果是制定广告策略、确定广告目标的主要依据。广义的广告调查是指伴随着广告活动所进行的一切调查活动，本书所讲的广告调查是指企业或组织为有效地开展广告活动，利用科学的调查研究方法，对与广告活动有关的市场情况、受众情况、产品情况、竞争者情况等资料进行收集、整理、分析和解释的一系列活动。

> 广告调查：企业或组织以科学的调查方法，有计划、有目的地收集、整理、分析有关产品或服务及市场、受众等信息的活动。

在现代广告活动中，整体广告策划的程序一般分为八个阶段，如图2-1所示。广告调查与研究分析是广告策划和实施中的重要一环，广告调查的目的是为成功地开展广告活动提供准确有效的信息。

二、广告调查与市场调查

市场调查（marketing research）是围绕产品或服务营销问题，系统地收集、整理和分析有关资料的活动，即为解决市场营销问题而进行的市场分析、销售分析、受众调查和广告调查等调研活动的统称。市场调查涉及市场规模、销售良机与潜在性、特定市场的特征、不同产品市场的规模及其倾向研究、影响销售的各种因素、市场性质变化的研究、受众对产品需求的变化等。

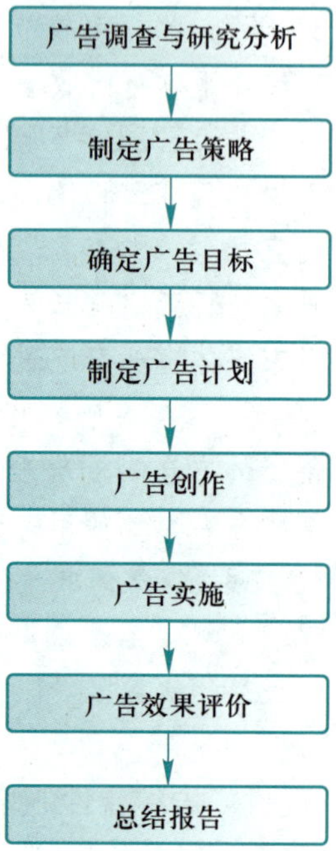

图 2–1　整体广告策划的程序

广告调查和市场调查在研究目的、研究对象以及研究方法上都有着密切的关系，具体体现在以下几个方面：

首先，广告调查是市场调查的一部分。广告是市场营销4P组合中促销（promotion）的手段之一，也是市场营销的因素之一。

其次，广告调查和市场调查的目的不同。市场调查是出于整体的市场营销决策和运作而进行的，而广告调查则是为某一局部目标而进行的。

再次，广告调查和市场调查的对象不同。广告调查是围绕市场营销中的广告活动而展开的，研究结果用于制定广告策略、定义产品概念、选择媒体及广告信息传达的方式和内容等。而市场调查对象都与市场营销有关，可以是受众的现状和市场需求，也可以是企业的营销环境和营销状况、促销情况和广告效果等。

最后，相同的调查方法和原则。广告调查与市场调查都必须遵循科学性和客观性的原则，调查员应该自始至终保持客观的态度，接受自然的调查结果，不允许带有任何主观的意愿或偏见去从事调查活动。两者都应采用科学的方法设计调查方案、收集数据和分析数据，选择有效的信息资料。

三、广告调查的作用

广告策划七分是一步步地走出来的，三分是想出来的。广告大师大卫·奥格威不允许他的员工用创新来形容他们的工作。他认为，一切好的文案都是从调查研究中得来的，而非想象。广告调查是广告运作的基础，为广告目标的确立、广告的产品定位、广告诉求及表现策略的制订、广告媒体策略的实施及广告效果的测定等提供真实可靠的信息资料。

（一）广告调查为广告策划提供科学的依据

广告调查主要是围绕广告目的系统地收集产品从生产到消费全过程的资料。比如，产品自身的优缺点以及在市场上的营销状况资料，目标受众的基本情况、消费心理、消费态度、消费行为等方面的资料，各类广告媒体的特点以及经营状况资料等。通过对这些资料的分析和研究，为广告策划提供科学的依据。

（二）广告调查为广告创意设计提供具体的资料

广告活动虽然是一种创造性很强的活动，但不是纯艺术的创作活动，是商业功利性和艺术性的有机结合。可以说，广告创作是“戴着镣铐跳舞”。广告的创意和设计必须紧紧围绕广告的商业目的来进行，偏离了这一点，任何新颖独特的创意和设计都是徒劳。因此，广告的创意和设计必须建立在广告调查的基础上。

（三）广告调查为广告效果的测定提供重要依据

广告调查的任务不仅要为广告策划、广告创作人员提供全面准确的背景材料和大量的具体资料，还要收集、分析广告刊出后的情况及数据，为测定广告效果提供决策性的依据。对于广告主来说，广告投入是需要有回报的。广告公司通过广告调查获得相关数据，说明广告推出前后受众的反响及产品市场占有率的变化，为广告效果测定和广告主决策提供依据。

第二节　广告调查的内容、程序和方法

一、广告调查的内容

广告调查的主要内容包括产品调查、受众调查、广告环境调查、媒体调查和广告效果调查。

（一）产品调查

产品调查主要包括以下几个方面：

1. 有关产品的详细情况

有关产品的详细情况包括有关厂家的生产能力、产品的原料来源、产品的生产和工艺水平、产品的用途、产品的包装、产品的质量和产品的价格等。

2. 产品所处的生命周期阶段

根据产品在市场中的接受程度、销售增长率、市场竞争状况和市场饱和程度，确定产品所处的生命周期阶段。

3. 同类产品在目标市场中的销售情况

同类产品在目标市场中的销售情况包括产品的种类、生产厂家、品牌规格、价格等。

（二）受众调查

受众是广告信息传播的接收者，是广告宣传的对象。对于受众情况的调查，具体分为：

1. 受众的基本情况

受众的基本情况包括受众的年龄、性别、职业、民族、信仰、教育程度、收入状况、家庭结构等。不同的受众有不同的需求、消费心理和行为方式，了解受众的基本情况有助于广告目标的确定。

2. 受众的心理因素

受众心理是影响受众评价广告信息的关键因素。了解受众的消费需求、购买动机、购买习惯、审美情趣等，可以帮助广告策划者找到有效的广告诉求点和表现形式。例如，就广告表现风格来看，小孩喜欢活泼、跳跃、卡通的，年轻人喜欢激情、时尚的，老人喜欢朴实、理性的。

（三）广告环境调查

广告环境调查主要是对广告所处的自然环境、政治环境、经济环境、社会文化环境等的调查，具体包括：

1. 自然环境

自然环境主要指目标市场所在地的地理气候情况。不同的地理条件、气候条件下的受众对产品的需求是不同的。

2. 政治环境

政治环境主要指目标市场所在国家的政治制度、经济制度和国家政策法规等。政治环境决定市场竞争规则，是影响企业进入并获得竞争优势地位的重要因素。

3. 经济环境

经济环境主要指目标市场所在国家的经济状况和经济发展趋势。包括经济状况、就业状况、国民收入、工农业发展状况、工资收入等，这些因素直接影响受众的消费能力、消费心理、消费行为等。

4. 社会文化环境

目标市场的社会文化环境主要包括民族文化、消费心理、宗教信仰、生活习俗、传统文化、价值观等。文化因素对消费者需求和消费行为的影响极其深远，适应并满足目标市场特定的文化背景是提高广告效果的重要途径。

（四）媒体调查

媒体是广告信息得以传播的载体。媒体调查的目的在于有效地进行媒体选择、建立媒体组合、制订媒体计划等。广告媒体的种类繁多，不同的媒体有不同的性质、功能和特点，同一类型的媒体，其覆盖面、媒体接触率（收视率、收听率、注目率等）也不同。因此，为合理运用媒体，提高媒体的成本效益，广告策划人员必须掌握广告媒体的详尽资料。

（五）广告效果调查

广告效果调查即广告效果测定，是广告调查的一个重要组成部分，分为事前测定、事中测定和事后测定三部分。当广告主在广告上投资上万元甚至上百万元、上千万元费用后，必然要求知道其广告投入能否获得相应的收益。广告效果测定为广告主的投入提供了决策依据。广告效果的测定不仅是对广告活动结果的测定，也是对广告活动全过程的测定和评价。

二、广告调查的程序

为保证调查结果的完整性、可靠性和实用性，广告调查必须按照科学严密的程序进行，如图 2-2所示。

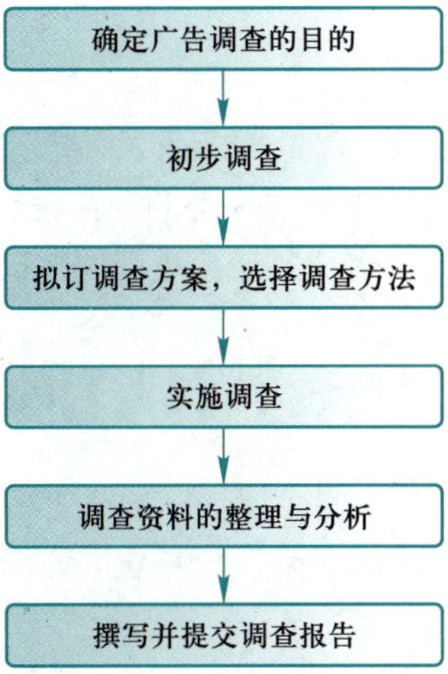

图2-2　广告调查的基本程序

（一）确定广告调查的目的

明确广告调查的目的是广告调查的前提。目标确定以后，广告调查就有了方向。明确广告调查目的就是确定为什么要进行广告调查，通过调查要解决哪些问题，有关调查结果对于企业来说有什么作用。

（二）初步调查

初步调查是确定问题及研究的范围，拟订调查计划。初步调查分为三个步骤：

1. 情况分析

在拟订正式调查计划之前，广告调查人员必须对公司的历史、产品、竞争者、分配渠道与方法、受众购买习惯、广告活动、销售和促销方法等情况进行了解。

2. 预备调查

预备调查是对与目前调查范围有关的资料进行分析，包括同行与政府的资料、专家的意见等，分析调查本身的问题及变化趋势，为正式调查做准备。

3. 确定研究范围

经过情况分析与非正式调查，确定研究计划与范围。如果调查者在研究计划的初期就能确定所要研究的问题，就可以节省大量的人力、物力和财力。

（三）拟订调查方案，选择调查方法

根据初步调查的结果，拟订正式的调查方案，确保调查实施的有序进行。根据调查目的和调查内容，确定不同的调查方式，设计不同的调查表和有针对性的调查问题。

（四）实施调查

在实施调查阶段，要注意对调查人员的培训和对调查过程的有效督导监控，以确保调查实施的顺利进行和调查资料的真实性。

（五）调查资料的整理与分析

调查资料的整理与分析是将调查收集到的资料进行汇总整理、统计和分析。首先，编辑整理，即把零碎的、杂乱的、分散的资料加以筛选，去粗取精，去伪存真，以保证资料的系统性、完整性和可靠性。在资料编辑整理过程中，要检查调查资料的误差，剔除错误的

资料，并对资料进行评定，确保资料的真实与准确。其次，对资料分类编号，即把调查资料分为几个适当的类别并编上号码，以便于查找、归档和使用。再次，进行统计，即将已经分类的资料进行统计计算，系统地制成各种计算表、统计表、统计图。最后，对各项资料中的数据和事实进行比较分析，得出一些可以说明有关问题的统计数据，直至得出可靠的结论。

（六）撰写并提交调查报告

撰写并提交调查报告是市场调查工作的最后一环。调查报告是调查工作的最终成果，调查人员必须十分重视调查报告的撰写，并按时提交调查报告。

三、广告调查的方法

广告调查的方法是指在广告调查中发掘资料来源，了解情况，捕捉信息或收集资料的途径和方法。广告调查的方法有很多，按不同标准可以有不同的划分。

（一）根据调查材料的来源划分

根据调查资料的来源，广告调查的方法主要分为文献调查法、观察法、实验法、询问法、问卷调查法。

1. 文献调查法

文献调查法是指利用各种文献、档案资料进行广告调查的方法。文献调查不仅为企业的产品销售活动提供必要的信息，也为实地调查打下基础，节约大量实地调查费用和调查时间，并为实地调查提出所需调查的问题。

（1）文献调查的资料来源。在文献调查中，是否熟悉文献资料的来源及其检索方法，是文献调查工作成败的关键。文献资料包括企业内部资料和企业外部资料。企业内部资料主要有企业平时调查的资料积累和历史记录，如客户名单、历年销售记录、市场报告、客户函电等。企业外部资料主要来自政府机构和有关工商机构、图书馆、出版社、消费者组织和相关公司等方面。

（2）评估文献资料的来源。在确定了资料来源后，根据具体需要，对这些资料来源进行评估。评估的标准包括：① 资料的综合性，指是否能提供对口而全面的资料；② 资料的专业性，即是否能提供足够的专业资料；③ 资料的专题性，指所提供的资料主要与哪方面的专题有关；④ 资料的实效性，即所提供的资料是否合乎时宜，是近期的，还是早期的；⑤ 资料的可取性，指提供资料是否快速、及时，费用如何；⑥ 资料的准确性，指所提供的资料是否准确，来源于什么地方，由谁提供。

2. 观察法

观察法是指针对特定的营销环境，对消费者的行动和反应等进行直接观察取得第一手资料的调查方法。市场调查人员直接到商店、订货会、展销会等消费者比较集中的场所，借助于照相机、手机、录音机或直接用笔录等方式，身临其境地进行观察记录，获得市场信息资料。

观察法的优点是可以获得第一手资料，不足之处在于难以观察到深层次的问题，如被调查者的兴趣、偏好、心理感受、购买动机、态度、看法等。

课外实训

选择一家商场，在商场内外观察来往的行人，记录有多少人仔细看商场门口的促销海报，有多少人看后走进商场购买广告中的产品。

3. 实验法

实验法是将调查对象随机地分成两个组，或按配对的方法分成两个条件相当的组：实验组和控制组，通过改变实验组的控制变量（如广告、价格、包装或某种营销活动等），同时控制组保持不变，对两个组实验前后的销售结果进行比较和评价，从而得出该控制变量（因素）对市场的影响程度。

例如，某企业拟更换产品包装，采用实验法进行新包装效果测试。该企业选择两个市场分别作为实验组和控制组，在其他因素完全不变的条件下，控制组市场采用原来的旧包装，实验组市场采用新包装，一段时间后比较两个市场的销售情况。

4. 询问法

询问法是最为常用的调查方法。调查人员根据问卷，或是与被调查者直接接触，或是采取邮寄、打电话等方式，进行询问并求得回答，从而收集所需的资料。

5. 问卷调查法

问卷调查法是通过设计调查问卷的方式，向被调查者了解市场情况的一种调查方法。按照问卷发放的途径不同，可分为当面调查、邮寄调查、电话调查、留置调查四种。

（1）当面调查，即亲自登门调查。调查者按事先设计好的问卷，有顺序地发问，让被调查者回答。优点是直接、真实；缺点是调查面有限。

（2）邮寄调查，是将调查表或问卷邮寄给被调查者，由被调查者填妥后寄还的一种调查方法。优点是调查面广；缺点是问卷的回收率低。

（3）电话调查，是指按照事先设计好的问卷，通过电话向被调查者询问或征求意见的一种调查方法。优点是获得信息的速度快，节省时间，回答率较高；缺点是询问时间不能太长。

（4）留置调查，是指调查人员将问卷或调查表当面交给被调查者，由被调查者事后自行填写，再由调查人员按约定时间收回的一种调查方法。优点是留给被调查人员充分的独立思考时间，避免受调查人员倾向性意见的影响，减少调查资料误差，提高调查质量；缺点是由于受地域、交通等因素限制，不宜广泛进行，且时间较长、调查费用相对较高。

（二）根据获取样本的方式来划分

抽样调查是从调查对象的总体中抽取一部分样本进行调查，然后根据样本值推算总体值的一种调查方法。抽样的方法分为随机抽样法和非随机抽样法两大类。

1. 随机抽样法

随机抽样法是在总体中随机抽取个体作为样本进行调查，根据样本情况推断出一定概率下总体的情况。随机抽样最主要的特征是从母体中任意抽取样本，每一样本有相同的抽取机会，即事件发生的概率是相等的，随机抽样在广告调查中应用很广。

随机抽样又可以分为三种：

（1）简单随机抽样，即整体中所有个体都有相等的机会被选作样本。

（2）分层随机抽样，即对总体按某种特征（如年龄、性别、职业等）分组（分层），然后从各组中随机抽取一定数量的样本。例如，在某地区女性化妆品市场调查中，可按年龄将女性分成老、中、青三层，然后在每层中简单随机抽取一定数量的女性进行调查。

（3）分群随机抽样，即将总体按一定特征分成若干群体，以群为单位抽取若干个群，对抽中的群内的所有个体进行调查。例如，在对某地区大学生消费情况的调查中，可将班级作为群，从各个学校随机地抽取若干班级，再对抽中的班级的全体学生进行调查。

分群抽样与分层抽样的区别在于：分群抽样是将样本总体划分为若干不同群体，这些群体间的性质相同，每个群体内存在性质不同的样本个体；而分层抽样是将样本总体划分为几大类，各大类间存在明显差异，而每一类则是由性质相同的样本构成的。

2. 非随机抽样法

非随机抽样法是根据调查者的主观判断、经验或某些条件来选择样本。抽样的效果取决于抽样者的判断和经验，因此，调查的科学性和准确性难以保证。在广告调查中多采用随机抽样，只有特殊情况下才使用非随机抽样的方法。

课堂练习

你是否被作为广告调查对象接受过广告调查？如果有，请回忆该广告调查采取的方式和内容。（时间：10分钟）

四、广告调查报告的撰写

调查报告提交的对象不同，报告撰写的要求也不同。向广告业务最高主管人员提供的汇报，内容应尽可能简明扼要；提供给广告设计制作部门的技术资料报告，内容要尽可能详细完整。

广告调查报告的内容包括：

（1）题目。包括调查题目、报告日期、撰写人。

（2）调查过程概述（摘要）。

（3）调查目的（引言）。简要说明调查动机、要点和所要解决的问题。

（4）调查结果分析（正文）。包括调查方法、取样方法、关键图表和数据。

（5）结论与建议。对调查目的和问题的解答，可行性建议。

同步实务

广告效果调查报告范例

调查题目：××美容院广告效果调查报告

调查单位：郑州××广告有限公司

调查内容：××美容院公交车车身广告

调查目的：广告投放效应及媒体研究

调查时间：2022年8月10日至8月20日

报告人：×××

第一部分　调查提纲

调查时间：2022年8月10日至2022年8月20日。

调查地点：成都市区。

调查对象：受访者要求：35~45岁，女性。

调查方式：根据问卷，面对面访问受访者。

抽样方法：根据年龄要求寻找受访者，随机街头拦截访问。

注：① 调查城市市民的情况，通过工作日和非工作日随机抽样所获得的样本更具有代表性；② 调研地点及样本量：××商场（100个样本），××美容院（100个样本），××会所（100个样本），××写字楼（100个样本）。

调查目的：① 得出××美容院车身广告受众的背景资料（如年龄，家庭月收入等）；② 对××美容院车身广告效用进行客观中立的评估；③ 对××美容院车身广告在全部广告投放中所起的效用进行客观的评估。

第二部分　分析纲要

美容行业分析：包括前言和消费习惯。

户外媒体使用行为研究。

××广告调查城市环境概况（郑州）。

××广告效果研究/及目标分析。

第三部分　××美容院广告效果评估及结论（略）

第四部分　结尾（略）

第三节　广告调查问卷的构成与设计

调查问卷是广告调查中经常使用的调查工具，问卷的设计是广告调查的重要工作。要得到有益的信息，需要提出确切的问题，明确问卷使用的目的和调查结果的运用，避免浪费时间。

一、广告调查问卷的构成

正式的调查问卷一般包括标题、前言、正文和附录四个部分。

（一）标题

标题一般由调查的对象和内容加上“调查问卷”字样组成，如“河南手机市场调查问卷”。问卷的标题要简明扼要。

（二）前言

前言主要说明调查的主题、调查的目的、调查的意义，以及向被调查者表示感谢。

（三）正文

正文是调查问卷的主体部分，一般设计若干问题，要求被调查者回答。

（四）附录

附录请被调查者将有关情况加以登记，为进一步的统计分析收集资料。

二、广告调查问卷的设计

（一）调查问卷正文的设计

调查问卷分为封闭式和开放式两种形式。封闭式问卷要提供可选择的答案，让被调查者选择符合自己实际情况的答案；开放式问卷只设计问题，不设计答案，让被调查者用自己的话来回答问题。开放式问卷涉及的问题较为具体，不同的被调查者会做出不同的回答，其调查资料的统计分析较为困难，在调查问卷中不常使用。

1. 问题设计的一般规则

问题要围绕广告调查的目的来设计，语言表达要明确、清晰、规范，提问不能带有暗示或引导性，例如，“您经常使用 ××洗发水，是吗？”“××西服是男人潇洒的标志，您准备购买吗？”

问题的排列要有合理的顺序，先问一般问题，再问特殊问题；先问接触性问题、过渡性问题，再问实质性问题；先问容易回答的问题，再问较难回答的问题；先问基本情况，再问行为、态度等问题。

2. 问题的设计

（1）开放式提问。开放式提问是指对所提问题的回答没有限制，被调查者可以根据自己的情况自由回答。开放式提问通常采用以下几种方式：

① 自由式。自由式提问时，被调查者可以不受任何限制地回答问题。例如：

您最喜欢的计算机品牌是什么？（　　）。

② 语句完成式。语句完成式提问是提供一个不完整的句子，由被调查者完成该句子。例如：

当我口渴时，我想喝（　　）。

③ 字眼联想式。字眼联想式提问是由调查人员列出一些词汇，每次一个，由被调查者说出或写出他所联想到的第一个词。例如：

当您听到以下词语，首先会想到什么？

冰箱（　　）；海尔（　　）。

（2）封闭式提问。封闭式提问是指调查者在提出问题时，给出可供选择的答案，被调查者从所给的答案中选择。

① 两项选择题。两项选择题是提出一个问题，给出两个答案，被调查者必须在两者中选择一个回答。例如：

您家有电视机吗？

有（　　）；无（　　）。

② 多项选择题。多项选择题是提出一个问题，给出多个答案，被调查者从中选择一个回答。例如：

您家有几台电视机？

1台（　　）；2台（　　）；3台（　　）；4台以上（　　）。

③ 程度评定法。程度评定法是对提出的问题给出程度不同的答案，被调查者从中选择认同的一个作为答案。例如：

您在购买电视机时，认为质量因素是：

很重要（　　）；较重要（　　）；一般不太重要（　　）；很不重要（　　）。

④ 语意差别法。语意差别法列出两个语意相反的词，让被调查对象做出一个选择。例如：

您对××电视机的看法：

式样新颖（　　）；式样陈旧（　　）；图像清晰（　　）；

图像模糊（　　）；耗电少（　　）；耗电多（　　）。

⑤ 序列评定法。这种方法要求被调查者根据自己的态度来评定问题的顺序。例如：

您所喜欢的电视机品牌依次为（请依据您的喜欢程度，分别标上序号）。

长虹（　　）；海信（　　）；东芝（　　）；索尼（　　）；TCL（　　）。

在调查问卷设计中，常常把封闭式提问和开放式提问结合起来。例如：

您家有电视机吗？

有（　　）；无（　　）。

如果有，是什么品牌的？（　　）。

（二）调查问卷设计应当注意的问题

设计调查问卷应当注意以下几个问题：

1. 主题要明确

调查问卷的设计要根据调查的目的确定主题，从实际出发拟题，问题的目的要明确，重点要突出，避免可有可无的问题。

2. 结构要合理

调查问卷的问题排列应有一定的逻辑顺序，符合被调查者的思维程序。例如：

（1）你通常每天读几份报纸？（　　）

a. 不读报　　b. 1份　　c. 2份　　d. 3份以上

（2）你通常用多长时间读报？（　　）

a. 10分钟以内　　b. 半小时左右　　c. 1小时　　d. 1小时以上

（3）你经常读的是下面哪类（或几类）报纸？（　　）

a. ×市晚报　　b. ×省日报　　c. 人民日报　　d. 参考消息

e. ××娱乐报　　f. ××体育报

在以上的几个问题中，由于问题设置紧密相关，因而能够获得比较完整的信息。调查对象也会感到问题集中、提问有章法。相反，假如问题是发散的、带有意识流痕迹的，问卷就会给人以随意而不是严谨的感觉。

3. 语言要通俗易懂

调查问卷应使被调查者一目了然，并愿意合作，如实回答。在语言描述时，调查问卷中的语气要亲切，内容要通俗易懂，避免使用专业术语；对敏感性问题采取一定的技巧，使调查问卷具有合理性和可答性。

4. 问卷长度要适宜

调查问卷的长度要适宜，所提出的问题不要过繁、过多，回答调查问卷的时间不应太长，一般以不超过30分钟为宜。

5. 问题设计要中立

调查问卷应避免用引导性问题或带有暗示性的问题，以免诱导被调查者按某种方式回答问题，确保调查结果的可靠性。

6. 调查结果要便于统计分析

调查问卷中的提问一定要方便事后的整理和统计分析。

同步实务

广告调查问卷样本

尊敬的朋友：

您好！首先感谢您能花时间和精力来认真填写这份问卷，该问卷调查旨在获取关于网络广告效果的情况，请结合您的上网经历填写问卷，希望您提供宝贵的信息和意见。您在填写时不要有任何顾虑，诚挚地感谢您的参与！

1. 您的职业是：

□学生　　□家庭主妇、无业　　□管理者、官员、业主

□销售人员　　□办公室职员

□专业人员及研究人员（医生、律师、建筑师、工程师、程序员、技术工人等）

□其他

2. 您的最高学历是：

□博士　□硕士　□本科　□专科　□其他

3. 您使用互联网的年限是：

□少于一年　□1～3年　□3～5年　□5年以上

4．您上网的频率是：

□每天一次　□每2～3天一次　□每星期一次　□每月一次或更少

5．您每天在网上停留的时间是：

□1小时以下　□1～2小时　□3～5小时　□6小时以上

6．您上网主要获得哪方面的信息？（可多选）

□财经信息　□网游信息　□电子商务信息　□房产汽车信息

□科技信息　□居家生活信息　□休闲娱乐信息　□商贸信息

□旅游信息　□各类广告信息

7．您对于网络广告：

□非常关注　□关注　□偶尔关注　□不关注

8．您对哪一类的网络广告会感兴趣？（可多选）

□服装　□数码产品　□医疗保健类　□音像器材及制品　□生活、家居类

□书刊类　□通信类　□汽车房产　□理财产品　□打折促销活动

□其他

9．何种方式更会引起您对网络广告的注意？

□静态文字+静态图像　□动态文字+静态图像　□以音响为主的广告

□纯动画广告　□动态文字+动态音像　□静态文字+动态音像

□纯文字广告

10．阅读网络广告时，能够给您留下印象的是：

□公司标志　□广告标语　□产品类别　□视听图像

□广告主要信息　□其他

11．您对目前网络广告最不满意的是：

□有病毒　□具有强制性　□出现次数太多

□无法在线支付、购买　□下载速度太慢　□广告形式缺乏吸引力

□广告真实性无法保证　□广告中缺乏真正需要的信息　□其他

12．您认为网络广告与网民之间的关系是怎样的？

□不知道，这有关系吗？　□无所谓，他发他的广告，我上我的网

□非常密切，网络广告会占用我的网络资源　□其他

非常感谢您的参与，有关您的个人信息，我们将严格保密。

同步案例

市场调查出真知——消费者想买什么微投影？

传统投影机的全国销量已经连续几年徘徊在200万台的水平上，而智能微型投影短时间内就达到近百万台的销量，为什么？为此我们特意做了市场调研，看看消费者为何购买智能微型投影机以及想要买什么样的智能微型投影机。

1. 微型投影机的优势

（1）幕屏大。微型投影机最大的优势是用较小的机身提供超大屏幕，并且采用LED光源。

（2）智能化。微型投影机拥有智能系统、WiFi音响和无线投屏以及自动对焦等多种娱乐办公功能。

2. 市场调查情况

（1）体积：58.75%的被调查者关注投影机的体积（见图2-3）。

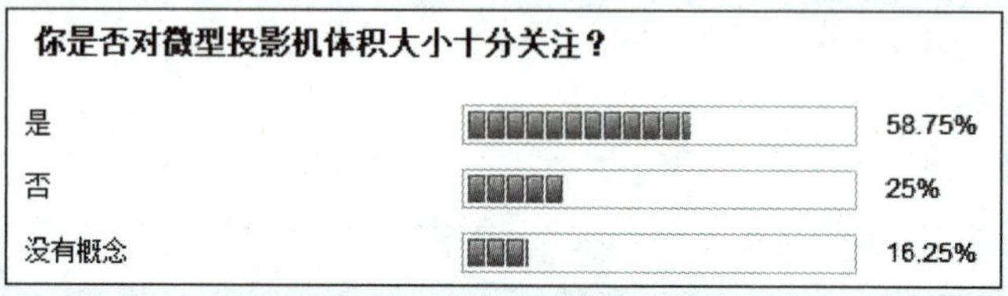

图2-3　体积

（2）分辨率：并非越高越好（见图2-4）。

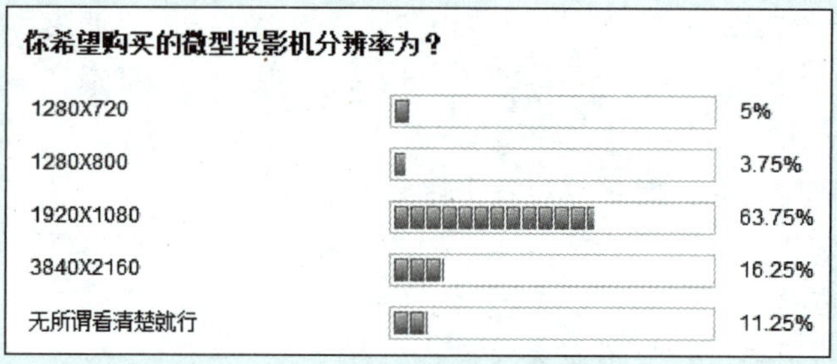

图2-4　分辨率

（3）消费者选择的主要考量：价格、亮度和分辨率（见图2-5）。

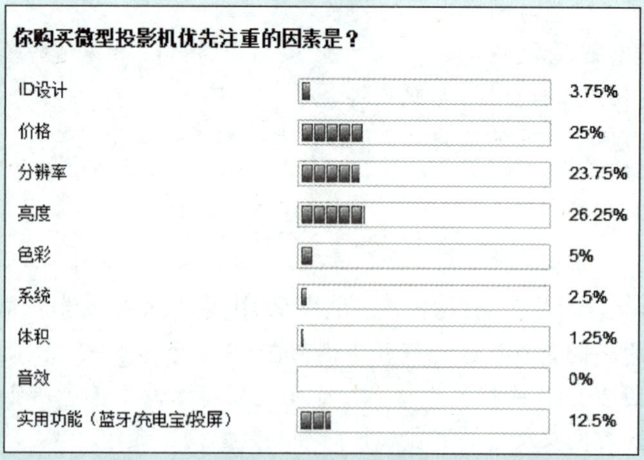

图2-5　主要考量

（4）使用性：便利（见图2-6）。

图2-6　便利性

（5）功能重视程度：播放流畅（见图2-7）。

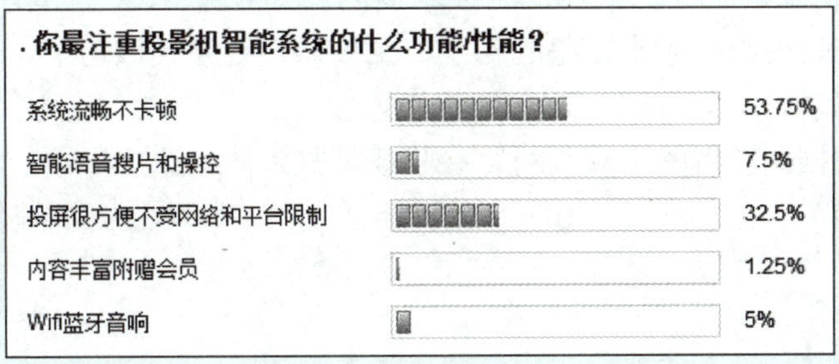

图2-7　功能重视程度

（6）购买意愿：非常强（见图2-8）。

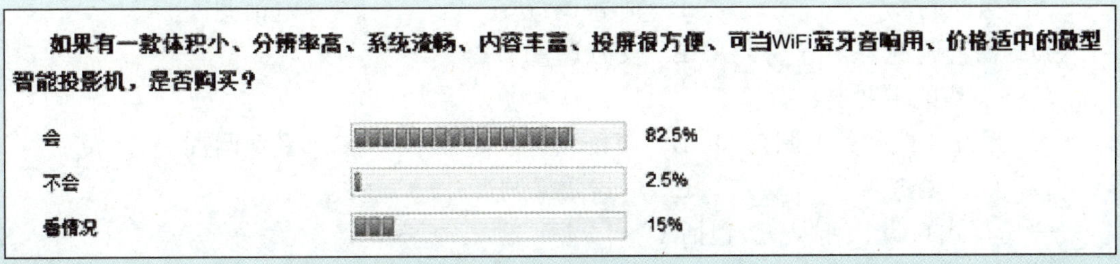

图2-8　购买意愿

结论：消费者对于微型投影机的要求越来越高，全高清分辨率和高亮表现已经是基础，此外用户对于产品的外观设计，系统表现以及诸如是否配置有自动对焦，语音输入等细节都开始变得敏感。

资料来源：中关村在线。

思考与练习

一、单项选择题

1.（ ）是指针对特定的营销环境，对受众的行动和反应等进行直接的观察获得第一手资料的调查方法。

A. 文献调查法　　B. 观察法　　C. 问卷调查法

2.（ ）是将总体按一定特征分成若干群体，然后以群为单位进行抽样，从调查对象中抽取若干个群，对抽中的群内的所有个体进行调查。

A. 分群抽样　　B. 分层抽样　　C. 简单随机抽样

3.（ ）是指对所提问题的回答没有限制，被调查者可以根据自己的情况自由回答。

A. 开放式提问　　B. 封闭式提问　　C. 程度评定提问法

4.（ ）提问是提出一个不完整的句子，由被调查者完成该句子。

A. 字眼联想式　　B. 语句完成式　　C. 自由式

5.（ ）是根据调查者的主观判断、经验或某些条件来选择样本。

A. 随机抽样　　B. 非随机抽样　　C. 简单随机抽样

二、多项选择题

1. 根据调查材料的来源划分，广告调查方法分为（ ）。

A. 文献调查法　　B. 观察法　　C. 实验法

D. 问卷调查法　　E. 询问法

2. 按照问卷发放的途径不同，问卷调查可分为（ ）。

A. 当面调查　　B. 邮寄调查　　C. 电话调查

D. 留置调查　　E. 文献调查

3. 广告调查的主要内容有（ ）。

A. 产品（或劳务）调查　　B. 市场调查　　C. 受众调查

D. 媒体调查　　E. 广告效果调查

4. 一份正式的调查问卷一般包括（ ）。

A. 标题　　B. 前言　　C. 正文

D. 附录　　E. 解释

5. 开放式提问通常采用的方式有（ ）。

A. 自由式　　B. 语句完成式　　C. 字眼联想式

D. 多项选择式　　E. 单项选择式

6. 封闭式提问通常采用的方式有（ ）。

A. 两项选择题　　B. 多项选择题　　C. 程度评定法

D. 语意差异法　　E. 序列评定法

三、思考题

1. 简述广告调查的内容和意义。

2. 简述广告调查与市场调查的关系。
3. 简述广告调查的一般程序。
4. 举例说明广告调查的几种常用方法。
5. 简述调查问卷的设计应注意的问题。

案例分析

白　加　黑

通常的感冒药都需要有四种成分：解热镇痛、止咳、收缩鼻黏膜血管和抗过敏，而抗过敏成分可能会引起嗜睡，这样就使感冒药在缓解症状发挥疗效的同时，产生了白天打瞌睡、影响患者学习工作的副作用。经过深入、细致的市场调查后，“白加黑”确定了只在夜用片中保留抗过敏成分，而日用片不再保留的产品策略，并以“白片+黑片”的形象开展宣传，提出了干脆简练的广告口号——“治疗感冒，黑白分明”，广告传播的核心信息是“白天服白片，不瞌睡；晚上服黑片，睡得香”，产品名称和广告信息都在清晰地传达产品概念，加之“白加黑”这个极富创意的名称和简洁明快的电视广告，使许多消费者对它产生了深刻的印象。上市仅180天，“白加黑”的销售额就突破1.6亿元，在竞争激烈的感冒药市场上夺得了15%的份额，登上了行业第二品牌的地位，在营销界产生了强烈的冲击。

问题：“白加黑”确定广告策略的依据是什么？它是如何迅速建立起竞争优势的？

实践与实训

实训一：广告调查设计

实训目标：

（1）了解广告调查问卷的基本结构和内容；

（2）基本掌握广告调查问卷的设计方法。

实训内容：

（1）选择某一类产品，如手机，收集其广告以及有关的营销信息；

（2）针对其市场状况设计一份调查问卷，如“手机广告对大学生手机用户购买行为的影响调查问卷”，注意调查问卷的格式和内容。

实训要求：

分组完成，以书面形式上交广告调查问卷。

实训二：广告调查实施

实训目标：

（1）了解广告调查的主要步骤；

（2）基本掌握开展广告调查的方法及技巧。

实训内容：

（1）利用实训一中设计好的调查问卷，在学校周边进行小范围调查，回收问卷后进行统计分析；

（2）得出调查结论，并形成一份简单的调查报告。

实训要求：

分组完成，以书面形式上交调查报告，并以 PPT的形式在课堂上进行展示。

第三章

广告策略

本章学习目标

※ **知识目标**

- 了解广告诉求方式
- 熟悉广告策划书的编制
- 掌握广告目标的制定
- 掌握广告定位的步骤和方法
- 掌握广告诉求内容的制定方法

※ **技能目标**

- 能够把营销目标转换为广告目标
- 能够为产品准确定位
- 能够准确把握广告诉求内容和正确选用诉求方式

※ **素养目标**

- 增强美学素养，培养对广告的审美和鉴赏能力
- 合法合规地制定广告策略，增强法制意识

本章结构

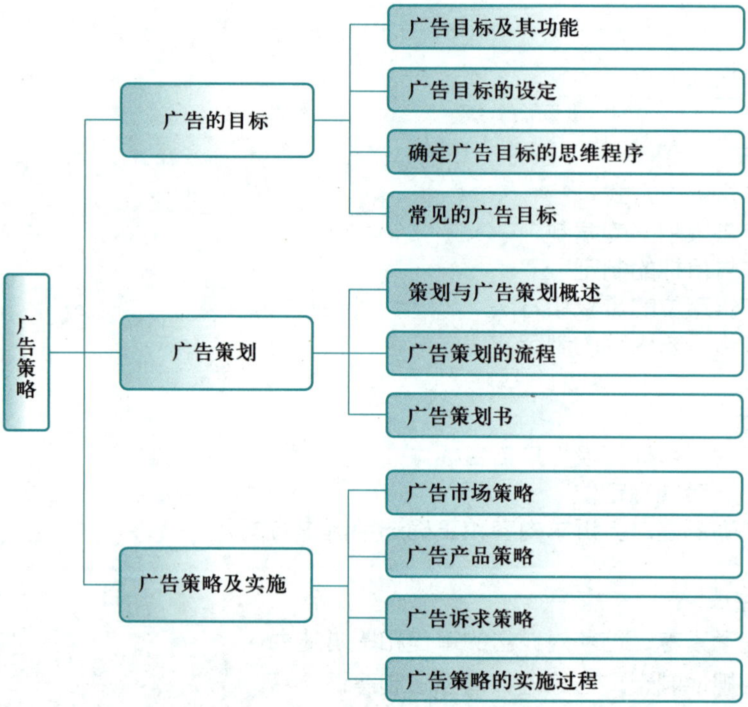
广告策略
广告的目标
广告目标及其功能
广告目标的设定
确定广告目标的思维程序
常见的广告目标
广告策划
策划与广告策划概述
广告策划的流程
广告策划书
广告策略及实施
广告市场策略
广告产品策略
广告诉求策略
广告策略的实施过程

引导案例

盼盼食品《法医秦明》娱乐营销

一、营销挑战和目标

1. 项目背景

近几年，竞争非常激烈的饮料市场进入深度调整期。大品类衰退，健康趋势明显，乳酸菌饮品在业内掀起一阵爆款高潮。面对激烈竞争的红海市场，盼盼“在益起”乳酸菌饮品如何跳出红海，传递“有温度有感情”的“在益起”理念，推动盼盼品牌年轻化再升级，成为品牌营销重中之重。

2. 评估标准和指标

盼盼食品《法医秦明》植入总曝光约6 402.6万次，总点击19.5万次，CTR（Click-Through-Rate，即点击通过率）为5.1%。

3. 面临挑战

饮品市场竞争激烈，需要跳出乳酸菌饮料市场红海，传递“有温度有感情”的“在益起”理念。同时，年轻受众拒绝硬广告，如何让他们关注并增加品牌印象也是要解决的问题。

4. 营销传播目标

传播目标：传递“有温度有感情”的“在益起”理念，推动盼盼品牌年轻化再升级。

阶段目标：① 通过年轻人喜欢的方式迅速提升品牌知名度；② 直击目标受众，让“在益起”品牌理念深入人心。

二、策略及创意

1. 营销传播策略

法医不高冷，盼盼“在益起”：让广告成为内容，让口号成为IP。

2. 内容定制化

借势热播大剧《法医秦明》，与真相时刻“在益起”。

创意植入与创意压屏条相结合，自然巧妙地融入剧情，拒绝“硬”广告，与年轻观众软性沟通产品诉求。品牌及产品的植入不再仅仅限于露出展示，更成为与观众互动，推动剧情发展、体现人物性格的关键元素。

3. 传播融合化

全面融入《法医秦明》，深化品牌偏好。

广告营销整合：通过《法医秦明》剧情融入及传播融合，PC及移动端广告前贴、片尾及开播发布会、庆功会现场联合赞助身份露出，让盼盼品牌全面融入《法医秦明》，实现盼盼“在益起”乳酸菌饮料新品大范围曝光，快速提升知名度。

三、执行

定制剧情：盼盼穿梭在主角们的日常工作生活里，小龙虾搭配盼盼“在益起”乳酸菌饮料，更成为破案的关键性线索。广告成为剧情内容，品牌营销“新技能get√”！秦明的灵光乍现，互怼三人组的“相爱相杀”，统统都离不开盼盼“在益起”，网友的内心OS，盼盼替你说出来，每集自带弹幕吐槽，品牌印象挥之不去！

创新广告形式“easybuy”：打通电商，边看边买。播放界面购买提示，观看同时实现即时一键购买，缩短品牌营销路径。

四、效果

销量贡献（Sales）：贴合年轻受众喜好的娱乐营销项目带动消费者好感度，促进销量提升。

品牌贡献（Brand）：盼盼食品《法医秦明》娱乐营销项目获得超预期的超高曝光量，其中植入剧集内容播放量超过2.5亿，品牌好感度强效提升。

用户关系（User Relationship）：软性植入助力与消费者深度沟通，自然巧妙地融入剧情，增加用户代入感。

传播力（Communication Power）：盼盼植入《法医秦明》剧集总播放量破14亿，横扫各大社交媒体及影视话题榜，单集点赞数高达11万，稳居骨朵网剧红榜第一位。伴随剧集热播，盼盼“在益起”亦随之被大众所认识。

企业意见：盼盼食品联合赞助《法医秦明》，对产品的内涵进行多元化的尝试，通过不同剧集的人物及故事情节呈现，让年轻人看到产品、乃至企业的鲜活变化。从“有温度有情感”的“在益起”，推及盼盼饮料，再推动盼盼食品品牌年轻化的再升级。

资料来源：艾瑞咨询，有删改。

问题：谈谈你对盼盼广告传播中“在益起”概念、视频剧情与营销产品之间联系的理解。

现代营销不仅要求企业为目标顾客开发优良产品，还要求企业必须与现实的和潜在的顾客、零售商、供应商建立有效的沟通渠道，通过广告等传播方式将企业的有关产品或服务信息传达给目标消费者。这就要求企业不仅要做广告，还要注重广告策略制定的每一个环节，即明确目标受众，了解他们的需求及变化趋势，挖掘他们的兴趣点；制定有效的广告表现方式，选择恰当的媒体把广告信息传达给受众，让受众对产品或服务有清晰的认识，促使其产生兴趣，最终达成交易协议。同时，广告策略作为营销策略的组成部分，必须与营销策略保持一致，服从企业的营销目标。

第一节 广告的目标

为什么要做广告？广告应达到什么效果？在这个问题上，许多广告主把提高销售额作为广告的唯一目标，认为广告主花钱做广告的一个基本动因就是促进产品销售，因而销售额或与之相关的某个指标（如市场占有率）是广告唯一的、有意义的目标，并依此判断广告的成功与否。事实上，尽管广告目标服从于营销目标，但广告目标并不等同于营销目标，两者有着明显的区别。

一、广告目标及其功能

（一）广告目标与营销目标

一般来讲，广告目标应是广告作用的直接结果，是通过广告本身就可以实现的目标。作为一种传播活动，广告的目的就是通过向受众传递有关广告产品或品牌的特性、利益、品牌形象等信息，使其能够在产生购买行动前就对广告主的产品或品牌形成一种良好的心理倾向，进而产生购买动机甚至购买行为。广告的具体目标包括：提升品牌知名度，增进品牌知识与兴趣，提高对品牌的认知、理解和偏好，树立良好的品牌态度，建立品牌形象，激发购买意向等。

> 广告目标：通过广告沟通，引起对广告品牌的良好反应。

广告是市场营销的手段之一，是为实现营销目标服务的。因此，广告目标应以营销目标为基础，并服务于营销目标，又不同于营销目标。广告目标通常以受众的反应变量，如品牌知晓、品牌认知、品牌偏好等来度量；营销目标是企业通过营销策略的策划、实施和控制，以期在特定时间达到扩大市场份额、增加销售额等目标，通常用销售额及与其有关的指标来度量，如市场占有率、利润率或投资回报率等。例如，某一品牌产品的营销目标是将销售量提高20%，而为实现这一目标服务的广告目标应是：① 品牌知名度提高70%以上；② 品牌认识提高6%；③ 品牌偏好提高30%；④ 尝试购买提高35%以上，品牌忠诚（再购买）率达到20%。

对广告策划人员来说，了解广告目标与营销目标的区别和联系是非常重要的。在企业营销目标明确后，广告经理必须善于将营销目标转化为广告目标，制定出有助于实现企业营销目标的广告目标。

（二）广告目标的功能

广告目标是广告活动的起点，也是广告活动的终点，是整个广告活动的重中之重。在现代营销管理中，确定广告目标具有以下几方面功能：

1. 沟通功能

沟通功能是广告的基本功能。广告目标为广告主、广告公司的管理人员以及创意团体提供了一种沟通工具，并以实现目标为依据协调各方面之间的关系。

2. 决策功能

广告公司在广告策划时一般要提出多个备选方案供广告主选择，这时，广告目标就成了抉择最优广告活动方案的衡量标准和决策依据。

3. 评价功能

每一个广告活动结束后都要进行广告效果评定，而评价标准就是事前确定的广告目标，即广告目标的实现程度。

二、广告目标的设定

广告目标是为营销目标服务的。制定广告目标的过程，就是将营销目标转化为广告目标的过程。要实现这一转化，首先，要了解销售额的提高来自哪种购买行为，明确广告主期望促进、强化或改变目标消费者的哪种购买行为；其次，还要搞清广告通过何种途径，沟通什么信息，或通过引起目标受众的何种反应，才能激发受众的购买行为。

（一）与销售量有关的行为

销售量的提高，实质上是产品使用的增加，主要来自三种行为：吸引新的消费者尝试购买（第一次购买）该品牌；提高现有消费者的品牌忠诚度；引导现有的消费者更多地使用该产品，提高产品使用率。

1. 获得新的消费者

图3-1将某一类产品的消费市场细分为三部分。E群体是现在购买该品牌的消费者，E群体中的一些人只购买A品牌，但许多人也购买其他品牌；O群体是那些购买除A品牌之外的其他品牌的消费者，O群体的一些人忠诚于另一个品牌，其他人在其他几个品牌之间转换，但他们不购买A品牌；N群体的消费者不购买这类产品的任何品牌。

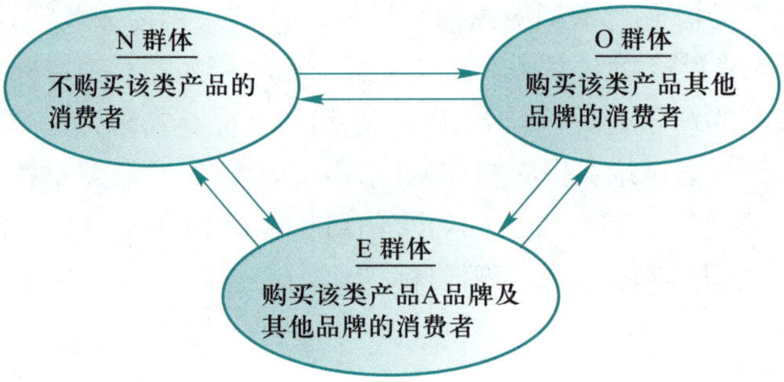

图3-1 消费者类型

从图3-1中可以看出，要吸引新的消费者，主要有两种策略：一种策略是吸引O群体的消费者，使他们尝试使用A品牌。如果其他品牌令消费者满意，采取这种策略是很困难的。如果一个“新的尝试者”喜欢A品牌，他就有可能成为一个忠诚的顾客——E群体的成员。这个策略的可行性在于吸引新消费者的难度。

提高销售量的另一策略是吸引N群体的消费者，即那些现在不使用这类产品的人。这种策略对大公司是比较可取的。如果一个公司有较高的市场占有率，销售网络完善，销售力量雄厚，品牌知名度很高，就有可能获得N群体的青睐。对小公司来讲，尝试从N群体中诱导出新消费者是困难的，且新顾客很可能被大公司夺走。所以，小公司应首先考虑从O群体中吸引更多的消费者，大公司根据其发展策略确定是否从N群体中吸引新的消费者。

2. 提高现有消费者的品牌忠诚度

销售量的提高部分取决于现有消费者的品牌忠诚度。E群体的消费者即现有的消费者中，一部分人非常忠诚，只购买A品牌，或几乎不购买其他品牌。对这些消费者应该努力保持其品牌忠诚度和使用率，以减少其购买其他品牌而加入O群体的可能性。广告的策略主要是提醒他们本品牌的重要特性或强化其使用经历，或通过有奖销售活动刺激其重复购买本企业产品。

E群体中的另一些消费者在A品牌与其他品牌之间不断转换。广告主的主要策略重点是努力使其忠于A品牌。例如，加深他们对本品牌真正优势的认识和支持，强化品牌内涵等。当消费者确信几个竞争品牌之间没有明显差别时，企业要提高品牌忠诚度是非常困难的，也需要付出很高的代价。

3. 提高使用率

提高现有消费者的产品使用率是获得销售量增加的又一个途径。提高使用率的方法包括引导消费者以其熟悉的方式更多地使用本品牌，提出新的使用方法和产品的新用途。

（二）消费者反应与行为之间的关系

在通常情况下，广告不能直接引起消费者的行为反应。广告通过向目标消费者传达其品牌的某些重要特性、利益，建立品牌与某些人物、使用情景或某些特定情感之间的联系，引起目标消费者对广告品牌的良好反应，最终产生广告主所期望的购买行为。这种介于广告活动与购买行为之间的反应变量称为中介变量，即广告的目标变量。广告目标的设定就是要寻找广告的目标变量。

广告能够引起消费者的反应包括品牌认知、品牌理解、品牌个性与品牌形象、品牌态度、感觉与品牌或使用经验的联系等。

1. 品牌认知

广告的首要目标是引起受众对品牌的认知。所谓品牌认知，就是消费者知道该品牌及其所代表的产品类别，对它具有熟悉感。

品牌认知是非常重要的。对一个新品牌来说，品牌认知可直接引起尝试性购买；品牌认知也能导致品牌偏好甚至忠诚。对一些低参与产品，如口香糖、香皂、果汁等，消费者的购买是非常冲动的，但每一个消费者都有自己的偏好，而偏好首先源于认知。因此，对日用品而言，广告目标应该是提升广告品牌的知名度，使其成为消费者心目中的第一品牌，使消费者可以指名购买。

2. 品牌理解

广告的另一个重要目标是通过沟通或传递有关广告品牌的产品性能、特点、用途等，提高消费者对广告品牌的理解。

对某些复杂产品来讲，要引起消费者对一个新品牌的尝试购买，不仅要有品牌知晓，还要使其了解广告品牌的重要特性。

3. 品牌个性与品牌形象

随着生产技术、生产水平的提高，品牌竞争者之间产品的物质属性差异越来越小，产品质量已成为消费者选择的基础，而不是条件。要保持消费者的品牌忠诚度，就要为品牌注入新的活力，提高品牌魅力。

增强品牌魅力，保持品牌忠诚的一个途径是为品牌塑造一个良好的、令目标市场喜欢或追求的品牌形象。通过建立广告品牌与具有某种形象的人物之间的联系，塑造良好的品牌形象。例如，在高档消费品已成为体现消费者身份和地位标志的今天，高档消费品的品牌形象塑造就必须突出其品牌个性和品牌标志。

知识库：品牌个性的塑造

4. 品牌态度

态度是人们在自身道德观和价值观基础上对事物的评价和行为倾向。态度表现为对外界事物的内在感受（道德观和价值观）、情感（即“喜欢—厌恶”、“爱—恨”等）和意向（谋虑、企图等）三个方面。

品牌态度是对一个品牌的喜爱或不喜爱的感觉。

5. 感觉与品牌或使用经验的联系

有时广告的目标是创造感觉，这种感觉可以是温暖、热情、兴趣、期望、恐惧或关心等，并且将这种感觉与品牌及使用经验联系起来，或是建立品牌与某些肯定情感的联结。例如，一个口香糖品牌在广告中将与情人相会的感觉和嚼这种口香糖联系起来。对某些竞争品牌之间质量差异很小的产品，如饮料、薯片等，建立品牌与某种肯定情感的联结，使消费者一想到该品牌就能产生这种情绪、情感，有助于保持、强化其品牌态度，保持品牌忠诚度。

同步案例

品牌承诺，这样更好！

董明珠，目前任珠海格力电器股份有限公司董事长。连任第十届、第十一届和第十二届全国人大代表，担任民建中央常委、广东省女企业家协会副会长、珠海市红十字会荣誉会长等职务。

近几年，格力空调、手机和厨房空调代言人不再出现明星的身影，而是董明珠自己（见图3-2）。对于外界的质疑声，董明珠在出席全球硬科技创新大会时表示，“很多人都说董明珠自己代言广告，能不能低调点？我在想请演员打广告，花几千万，未必是一个承诺；而我给消费者承诺，我可以做世界上最好的产品。”

视频：格力品牌广告“自信篇”

图3-2 格力手机平面广告

而针对董明珠代言的格力手机问题，董明珠道：“未来的手机把所有智能家居联系在一起，智能给我们带来便利，享受和安逸。此外，我的手机更大的亮点是安全。”

问题：

① 格力生产很多不同产品，你认为格力的什么产品营销最成功？

② 你认为董明珠代言格力空调与格力手机广告的影响力一样吗？

课堂练习

请列举5个产品或服务的类别，它们的消费者在很大程度上是基于品牌个性来选择品牌的，并请仔细分析这些产品类别有哪些共性。（时间：10分钟）

三、确定广告目标的思维程序

（一）选择广告对象

首先对产品市场进行细分，明确自己的目标市场。

（二）广告期待目标消费群采取何种行为

例如，新顾客的尝试购买，保持已有顾客的忠诚，使顾客更主动地使用，缩短购买时间，提高使用速度等。

（三）广告要发挥什么样的作用

例如，是否要创造品牌认知，是否要传播产品的某种信息，建立长期的品牌信誉或品牌关联，是否将感觉或用户的某种个性与一个品牌结合起来等。

四、常见的广告目标

广告目标可分为沟通目标和销售目标。

知识库：科利法

（一）广告的沟通目标

（1）告知。介绍产品用途、功能、价格变动、新增服务等。

（2）说服。通过现身说法、权威证明、比较等说服消费者。

（3）提醒。广告使消费者记住产品的品牌，在购买地点给消费者提示广告所宣传的品牌。

（二）广告的销售目标

广告是促销手段之一，其最终目标是促进销售的增加。从广告促进销售的角度看，广告目标有以下若干类型：

（1）介绍新产品的性质、性能、用途和优点，促进新产品进入目标市场，以提高产品的知名度为目标。

（2）介绍老产品或改进后的产品具有的新用途和改进后的优点，以扩大产品的销售量，延长产品的生命周期为目标。

（3）增加产品的销售量，突出产品的质量和功能，激发消费者直接购买，提高销售增长率，以扩大产品的市场占有率为目标。

（4）保持原销售量、稳定老客户的购买额度、吸引潜在客户，以维护原有利润水平为目标。

（5）支援人员销售，节约推销费用。

（6）增进与经销商之间的关系。

（7）树立品牌形象和企业形象，提高产品知名度和信任度。

（8）提供某些优质服务，延长产品的购买时间或使用季节。

（9）扩大销售区域，开辟新市场并吸引一些新客户。

（10）提高与同类产品竞争的抗衡能力；或压倒同类产品，抢占同类产品在市场上的销售制高点。

（11）消除不良印象，解除消费者的疑虑，排除销售前的种种障碍。

（12）为消费者提供售后服务，建立商业信誉。

（13）建立友谊和感情，提高社会对企业的信任感。

（14）维护企业的长远利益。

课堂练习

讨论怎样将营销目标转换为广告目标，研究广告对影响消费者行为的中介变量有何作用。（时间：10分钟）

第二节　广告策划

一、策划与广告策划概述

“策”即计策、策略，“划”即设计、筹划，策划即为计策和策略的设计与筹划。随着社会经济的发展，策划已从个人经验上升到具有一定规律的系统性活动，并逐渐系统化、科学化，形成一门跨学科、多角度、多层面、多元化的新型学科。

知识库

“策问”与“对策”

在中国古代科举中，“策”指的是“策问”“对策”。“策问”与“对策”是殿试考试的出题与应试的两个部分。“策问”一般是以“皇帝的口吻”发问，其内容主要是治国安邦、国计民生的政治大事；而士子们在应试的过程中针对“策问”的内容做出回答，即“对策”。

（一）策划的概念与分类

策划是针对未来所作的决策，即根据企业的现实情况和发展趋势，预先决定做什么、何时做、如何做、谁来做。具体来讲，策划就是根据行动的目标，制定行动策略和行动计划，选择并实施行动方案，对行动方案进行检测、修正，对行动结果进行评估。

1. 策划的概念

策划就是策划者在调查分析的基础上，合理确定行动目标，并根据市场状况和发展趋势有效配置社会资源，确定所要达到的目标及实现目标的最佳方法和手段。策划的内涵包括以下三个方面：

一是任何策划活动都具有特定的活动目标。策划是围绕特定目标而进行的方案选择和决策活动。

二是策划的基础是市场调查分析。策划不是凭空的构想或妄想，是以市场调查和分析为基础的、具有针对性和可行性的活动方案设计。

三是策划工作具有前瞻性、创造性和现实可行性。策划是对将来行动有针对性的谋划，行动方案具有一定的前瞻性和创造性，同时还必须具有现实的可行性。

知识库

策划的几种主要学说

人们从不同的角度出发，对策划的理解和解释也有所区别。其中，具有代表性的观点主要有以下几种：

事前设计说。这种观点认为：策划是策划者为实现特定的目标，在行动之前对将要实施的行动所做的规划和设计。即策划就是根据活动所要达到的目标，寻找有效的方法和手段。

管理行为说。这种观点认为：策划是管理的内容之一，是根据问题寻找有效的管理手段和方法，即策划就是管理。策划包括确定活动目标，选择实现目标的最佳手段和方法。基于政策、组织及社会环境的不断变化，策划方案应具备完整性和持续性。

选择决定说。这种观点认为：策划是决策，是从多个备选方案中选择最佳的可行方案。即策划是管理者从各种可行方案中，根据企业实际情况，选择最佳方案的决策活动。因此，策划就是对将来行动路线的谋划。

思维程序说。这种观点认为：策划是人们的一种思维活动，是策划者通过思考设定行动目标，以及为达到目标的最基本、最自然的思维活动。即所有的策划或多或少都有所谓虚构的内容，都是对将来的行动目标和达到目标的方法与手段的一种构想，因此，策划是策划者对于将来会左右其机制的一种理性思维程序。

2. 策划的分类

策划概念的外延也极其丰富。凡是有决策、计划的领域就有策划；存在管理和决策活动的地方，就存在策划活动。科学的策划是成功决策的基础。根据策划的对象和目的，策划的分类如表3-1所示。

表3-1　策划的分类

分类	细　分
企业策划	产品策划、价格策划、渠道策划、促销策划、竞争策划、广告策划、公共关系策划、CIS策划等
社会策划	筹资策划、募集策划，新闻传播策划，社会公益策划等
政治、军事策划	国家形象策划、外交策划、军事策划等
其他策划	节日庆典策划、体育赛事策划、文艺演出策划、图书选题策划、大型会议策划等

同步案例

要么是垃圾，要么是金砖

1961年8月13日，由东西方两大政治集团分别控制的民主德国和联邦德国之间被封锁，民主德国与联邦德国间所有的交通路线全部切断，至8月23日，没有居住许可的联邦德国人已经不可能再踏入民主德国一步。随着时间的过去，经过4次加固的柏林墙已经变得越来越难以逾越。1989年11月，民主德国公布了实现德国统一的“十点纲领”，对柏林墙的控制开始放松。1990年8月31日，《实现国家统一的条约》的签订标志着德国统一已成事实。同年10月3日，正式成为德国统一的纪念日。

从1990年6月13日起，300名民主德国边境卫兵和600名联邦德国工兵借助13台推土机、55台挖掘机、66台起重机和175辆重型卡车的力量，从Bernauer大街开始彻底铲除已被民众大面积捣毁的柏林墙。到这一年的11月30日，除了6段留作纪念的柏林墙，其余的墙体全被铲平。而铲除柏林墙留下的垃圾则为一些德国商人带来了巨大的商机，德国商人弗尔克尔·帕夫洛夫斯基就是其中之一。除250块柏林墙碎片以1万～15万马克①的价格被拍卖外，大部分柏林墙墙体残片被制作成纪念品出售，并不断推出新颖的纪念品设计，弗尔克尔·帕夫洛夫斯基已经占有了柏林墙墙体残片纪念品大约90%的市场份额，他也因此而发家致富。他说：“对我而言，柏林墙就是商品，就是生意。”

问题：柏林墙碎片如何变成了“金砖”？

（二）广告策划概述

美国著名商人约翰·沃纳梅克（John Wanamaker）说过：“我知道我的广告费有一半是浪费的，问题是我不知道浪费掉的是哪一半。”

在现代社会生活中，广告无时无处不在，无孔不入。可以毫不夸张地说，有人活动的地方就有广告。广告作为一种信息传播与促销的手段，已越来越为企业重视和采用，然而广告费用的浪费一直是一个广告主非常关注的、不可回避的问题。为减少广告预算的浪费，提高

① 马克已被欧元取代。

广告效果，广告策划思想在20世纪60年代应运而生——广告需要科学的策划。

1. 广告策划的概念

现代广告技巧之父克劳德·霍普金斯明确指出：广告就是推销术，广告的最终目的是促进销售；广告是一种科学，建立在大量的观测数据之上，科学规律在各个地方都是行之有效的；广告是一种面对消费者的服务，提供给人们需要的信息；广告需要洞悉消费者的心理，人性是恒久不变的，消费者可能会被诱导，但不会被驱使。

广告策划是策划者以营销策划为依据，在周密的广告市场调查和系统分析的基础上，采用科学的方法和手段，确定广告战略和目标，制定广告计划，组织并实施广告活动，促进广告主实现营销目标的活动。通过广告策划工作，使广告准确、独特、及时、有效地传播，以刺激需要、诱导消费、促进销售、开拓市场。

现代广告策划是现代广告活动的纲要，是在市场调查的基础上，对广告的整体战略和策略的运筹规划，是对广告目标、广告决策、广告计划、广告实施和广告监测的全过程作预先的考虑与设想。

2. 广告策划的分类

根据广告活动的目的，广告可分为营利性广告（商业广告）和非营利性广告（公益广告）两大类。商业广告策划通常分为广告运动策划和广告活动策划。

知识库

广告运动策划与广告活动策划

按广告策划影响的范围和程度不同，广告策划可分为广告运动策划和广告活动策划，两者之间存在着明显的差别，如表3-2所示。

表3-2　广告运动策划与广告活动策划的区别

比较项目	广告运动策划	广告活动策划
指导思想	企业长期的营销和广告战略	企业短期的营销和广告战略
目标	企业/产品长远的健康发展，效益的稳定提高	企业/产品短期的良好市场表现或销售业绩的迅速提高
广告持续时间	通常在一年以上	通常在一年以内，短的可在一个月内完成
构成	包含多个目标一致、分开实施的广告活动	单项广告活动
涉及地域	比较广泛，通常是企业的整个销售区域	相对较窄，通常为单一的、局部的市场
策略内容	包括各种促销手段及其组合	广告和直接促销
使用媒体	媒体数量多、范围广、组合复杂	媒体数量相对较少、范围较窄、组合比较简单
广告预算	运动期内的全部广告预算	一个广告活动的预算

续表

比较项目	广告运动策划	广告活动策划
广告运作复杂程度	相当复杂	比较简单
人员要求	数量多，经验丰富、专业水平高	数量少，专业水平较高
运作难度	难度高	难度低
广告主的态度	非常谨慎，常常需要反复提案和讨论	比较轻松，通常很快可以做出决定
广告公司的投入及风险	人员、时间、精力、资金投入较大，不被认可的可能性高，通常需要反复修改；风险高	人员、时间、精力、资金的投入较小，不被认可的可能性低，通常需要简单修改；风险低
策划文本撰写的难度	内容广泛，信息量大，撰写难度高，篇幅大	内容少，信息量小，撰写难度低，篇幅小

3. 广告策划的基本要素

广告策划是现代市场经济发展的必然产物，是广告活动科学化、规范化的标志之一。广告策划可分为两种：一种是单独性的，即为一个或几个单一性的广告活动进行策划，也称单项广告活动策划。另一种是系统性的，即为企业在某一时期的总体广告活动策划，也称总体广告策划。无论是整体的还是单项的广告策划，都是极其复杂的、综合性的系统工程，都以市场调查为基础，通过对广告主、产品、消费者及竞争对手的深入分析，创造出高智力成果。

随着整合营销传播的推广，广告资源整合也被广告主所接受，以“一种声音”不间断地、系统地、全方位地进行传播广告信息，实现广告传播效果最大化。完整的广告策划方案一般包括策划者、策划对象、策划目标、策划方案等要素。

策划者是广告策划的主体，一般是广告主或广告公司。策划者素质的高低，直接影响着广告策划的质量，策划者应熟悉市场，具有渊博的知识、丰富的想象力和创造力。

策划对象是广告策划的客体，通常为广告主所要宣传的品牌形象、产品或服务。据此可将广告策划分为企业形象广告策划和产品或服务广告策划。

策划目标是广告活动要达到的目的或实现的结果。策划的目标是评价和检查广告策划任务完成程度的唯一标准。

策划方案是广告策划的最终成果。它是策划者遵循科学的策划运作程序和步骤，从实现策划目标出发，针对策划对象而设计创意的一套策略、方法和步骤。策划方案是广告活动的前提和依据，必须具有指导性、创造性、可行性、操作性和针对性。

4. 广告策划的内容

广告策划的内容是指广告策划要完成的主要工作。一个较完整的广告策划主要包括以下几方面的内容：

（1）广告市场调查。广告市场调查是广告策划的基础。广告市场调查以广告产品或服务为中心，调查内容包括广告主生产经营情况、广告环境、市场竞争状况、消费需求状况和消费心理变化等。

（2）广告定位。广告定位是广告策划的重要内容，其目的是使广告产品或信息在受众心目中占据一个有利的、不可替代的位置，进而获得竞争优势。广告定位的实质就是确定广告产品或服务应当建立何种优势，即确定广告产品或信息在同类产品中具有的独特优势，以满足目标顾客的需求。广告定位包括产品广告定位和企业形象广告定位。产品广告定位分为实体定位与观念定位两方面，企业形象广告定位分为理念识别广告定位、行为识别广告定位和视觉识别广告定位。在广告策划中，策划者应注意广告定位的一致性和协调性，避免各种定位之间存在明显的偏差。

（3）广告创意。提炼广告活动主题，形成广告创意，是广告策划的中心环节。在市场调查和广告定位的基础上，策划者必须明确广告活动的中心思想——广告主题，并根据广告主题形成广告创意。广告主题就是广告的中心思想和总体内容的概括。广告主题在整个广告活动中处于支配和统率地位，广告创意、广告设计、广告表现方式都必须符合广告主题的中心思想。广告主题的提炼和形成需要策划人员充分利用市场调查资料，准确把握广告定位及广告产品或服务特质，抓住问题的关键，形成独特的广告主题。例如，“农夫山泉有点甜”，将诉求的重点集中到“农夫山泉”的口感上，以口感为主题，形成产品竞争优势。

此外，广告策划还应该包括广告制作、广告媒体计划和安排、广告效果测定和评价等方面的内容。

5. 广告策划的特点

（1）目的性。广告策划是手段，不是目的，策划者不能为策划而策划。在广告策划时，策划人员必须明确广告活动的目标，并根据广告活动的目标进行广告策划。

（2）系统性。党的二十大报告强调，必须坚持系统观念。策划是一门系统科学，广告策划也是一项系统性工作，是由广告策划主体、广告策划对象、广告策划依据、广告策划书和广告策划效果评估等要素构成的一个完整的系统。广告策划要求策划人员必须从整体把握策划工作，系统运作，整合策划对象的一切有形的和无形的资源，并形成一个系统性的行动方案。

（3）可操作性。广告策划是指导广告活动的纲领，是为有效开展广告活动、提高广告效果、实现广告目标服务的，广告策划方案必须具有可操作性。在广告策划时，策划人员必须一切从实际出发，充分考虑广告环境条件的可能性、广告主的承受能力、广告公司的执行能力等因素，制定出切实可行的策划方案。

（4）一定的灵活性。环境是变化的，市场也是变化的。为适应变化的需要，广告策划方案不仅要具有稳定性，更应具有一定的灵活性。这就要求策划人员在广告策划时，在广告战略上保持稳定性，在广告战术上保持灵活性，具有一定的弹性，适应市场变化的要求。

（5）创造性。创造性是广告策划的主要特点。广告策划是一种创造性的工作，要求策划人员将各种广告元素重新组合搭配，把各种奇思妙想转化成具有可行性的策划方案。

（6）超前性。策划是策略和筹划，是一项“未雨绸缪”的具有超前性的智力活动。广告策划方案必须在市场调查和分析的基础上，对将要发生的事情做出明确的判断和估计；策划人员应站在战略的高度，用系统的、战略的眼光来认识和把握策划对象和市场的发展趋势，准确把握市场脉搏，制定出切实可行的、可以确保广告目标实现的策划方案。

6. 广告策划的原则

广告策划的原则是广告策划的行为规范和策划时应遵循的行为准则。广告策划的原则主要包括以下几个方面：

（1）系统性原则。广告策划是一项系统性很强的工作，策划方案是一个有机整体，各部分内容和活动计划之间存在着密切关系，具有不可分割性。广告策划的系统性具体体现在策划目的的一致性及策划方案的整体性、层次性和一致性上。

（2）创新性原则。广告环境是确定的，广告资源是有限的，而广告创新是无限的。策划贵在创新，只有创新才能保持竞争优势。创新原则要求策划人员在广告定位、广告创意、广告设计、广告制作中要善于创造和标新立异，切忌因循守旧和一成不变。

只有创新的广告策划方案才有吸引力和生命力，才能给受众留下深刻的印象，才能为广告主创造价值。

（3）适应性原则。任何好的广告策划方案都是在一定环境和条件下，为特定的广告主设计的、切实可行的策划方案。不同的广告目标、广告环境、广告主，广告策划方案也不同。

适应性原则包括两个方面的含义，一是广告主和广告环境的适应性，即广告策划方案是在特定的环境下为特定的广告主而制定；二是对变化的适应性，即广告策划方案应具有一定的弹性，具有对一定的环境变化的适应性。

（4）效益性原则。广告活动的目的各有不同，但根本目的是一致的，即为企业创造价值和利益（包括经济效益、社会效益和心理效益）。效益的高低也是衡量广告效果和优劣的主要指标。著名的广告文案大师克劳德·霍普金斯曾针对不注重效益的广告行为指出：广告创作者不要忘记自己是推销员，不是表演者，广告的目的不是掌声和喝彩，而是销售量。

（5）真实性原则。广告是一种科学，其建立在大量的观测数据之上。真实是广告的生命，广告策划的真实性包括广告策划信息来源、广告内容和传播信息的真实性。广告的真实性不是不要夸张，而是不要盲目的、过度的夸张，需要的是艺术性的夸张。

知识库

广告的真实性法律规定

《中华人民共和国广告法》第三条明文规定，广告应当真实、合法，以健康的表现形式表达广告内容，符合社会主义精神文明建设和弘扬中华民族优秀传统文化的要求。

第四条规定，广告不得含有虚假或者引人误解的内容，不得欺骗、误导消费者。广告主应当对广告内容的真实性负责。

第五条规定，广告主、广告经营者、广告发布者从事广告活动，应当遵守法律、法规，诚实信用，公平竞争。

二、广告策划的流程

严格地讲，广告策划包括广告策略和广告计划两部分。广告策略反映广告行动的核心谋略，广告计划则是广告策略和策略实施的具体计划。随着社会经济的发展，尽管广告策划的概念逐渐被品牌传播所取代，但广告策划中流行的五个步骤和循环的性质并没有改变。

广告策划的过程是一个循环的过程，广告策划过程就是对循环中五个问题的回答和解决的过程。

（一）智威汤逊策划循环图

著名的广告人智威汤逊把策划理解为一个循环过程，由五个系列问题构成，回答这五个问题便形成了一个广告策划流程。如图3-3所示，该循环是一个用之于品牌建立的系统，当策划者回答“我们正去那里吗？”时，就要再一次回答“我们在哪里？”。

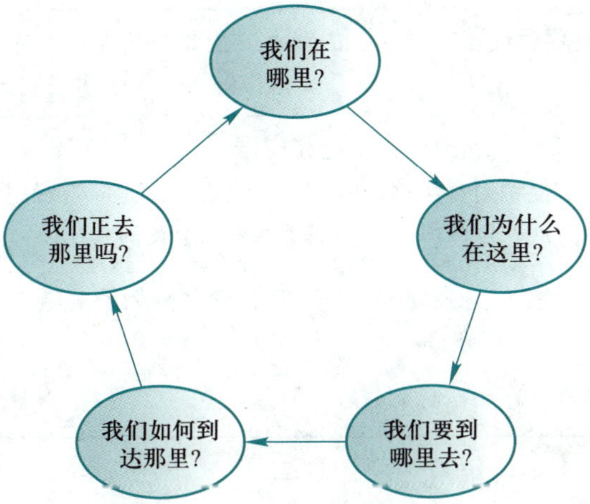

图3-3　智威汤逊策划循环图

知识库：
智威汤逊

（二）广告策划的重点

广告策划的重点就是解决循环中的五个基本问题：

问题1：我们在哪里？

主要解决企业的产品或品牌在消费者心中的位置和市场竞争地位。

问题2：我们为什么在这里？

主要解决企业的产品或品牌现状。

问题3：我们要到哪里去？

主要解决企业的发展方向、品牌形象和产品竞争力或市场占有率问题，是企业制定广告目标的依据，在这里可以是广告运动目标。

问题4：我们如何到达那里？

主要解决为实现预期目标所要采取的主要策略、手段和方法。

问题5：我们正去那里吗？

主要解决预期目标的实现程度，即为实现目标所采用的监督控制措施，也就是广告效果测评，包括事先评估、事中监督和事后评价。

（三）广告策划流程

广告策划是一项复杂而重要的营销工作，策划者在接受策划任务后，首先要根据项目需要，成立由多方面人才参加的策划小组，与企业（策划委托人）进行充分沟通，然后才进入实质性策划工作。通常把广告策划分为准备、分析、规划、执行和控制五个阶段，如表3-3所示。

表3-3　广告策划流程表

阶段	工作内容
准备阶段	成立策划小组，明确成员分工；与客户沟通，明确广告任务，确定所需资料，工作安排、时间进度等
分析阶段	市场调查和分析：对营销环境、产品、消费者、企业的竞争对手及其广告策略等方面的分析
规划阶段	确定广告目标和广告策略，提出广告主题和广告创意，确定广告诉求和广告表现形式，制定广告媒体策略和促销组合策略；制定广告计划，确定广告费用预算，估计广告效果，确定广告监测的方法，撰写广告策划书文本及策划修改
执行阶段	执行广告策划方案，包括广告表现的实施、广告媒体计划的实施和促销组合策略的实施
控制阶段	广告效果的监测与评估，广告策划的总结

三、广告策划书

广告策划书是广告策划方案的最终报告，也是广告策划执行的依据。

（一）广告策划书的内容

广告策划书是由广告策划人员将广告策划的内容以文字形式表现出来的文本，经广告客户认可后，就成为广告活动实施的纲领性指导文件。

广告策划书的内容涉及广告活动的基本过程，一般包括以下九个方面的内容：

1. 广告市场调查与分析

没有调查，就没有发言权。

广告策划以市场调查为基础，市场调查是广告策划的第一步和策划信息的主要来源，采用科学的调查方法收集完整、真实、可靠的信息资料，是市场调查的基本要求。市场调查与分析的主要内容包括：① 影响市场需求因素的调查与分析，包括经济、文化、气候、地理和法律法规等方面；② 广告产品或信息的调查与分析，重点是掌握其特征和优点，以便挖掘出产品的独特优势，提炼广告主题或诉求点；③ 品牌的调查与分析，包括品牌在消费者心中的地位，品牌形象，品牌的知名度、美誉度和忠诚度等；④ 消费者调查与分析，包括消费者基本情况调查、消费行为与消费心理调查；⑤ 市场竞争状况调查与分析，包括市场竞争结构、竞争者界定、竞争优势和手段等；⑥ 广告传播调查与分析，包括广告信息传播的形式、内容、影响力等。

2. 确定广告目标

广告目标是指广告要达到的目的。广告目标要服从于企业的总体营销目标，解决“我们要到哪里？”的问题。广告目标包括长期目标、中期目标、短期目标，具体来讲，包括促进产品销售，改变消费观念，提高品牌知名度，提升企业形象等目的。

广告目标的制定要尽量量化，同时应具有可行性和可控性。

3. 确定广告对象

确定广告对象就是确定“对谁说”，即广告信息的传播对象——受众。

明确了广告对象，就知道了要对谁说，为下一步解决“说什么”和“怎么说”提供了依据。

4. 确定广告主题

广告主题是广告所要表达的重点和中心思想，是广告内容的集中体现和概括，是广告创意的基石和广告诉求的基本点。

广告主题确定的基础是广告定位，依据是产品本身的特点、消费者的需求特性和消费行为与心理要求。

5. 广告区域

广告区域是指广告传播对象生活的区域和范围，是媒体选择的重要依据之一。广告区域的确定要与目标市场生活区域相一致。

6. 广告创意和广告表现

广告创意是为表现广告主题而进行的创造性思维活动。广告创意贯穿广告策划的全过程，是通过构思形成的新颖而富有吸引力的广告创作意念。美国广告大师大卫·奥格威认为，“要吸引消费者的注意力，同时让他们来买你的产品，非要有很好的点子才行。除非你的广告有很好的点子，否则它就会像很快就要被黑暗吞噬的船只一样。”

广告创意应是广告产品的客观真实反映，广告表现是广告创意的具体表现形式，同一广告创意可用多种广告表现形式呈现出来。

7. 广告媒体策略和媒体选择

广告媒体策略和媒体选择是现代广告策划的重要内容，直接影响广告传播成败和广告目标的实现程度。

8. 广告预算

广告预算是对广告活动费用的计划和控制，是广告活动得以顺利完成的资金保证。

9. 广告效果评估

广告效果评估或测定是检验广告活动成败、提高广告效果、实现广告目标的重要手段，也是广告主最关心的内容，在整个广告活动中占有重要位置。

广告主或广告公司通过广告效果评估和检测，为进一步完善广告策划方案提供参考依据。

（二）广告策划书的形式

广告策划书的形式有两种：一是表格，将广告策划的内容以表格的形式表现出来，栏目清晰，层次分明，内容简单；二是书面报告，即以语言叙述的形式展现广告策划的内容，逻辑性强，内容丰富，可操作性较强，应用广泛。

第三节　广告策略及实施

广告策略的制定根植于营销策略，广告策略的重点是who（向谁说）、what（说什么）和how（如何说）。“向谁说”就是要界定广告的诉求对象是谁，它源自企业的市场策略；“说什么”源于产品与消费者，而“如何说”则是广告表现策略。

一、广告市场策略

广告市场策略包括市场细分、目标市场选择和市场定位三个环节，是广告策略形成的重要基础。

（一）市场细分

市场细分（market segmentation）就是根据构成总体市场的不同消费者的需求特点、购买行为和购买习惯，将他们细分为若干相类似的消费者群体。

市场细分的主要根据是：无论是消费者市场还是组织机构市场，购买者之间的需求和欲求都存在着广泛的差异，这些差异又是由购买者所处的不同地理环境及购买者千差万别的文化、社会、个人和心理特征所影响而形成的。

消费者的需求差异是市场细分的基础和条件。引起消费者需求差异的因素很多，概括起来主要有四类：人口特征（年龄、性别、收入、职业、教育、婚姻、家庭人口等）、地理特征（居住区域、城市规模、经济水平、气候等）、心理特征（生活方式、个性、社会阶层等）和行为特征（产品/品牌利益、使用率、品牌忠诚度等）。以这些因素为变量进行市场细分，同时考虑细分市场的可衡量性、足量性、可接近性和独特性。

（二）目标市场选择

1. 目标市场

目标市场就是企业准备进入的一个或几个细分市场。市场细分后，企业面对众多的不同细分市场，需要对各细分市场进行评估，然后根据细分市场的市场潜力、竞争状况、本企业资源条件等因素，决定把哪一个或哪几个细分市场作为目标市场。一般而言，企业选择的目标市场应符合以下标准或条件：

（1）目标市场应具有一定规模和发展潜力，并与企业的能力相适应；

（2）竞争者未完全控制，即存在进入的机会；

（3）公司资源和目标的一致性。

2. 目标市场的选择模式

（1）单一市场集中化。只选择一个细分市场，通过集中营销，公司能更清楚地了解细分市场的需求，从而树立良好的信誉，在细分市场上建立牢固的市场地位。

（2）有选择的专业化。公司有选择地进入几个不同的细分市场，每个细分市场都具有吸引力，且符合公司的目标和资源水平。各细分市场之间很少或根本不发生联系，但在每一细分市场上都可赢利。

（3）产品专业化。同时向几个细分市场销售一种产品，公司在特定的产品领域有良好的信誉。例如，海尔为各收入阶层的家庭提供优质的家电产品。

（4）市场专业化。集中满足某一特定顾客群的各种需求。

（5）全面进入。为所有顾客群提供其所需的所有产品。

课堂练习

在今天的市场环境下，消费者的需求变得越来越复杂，一家企业能满足所有消费者的需要吗？（讨论时间：5分钟）

3. 常见的目标市场营销策略

（1）无差异营销。企业只推出一种产品，只用一套营销办法招徕所有顾客。企业只注意消费者在需求方面的共性，而忽略各细分市场之间的差异性。

（2）差异化营销。公司分别满足几个细分市场的需求并为每一细分市场制定不同的营销计划，经过多种渠道销售多样化的产品以提高总的销售额。

（3）集中营销。公司将一切努力集中于一个或少数几个细分市场，以求在细分的市场上拥有很高的市场占有率。

营销策略的选择受多方面因素的影响，如企业能力、产品的同质性、产品在其生命周期中所处的阶段、市场的同质性、竞争者的营销策略。

（三）市场定位

在这里，“定位”一词有两种含义，即广告定位和产品功能定位。

1. 广告定位

定位不是企业要对产品做什么事，是企业在潜在顾客的心智上所下的功夫，即为产品或品牌在潜在顾客心中寻找并占据有利的竞争位置。广告定位是指广告主通过广告活动，使企业或品牌在消费者心目中占据所希望获得的位置的一种方法。

知识库：艾·里斯和杰·特劳特的广告定位方法

广告定位属于心理接受范畴的概念，它针对的是广告主的品牌。定位理论的创始人艾尔·里斯和杰克·特劳特曾指出：“定位”是一种观念，它改变了广告的本质。定位从产品开始，可以是一种产品、一项服务、一家公司、一个机构，甚至于是一个人，也许可能是你自己。

2. 产品功能定位

产品功能定位是通过对消费者消费行为和消费心理的研究，为本企业的产品创造、培养一定的特色，树立独特的市场形象，以满足消费者的某种需求和偏好，从而达到促进销售的目的。产品功能定位更注重于产品功效，把创造出新的产品或新的产品结构作为企业的责任和主要工作。

3. 综合定位

实际上，广告定位和产品功能定位是紧密联系的。功能定位是广告定位的基础和依据，广告定位是功能定位的发展。综合定位分为以下5个步骤：

（1）确定竞争对手。明确竞争对手是定位的关键。在很多情况下，一种品牌可能面临一个基本的竞争对手群，即品牌竞争者，为争夺同一客户而展开竞争；同时，还有一些次级的竞争对手，即行业竞争者，为争夺同一类顾客而展开竞争。例如，百事可乐的基本竞争对手是可口可乐，其他品牌饮料是它的次级竞争对手。

（2）认识和评价竞争对手。要认识竞争对手，我们就要选择一系列适当的产品进行比较。不但要选择产品的特性和顾客的利益点，还要研究产品的其他关联因素，如产品的使用度和产品的使用者。例如，方便食品相关的特点可能是品牌与休闲旅游的关系。

（3）判断竞争对手的定位。判断竞争对手的定位需要解决以下几个问题：他们的定位依据是什么？顾客对竞争者的印象如何？哪些竞争对手的定位是相似的？哪些被消费者认为是不同的？

（4）分析消费者。定位决策最终是要明确品牌在不同消费者的认识图中处在哪个位置，明确认识图中哪些区域对消费者有吸引力。企业根据消费者对产品不同特点的喜好来划分消费者群，选择消费者群，从而进行市场定位。分析消费者包括判断哪些特点或利益点对消费者最重要，分析消费者真正需要的是什么等。

知识库

保健品卖的是什么？

“养生堂”卖的是健康：传播健康概念，宣传对健康的认识是养生堂的广告重点。

“桃花姬”卖的是礼品：开创礼品型保健品市场，对消费群体的引导是其广告的重点。

“汤臣倍健”卖的是观念，以产品的科技创新为前提，推广高科技保健观念是其广告重点。

（5）对产品进行定位。常见的产品定位方法有以下几种：

① 产品特征或顾客利益点定位，如“海飞丝”（去头屑）、“高露洁”（防蛀）的定位。

② 产品价格和质量定位，如“纳爱斯”（只买对的，不买贵的）是通过低价位为产品定位的。

③ 产品用途或功效定位，如“红牛”饮料（困了，累了，更要喝红牛）、“王老吉”（怕上火，喝王老吉）。

④ 产品属性定位，如“8848手机”把产品定位为成功人士所用产品，“大宝”定位于大众工薪阶层。

⑤ 产品类别定位，如“强生”（儿童护肤）的定位。

⑥ 礼品定位，如“自然之宝”的鱼油产品定位。

同步案例

8848钛金手机定位策略

扫码查看案例并上网查阅资料，分析8848钛金手机的市场定位理由与营销策略。

⑦ 竞争定位，如“崂山可乐”相对于可口可乐和百事可乐的定位。

二、广告产品策略

促进产品的销售是广告活动的最终目的，广告产品策略也就成为广告策略的重要组成内容。广告产品策略主要包括产品分类广告策略、产品生命周期广告策略、品牌广告策略等。

（一）产品分类广告策略

不同类型的产品，对消费者来讲，其利益和功效不同，消费者选择的理由、偏好和消费行为也不同，广告策略也有所不同。根据产品的购买目的和动机，把市场分为消费者市场和产业市场，产品分为消费品和产业用品。

1. 消费品

根据消费者对消费品的购买行为，消费品通常又分为日用品、选购品、特殊品和非谋求品。消费品的广告策略如表3-4所示。

表3-4　不同类型消费品的广告策略汇总

产品类别	产 品 特 点	广告策略重点
日用品	日常消费、即买即用；消费者非常熟悉；购买的便利性要求高。常用品：品牌偏好明显；冲动购买品：情感对购买影响大；紧迫需要品：需要时才想到购买	突出品牌和情感；季节性需求明显的应注意广告的季节性；非季节性的应低频率高覆盖；售点广告效果显著；突出质量/价格优势，注重产品大众化、经济实惠宣传；名人效应强
选购品	消费者通过比较才会做出购买决策，质量、价格、款式、制作工艺、适应性等对购买决策影响大。同质品：品牌成为差异化关键点；异质品：质量重于价格	找到差异点或利益点，突出差异或利益；注意塑造品牌形象；满足情感需求；广告语言要有煽动性和激情，如图3-4所示
特殊品	独特的制造工艺、品质、风格、造型等；替代性较差	突出特殊价值和独特价值，注重情感诉求和对消费者心理需求的满足；避免被替代
非谋求品	消费者不会刻意去寻求购买；为特殊用途而购买	塑造良好的服务形象和对社会公益事业的关注；非大众媒体；针对目标顾客开展广告宣传或上门推销

图3-4　选购品（手机）广告策略

2. 产业用品

产业用品是指为满足生产者和经营者需要而生产的产品，主要是工业品。工业品可分为原料、设备、辅助设备、零部件、加工原料、物料和工业服务七类。产业市场的顾客可分为再销售商、工矿企业、机构、政府、服务类企业、国际公司和国际配销商。

根据产业市场的特点，产业用品的广告策略以宣传产品的技术性、安全性、耐用性、经济性和服务质量等为主，突出企业实力，树立企业品牌形象。

（二）产品生命周期广告策略

产品的生命周期是指一个产品从投放市场到被市场淘汰的全过程，一般包括四个阶段：导入期、成长期、成熟期和衰退期。在不同的生命周期阶段，产品被消费者认识和接受程度不同，市场需求和竞争程度也不同，企业的营销策略和广告策略也存在着较大的区别，如表3–5所示。

表3–5　不同产品生命周期广告策略汇总

生命周期阶段	产品市场特点	广告策略重点
导入期	消费者不了解，需求小；几乎无市场竞争	以介绍产品性能、功效、利益等信息性广告为主，引导消费者试用，把市场需求“蛋糕”做大；以大众媒体为主；利用新产品发布会、上市推介会、订货会等形式引起公众关注
成长期	产品逐渐被消费者接受，销售快速增长；市场竞争日益加剧	广告策略以竞争性广告为主，提高产品市场占有率；突出产品优势，塑造品牌形象，努力实现让消费者认牌购买
成熟期	市场趋于饱和，销售增长放慢甚至开始下降；竞争品不断增多，替代品开始出现	突出宣传产品品牌、质量和服务，努力扩大差异化，提高顾客忠诚度
衰退期	市场已经非常饱和，利润下降甚至亏损；替代品开始占领市场	广告策略以宣传产品的新功效、新用途、稳定性等为主；以提醒性广告为主，减少广告预算

（三）品牌广告策略

“品牌”是企业或产品的名称、术语、标记、符号、设计或它们的不同组合，是消费者对产品一切感受总和的抽象。品牌在市场竞争中不仅用来识别生产者，更用来作为产品的宣传推广和充当市场竞争的工具。

品牌广告策略就是利用广告宣传塑造良好的品牌形象，以获得良好的品牌知名度、美誉度和忠诚度，提高企业的市场竞争力。品牌广告策略包括品牌知名度广告策略、品牌美誉度广告策略、品牌忠诚度广告策略等。

1. 品牌知名度广告策略

知名度是指消费者对品牌的了解程度，包括品牌名称和品牌标记。在消费行为中，知名度表现为两种形式：商标再认和商标回忆。商标再认是指顾客在购买商品时确认出特定的商标；商标回忆是指在购买前，购买者心中形成的特定形象的商标。

商标再认策略是指让消费者在购买时，能够自觉辨认出曾经购买过、消费过或使用过的特定品牌名称或品牌图案、品牌标记等，即通过视觉识别影响消费者购买行为。在媒体选择上，重点选择视觉冲击力和影响力强的广告媒体（如杂志媒体）；在广告创意和广告表现上，突出产品的特征或标准色、标准字等易于识别的广告信息。

商标回忆策略的重点是在广告表现中，突出品牌名称和品牌标记，并通过反复播放，强化受众的记忆。在媒体选择上，重点选择视听媒体，通过视觉的冲击力和听觉的感染力，强化受众记忆；在广告创意上，为强化记忆，可借助于名人效应或幽默效果；在广告表现上，强化视觉效果，语言简单易记，感染力强。

2. 品牌美誉度广告策略

美誉度是指消费者对企业、品牌或产品品质的信任和赞美的程度，是对商品品质评价的具体反映。消费者对品牌美誉度的评价主要体现在两个方面：一是对品牌或产品的信任，认为产品能够满足某种实际利益；二是对品牌或产品的好感，认为品牌或产品能够满足某种情感需求。

美誉度形成的基础是产品的客观属性，包括产品的质量、外观、价格、品牌名称和包装等；形成的核心是产品/品牌对消费者需求的满足程度，包括生理需求和情感需求，特别是对情感需求的满足程度。

为提高产品的美誉度，企业除了加强与目标顾客的有效沟通外，还要重视目标顾客的生理需求和情感需求，赋予品牌鲜明的个性和独特的风格。在广告创意上，抓住社会热点或焦点问题，关注社会公共利益和顾客利益；在广告诉求上，突出情感诉求，努力获得公众的认可，树立良好的服务形象和品牌信誉；在广告表现上，可利用幽默表现手法，给受众以轻松的感觉和艺术的享受。

同步案例

立白洗洁精广告：变与不变

20世纪末，立白洗衣粉电视广告一夜之间让立白洗衣粉名闻天下，为销售猛增和品牌塑造立下了汗马功劳。2009年，立白洗洁精新产品——新时代系列广告，再次获得了良好的效果。

问题：认真观看立白广告，分析它们所采取的广告策略的区别。

视频：立白广告一

视频：立白广告二

3. 品牌忠诚度广告策略

品牌忠诚度是指消费者在购买决策中，表现出对某个品牌偏向性的行为反应，表现在价值评估、购买决策和购买行为过程中。影响品牌忠诚度的因素包括产品的品质、知名度、品牌联想及传播和消费者的产品使用经历。

忠诚联系着价值的创造，企业为顾客创造更多的价值，有利于培养顾客的品牌忠诚度，而品牌忠诚又会给企业带来利润的增长。提高品牌忠诚度不仅要用好的产品质量满足消费者人性化需求，赢得消费者对产品或品牌的好感和信赖，企业还应加强客户关系管理，重视与消费者的沟通。广告作为与消费者沟通的主要方式之一，在提升消费者对品牌的认知度、信赖感和忠诚度等方面发挥着不可替代的作用。

广告对品牌忠诚形成的作用过程如图3–5所示。

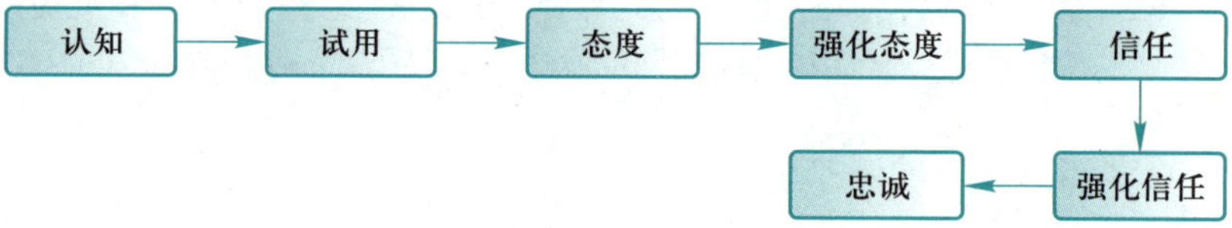

图3–5 广告对品牌忠诚形成的作用过程

在不同环节，广告策略也有所不同，如表3–6所示。

表3–6 品牌忠诚形成各环节的广告策略

阶段	广告任务	广告策略重点
认知	传播信息，使目标顾客了解产品的存在、功能和利益	介绍产品信息，特别是功能、用途、利益
试用	打动顾客，促使其使用	突出产品在功能和利益方面的优势或特殊性
态度	促使试用者转变态度，强化使用效果	认可产品的功能或利益，如科学证明、专家推荐、消费者或社会评价；以独特的经营理念作为广告诉求，满足消费者的情感需求
信任	信守承诺（售后服务政策，企业道德和社会责任），获得信赖	围绕“获得信任的证据”传播信息，包括守信、口碑、企业能力和责任，让“消费者理性决策”；以可靠的质量和先进的生产工艺作为广告诉求，增强信任感
忠诚	满足消费者需求，有效消除和预防客户的抱怨和投诉，与顾客建立相互信任、相互依赖的“质量价值链”	以良好的服务作为广告诉求的核心，获得消费者的忠诚；利用“节日”为忠诚的顾客提供额外的奖励

三、广告诉求策略

目标市场确定之后，广告策略中的“对谁说”问题已经解决。接下来，企业就要根据市场状况、产品特征和消费者需求来确定广告诉求目标，即“说什么”和“怎么说”。“说什么”是广告诉求目标中的诉求内容（即广告内容），是广告想要向消费者传达的广告信息；“怎么说”是广告诉求目标中的诉求方式。

（一）广告诉求内容

广告诉求内容是广告传播的主要信息。诉求内容的确定以市场调查分析为基础，受到多方面的因素影响，包括竞争对手的诉求策略、产品的类型、产品所处的生命周期阶段等。

1. 根据竞争对手来确定诉求内容

市场竞争如战争，知己知彼，方能百战不殆。企业要充分考虑竞争对手的策略，与竞争对手的诉求形成鲜明的区别；确定自己的广告诉求主题，为广告传播过程中提升产品的竞争力度和强度，推动产品战略发展的进步发挥作用。

2. 根据产品类型确定诉求内容

产品自身特征对诉求目标的确定也起着关键性的作用，不同类型的产品有不同的诉求目标。下面从产品自身特征和消费者的关系来进行分析。

根据消费者在购买产品时对产品自身的关注程度的高低，把产品分为高参与度产品和低参与度产品；根据消费者购买产品时所表现的购买类型，把产品分成“思考型”产品和“情感型”产品。二者交叉就可以把产品划分为4类，如表3-7所示。

表3-7　产品分类表

参与度	购买类型	
	思考型	情感型
高参与度	高参与度“思考型”产品 如汽车、家电	高参与度“情感型”产品 如化妆品、流行服饰
低参与度	低参与度“思考型”产品 如家用洗洁精	低参与度“情感型”产品 如牛奶、糖果

不同的产品，其利益、功能、消费者价值评价和对消费者需求的满足程度不同，消费者的购买理由和表现也不同。在广告活动中，产品的广告诉求内容和诉求方式也不同。

（1）高参与度“情感型”产品。广告需要重要的、可靠的情感内容，通过频繁重复的广告来传达这种情感，使用电视、移动网络、杂志媒体较好。

（2）低参与度“情感型”产品。广告中的品牌认知即可直接引发品牌行动，例如，口香糖、香皂、果汁等冲动型购买品。对这类产品，广告诉求的重要任务就是打开和维持品牌知名度，广告的创意重点就在于传达品牌的名称或标志的信息，适宜在电视、互联网、杂志、户外媒体刊播。

（3）高参与度“思考型”产品。需要有令人信服且符合逻辑的品牌解释，为此，可以使用驳斥性或比较性的广告诉求模式，宜于采用专业网络平台、杂志、报纸等媒体。

（4）低参与度“思考型”产品。广告诉求需要集中在一两个关键的利益点上，甚至要把利益点夸大到足以激发试用购买的程度，并使用一种简单的问题解决模式，直接导致消费者的购买或试用行为，该产品广告适宜采用广播、报纸、电视、网络等媒体。

课堂练习

试分析果汁广告如果采用逻辑性的品牌主张会如何，试图用温馨的广告语来销售洗衣机或电冰箱，讨论能否成功。（时间：5分钟）

3. 根据产品生命周期确定诉求内容

在产品不同生命周期阶段，企业所面临的竞争特性也不同，广告诉求策略也应随之调整（见表3-8）。

表3-8　不同产品生命周期广告诉求策略

生命周期阶段	市场特点	广告策略	广告目标	广告诉求	广告形式
导入期	产品知名度低	产品宣传，告知为主	使消费者认知该产品	提高知名度	直观、理性、引人注意
成长期	销售量逐渐上升	挖掘消费者需求，强调产品差异性	提高市场占有率	建立品牌地位	理性诉求和感性诉求相结合
成熟期	市场趋于饱和，增长变缓	扩大品牌市场，寻找新的消费群体	保持产品品牌	维持消费者忠诚度	竞争性广告宣传
衰退期	市场饱和，利润趋零	削减费用，转移广告重点	巩固习惯性购买	突出售前、售后服务	提醒式广告

（1）导入期的广告诉求。在产品导入期，产品刚进入市场，目标消费者对产品不了解或知之甚少，广告诉求主要以介绍产品的功能和利益为主，选择产品的最佳利益点，充分考虑消费者的需求心态和对产品利益的接受程度，以吸引消费者进一步了解产品。同时要求企业

策划创意人员在广告活动前，对目标市场做详细调查研究，找出产品利益和需求的对接形式，用最简单、最有效的诉求达到需要的结果。

（2）成长期的广告诉求。进入成长期，产品的市场需求急剧增加，需求空间不断扩大；生产同类产品的企业也在不断增多，市场竞争日趋激烈，不断扩大市场份额、提高市场占有率是企业的首要任务。这一阶段的广告诉求要紧紧围绕着企业的经营策略和市场竞争特点展开，具体表现在两个方面：① 迅速提升品牌认知度，抢占市场有利位置，为企业在区隔市场时奠定价格空间的基础；② 产品概念更加清晰，让消费者在选择产品时更具体明确，丰富品牌的概念内涵；③ 为塑造品牌形象打基础，逐步赋予产品丰富的品牌内涵，深化消费者对品牌形象定位的认知。

（3）成熟期的广告诉求。成熟期是指产品在市场上的产品普及率达到50%以上，且需求趋于稳定，市场需求增长缓慢甚至开始下降的时期。与前三个阶段相比，成熟期市场竞争最为激烈，产品区隔更加明显。营销组合由建立基本需求的层面转移到制造“选择性需求”的层面。此时，营销策略的重点是强化品牌形象和差别化利益，衍生新的产品概念来支持品牌继续发展。广告诉求以品牌形象广告为重点，广告形式以提醒性的广告为主，使产品名称能深深印在消费者的脑中。具体的广告目标包括：① 维持品牌忠诚，凸显品牌个性，从而提示消费者，这是同类产品中最正宗、性能最成熟的品牌。例如，可口可乐打出的“真正的可乐”的旗号，对竞争者进行堵截，以保持市场地位。② 提高顾客购买数量和频率，广告向目标受众介绍产品的新的性能、新的用途、新的个性、新的使用场合。宣传新特点还往往能为企业树立进步与领先的形象。③ 扩大顾客范围，利用竞争性广告内容劝说竞争者的顾客使用自己的品牌，并向新的细分市场受众发动新一轮的广告攻势。

（4）衰退期的广告诉求。衰退是绝大部分产品最终不得不面对的现实。产品进入衰退期后，消费者兴趣开始转移，市场需求明显下降，产品利润开始降低甚至亏损。这时，企业的营销策略是尽力延长产品的生命周期，并考虑在适当的时机退出市场。广告诉求是强调品牌形象，提醒消费者注意产品存在，努力唤醒人们对品牌的怀旧意识。

课堂练习

请写出你看到的产品在不同生命周期的广告实例。（时间：5分钟）

（二）广告诉求方式

广告诉求方式是指围绕广告主题，通过作用受众的认知和情感层面，激发受众的潜在需要，形成或改变消费者的某种态度，告知其满足自身需要的途径，促使其出现广告主所期望的购买行为。作用于认知层面的理性广告诉求和作用于情感层面的感性广告诉求成为广告诉求的两种最基本的策略，在此基础上，又产生了同时作用于受众的认知和情感的情理结合诉求方式。诉求方式与诉求主题、产品类别、消费心理密不可分。

1. 理性广告诉求策略

理性广告诉求是指广告侧重于运用说理或理性的方法，陈述产品或服务对受众的重要性、迫切性及产品或服务的功效和特点。理性诉求方式的假设是：人类的大部分行为都是有意识的，是受其理智控制的。要使受众形成或改变某种态度，产生购买行为，最关键的是要形成或改变受众的认识。

理性广告诉求策略是通过阐述受众可能还不清楚的事实，或创造一种新的消费观念，给出购买产品或服务的理由，说明其利益。理性广告诉求的主题作用于广告受众逻辑思考；诉求模式的确立从方案入手，由文案的标题和正文写作来控制广告诉求的形式特征，然后实现视觉形象和情节的配合，如信息展示、逻辑推理、实证演示、比较、推荐等。对功能性很强或者技术含量较高的产品所进行的逻辑性推介，会产生比感性广告诉求更为直观的促销力。

知识库

理性广告诉求的产品和要求

理性广告诉求首先基于理性产品——科技含量大、价值较高、产品耐用、购买周转时间长、购买时选择性大、购买决策相对复杂，与消费者物质利益和人身利益关系较密切，且受理性思想支配力较大的产品。主要指耐用的选购品与特殊品，如家用电器、汽车、住房、精密仪表、摄影器材、医药及医疗器械品等。理性广告诉求还要基于受众的构成——以理性消费者人群为主。

理性广告诉求一般从以下几点入手：

第一，塑造独一无二的销售主张。这一主张可以来自产品的性质、特点、效果、用途，其前提是产品有独特性或竞争对手没有提到过的特性，与竞争对手有着明显的实质性差异。

第二，提供购买产品（较其他品牌）的更充分的理由。如更优质的服务、更合理的价位、更优惠的付款条件等利益条件。

第三，建议购买产品以解决现有问题或避免将来可能产生的问题。

第四，证明使用本产品可以降低其他同类产品可能产生的风险。

理性诉求广告创意策略适用的时机：理性诉求广告创意策略适用于理性产品的整个生命周期，其中导入期应用得较多，产品更新及产生副品牌产品时期应用得较多；感性产品导入期及后期市场细分化推出新的产品概念时也应用理性诉求广告创意策略；介于感性与理性之间的产品导入期及新的产品概念推出时应用理性诉求广告创意策略。

2. 感性广告诉求策略

感性广告诉求是指广告策划者通过极富人情味的诉求方式，激发受众的情绪，满足其自尊、自信的需要，使之萌发购买动机，产生购买行为。

知识库

感性广告诉求的产品和表现

感性广告诉求首先基于感性产品（低参与度产品）——日常的、低值的、低关心度的非耐用消费品，即流转速度快、购买周期短、购买频率高、购买决策相对简单、受感性冲动购买情绪影响较大的产品，如日化用品、饮料、食品、服装服饰等。感性广告诉求还要基于受众的构成——情感型消费者人群为主。

感性广告诉求是将广告诉求重点以情绪沟通的方式进行表现，突出广告内容在格调、意境、心理情绪感受方面的优势，是从情感和外在形式上打动消费者的广告创意表现方式。

感性诉求型的广告表现，不注重产品的具体功能以及价格优势，而是运用能够牵动目标受众情绪的艺术形式，对受众展开情感的渲染；是以吸引、愉悦大众为特色，从亲情、寓教于乐和口味营造等角度体现出感染力的，给受众一种对产品厂家或品牌的好感。具体手法有故事型、夸张型、悬念制造型、幽默型以及音乐型。

感性广告诉求的心理策略主要有以下几种：

（1）以情动人。即以充满情感的语言、形象作用于消费者的需求兴奋点，从而实现以情动人。感性广告诉求针对消费者的心理需要，为消费者的利益着想，并且抓住消费者的需求兴奋点。一个人的需求兴奋点也正是他的情绪兴奋点，触发了他的需求兴奋点，其情绪必然高涨，满足需求的行为也将更快、更强烈地出现。

同步案例

南方黑芝麻糊广告

在南方黑芝麻糊的电视广告（见图3-6）中，“小时候，听见芝麻糊的叫卖声，我就再也坐不住了……”和“一股浓香，一缕温暖”广告词，与古朴的街景、天真的眼睛、慈祥的母亲、稚嫩的笑容、旧日的穿着、橘红色的马灯等画面相得益彰，勾起受众对美好童年的回忆，从而联想到黑芝麻糊的浓香。这一广告成功地促进了黑芝麻糊的销售。

图3-6　南方黑芝麻糊电视广告画面

视频：南方黑芝麻糊广告“叫卖篇”

问题：结合上述广告谈谈你对感性广告诉求的理解。

（2）增加产品的心理附加值。人类的需求具有多重性，既有物质性需求又有精神性需求。并且这两类需求常处于交融状态，即物质上的满足可以带来精神上的愉悦，精神上的满足有时要以物质作为基础。如果广告使产品增加了并非本来固有的附加价值，那么消费者就有一种超值享受的感觉，进一步刺激消费者购买意愿。

（3）利用“晕轮效应”。晕轮效应是社会心理学中的一个概念，是指一个人如果被认为具有某种优点，往往就被认为具有其他许多优点。许多企业不惜重金聘请体育界、娱乐界的明星甚至是政界人物作为广告代言人，就是想借助晕轮效应的威力来达到产品促销的目的。

“晕轮效应”之所以能具有良好的促销效果，主要有两方面的原因：一是公众对这些明星人物有喜爱之情，特别是追星族几乎达到疯狂的程度。可以毫不夸张地说，他们已进入意识场狭窄的类催眠状态，对客体的认识已不再清晰而富有理性，只是爱明星之所爱，喜明星之所喜。二是心理学的研究表明，对他人的喜爱与“自居作用”是分不开的。追星族梦寐以求的愿望是获得自己所崇敬的明星的某些品质，能与之有某些“共识”。虽然内在的品质无法企求，但外在的穿戴或所用之物较易与之相仿，于是，便争相购买明星所用之物、所推荐之商品。

3. 情理结合广告诉求

感性广告诉求和理性广告诉求各有其优缺点。在广告活动中，通常将两种诉求策略结合起来，以求最佳的广告诉求效果。在情理结合广告诉求中，是以“晓之以理”为主，还是以“动之以情”为主，应根据具体产品性质及其所处生命周期和消费者的消费心理感受来确定。例如，商品房作为一种特殊的产品，其特性、功能与购买者的实际利益和情感需求有着密切的联系。在广告诉求中，既需要对房屋位置、交通、物业进行理性的分析，又要对其品位及给消费者带来的情感感受进行感性的表达；既需要运用理性广告诉求的各种方法，又要加入感性广告诉求的种种情感内容；既要传达客观信息，又要引发诉求对象的情感共鸣。在整体策略上以理性诉求为基础，辅之以情感渲染。

同步案例

格力大松电饭煲

格力推出了一款新品——格力大松IH电饭煲，在格力董事长的力荐下其广告信息广泛传播，而有消息报道，在新品推出当年的双十一，该款电饭煲销量就突破百万台。

问题：扫描二维码观看格力电饭煲广告，说明其广告诉求。

视频：格力大松电饭煲广告

四、广告策略的实施过程

广告策略过程是个动态的策略策划过程。完整的策略策划过程包括广告策划过程中所进行的市场分析、广告策略、广告计划和广告效果的测定。

同步实务

广告策划书的文本格式
（含广告策略的制定与实施）

思考与练习

一、单项选择题

1. 从广告对销售的促进作用来看，（　　）有利于增加产品销售。
   A. 品牌知名度　　B. 品牌个性　　C. 提出新的产品用途
2. 下列不属于广告策划的内容的是（　　）。
   A. 广告市场调查　　B. 广告定位　　C. 产品定位
3. 低参与度“情感型”产品的广告诉求应以（　　）为主。
   A. 品牌知名　　B. 品牌理解　　C. 品牌个性
4. 高参与度“思考型”产品的广告诉求应以（　　）为主。
   A. 品牌知名　　B. 品牌理解　　C. 品牌个性
5. 下列属于理性诉求的广告是（　　）。
   A. 乐百氏纯净水（“27层净化”）
   B. 丽珠得乐（“其实，男人更需要关怀”）
   C. 浪琴表（“优雅态度，真我个性”）
6. 不属于消费者心理特征标准的因素是（　　）。
   A. 生活方式　　B. 个性　　C. 职业

二、多项选择题

1. 广告所要引起的消费者反应有（　　）。
   A. 品牌认知　　B. 品牌理解　　C. 品牌情感　　D. 品牌形象
2. 广告目标包括（　　）。
   A. 建立品牌态度　　B. 创造品牌知名度
   C. 增加销售额　　D. 扩大市场份额
3. 在现代广告管理中，广告目标功能包括（　　）。
   A. 沟通功能　　B. 决策功能　　C. 评价功能　　D. 销售功能
4. 广告策划分为（　　）和控制几个阶段。

A. 准备　　B. 分析　　C. 规划　　D. 执行

5. 下列产品类别中，(　　　　) 只要通过品牌知名就可以引起消费者购买。

A. 洗发水　　B. 冰箱　　C. 饮料　　D. 计算机

6. 下列产品类别中，(　　　　) 必须通过品牌理解后才可能引起消费者购买。

A. 小食品　　B. 香皂　　C. 电视机　　D. 家具

7. 下列产品类别中，(　　　　) 适应于为品牌塑造品牌个性。

A. 手机　　B. 西服　　C. 奶粉　　D. 香水

8. 下面几个选项中，(　　　　) 是广告的沟通目标。

A. 告知　　B. 说服　　C. 提醒　　D. 购买

9. 下列产品定位属于功能定位的有 (　　　　)。

A. 纳爱斯"只买对的，不买贵的"　　B. 强生"儿童护肤"

C. 海飞丝"去头屑"　　D. 高露洁"防蛀"

三、思考题

1. 什么是广告目标？广告目标与营销目标的关系如何？
2. 如何将营销目标转化为广告目标？
3. 广告定位和产品功能定位分别是从什么角度进行考虑的？两种定位方法有关联吗？
4. 分析广告诉求内容和诉求方式之间的关系。

案例分析

咪咕视频掘金奥运潮

一、营销背景

咪咕视频从2018年足球世界杯开始体验大型体育IP。从百度指数看，咪咕视频关注度在2018年达到最高，2020年之后，受疫情影响，体育赛事减少，其品牌关注度略有下降。因此，如何提升用户与品牌的配适度，成为咪咕视频急需解决的难题。

二、营销目标

2021年是体育大年，咪咕视频希望借势东京奥运会进一步扩大品牌热度，在竞争激烈的奥运周期内，选择百度作为核心广告信息平台，完成竞品拦截、性能保障、引导转化的任务。

三、营销方案

1. 方案简介

百度粉丝大数据显示：2021年东京奥运会向年轻化的信息搜索和多元化发展，社交平台、用户短视频和体育类App吸引人们的眼球，时尚流行的新媒体在观赛中的被选择率不断增加。

在奥运会期间，咪咕视频可以通过发挥自身对其用户的相对优势，提升咪咕视频的使用率。说明咪咕视频吸引用户搜索，也说明体育赛事的用户有主动搜索咪咕视频的行为习惯。

2. 方案策略

结合奥运会期间的营销目标以及上述受众分析，在体育搜索领域，百度搜索平台为咪咕视频设置引流目标，以获取奥运搜索流量为主线，应用奥运资源吸引人们关注，通过信息传播，将流量引导致咪咕视频。

3. 执行亮点

（1）奥运会大联合：开幕式当天咪咕视频与百度携手组织“奥运会大联合”运营活动，提升品牌智能搜索指数。奥运会开幕式后持续投放更多的H5下载落地页进行展示，提升转化率。

（2）百度App开屏广告：使用多元化的奥运会艺术绘画作品制作开屏广告，结合本土化的方式进行表达，增强实时触达率，实现强需求引流。

（3）设置奥运绝版彩蛋，共有开幕式和闭幕式两款，提升品牌搜索影响力。

（4）品牌专区：强化咪咕视频在中国移动App中的广告展示，稳守咪咕视频品牌阵地，深挖品牌护城河，保护品牌形象。

（5）搜索推广优化：通过数字广告营销工具，可了解奥运期间每日赛事情况及重要赛点，据此选择不同的赛事词包进行推广，保证夺金赛点全覆盖。同时，优化广告创意文案，紧跟赛点，突出优势，优选下载样式，对广告不断进行升级改造。

四、营销效果

在东京奥运会期间，咪咕视频通过百度搜索，聚焦用户关注点，广告营销效果明显，超预期完成营销目标，实现咪咕视频搜索营销由线性传播路径向矩阵化的营销生态转化。

问题：案例中，咪咕视频选择了怎样的广告定位和营销策略？请结合奥运会期间的关注焦点，说明咪咕视频选择百度搜索作为广告媒体的理由。

实践与实训

实训一：广告策划实务

实训目标：

（1）了解广告策划的过程；

（2）掌握广告策划书的基本格式。

实训内容：

（1）选择某一熟悉的产品，收集与之有关的资料；

（2）分析该产品的市场定位、产品生命周期、销售状况以及竞争对手的状况等；

（3）尝试为该产品制定一个营销目标，根据该营销目标，对其进行广告策划，形成一份简单的广告策划书。

实训要求：

分组完成，以书面形式上交广告策划书。

实训二：广告诉求策略

实训目标：

（1）了解广告诉求策略的基本方式；

（2）基本掌握广告诉求策略应用的技巧。

实训内容：

（1）以实训一中所收集的资料为基础，为该产品设计合理的广告诉求；

（2）设计一个简单的广告场景和内容，来实现广告诉求。

实训要求：

分组完成，以PPT的形式展示，在课堂上进行交流讨论。

第四章

广告预算

本章学习目标

※ **知识目标**

- 了解广告预算的范围、编制程序和影响因素
- 熟悉广告费用的内容和广告费用的分配
- 掌握广告预算的主要编制方法

※ **技能目标**

- 能够选择合适的方法进行广告预算编制
- 能够编制简单的广告预算书

※ **素养目标**

- 培养科学预算的意识，养成合理预算的好习惯
- 理解“凡事预则立，不预则废”的意义，增强文化自信

本章结构

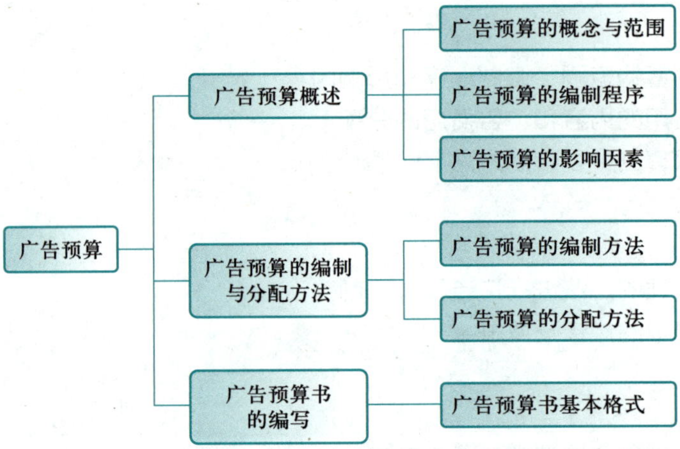
广告预算
广告预算概述
广告预算的概念与范围
广告预算的编制程序
广告预算的影响因素
广告预算的编制与分配方法
广告预算的编制方法
广告预算的分配方法
广告预算书的编写
广告预算书基本格式

引导案例

难以兼顾的广告预算安排

“我在广告上的投资有一半是无用的，但是问题是我不知道是哪一半。”约翰·沃纳梅克这句非常经典的名言，一直影响着广告主的广告决策和广告商的广告策划工作。

开展广告活动离不开广告预算，没有广告预算，好比“巧妇难为无米之炊”。而在大多数广告主的眼里，广告预算是作为“费用”而不是“投资”列支的，企业在编制广告预算时不仅慎之又慎，而且在面临预算紧张或经济衰退时，也往往率先削减广告预算！

上海《第一财经周刊》曾做过一个叫《撤单》的专题，讲的是在面对金融危机和销售下降的预期下，许多企业开始削减广告年预算，其中：化妆品/浴室用品广告预算减少11.1%，药品广告预算减少9%，房地产/建筑工程广告预算减少30.9%，交通行业广告预算减少24%。尼尔森公司对亚洲广告客户的一项调查发现，大多数企业减少了广告预算，其中1/4的企业广告预算减少了20%以上。

改革开放以来，广告业成为我国各行业中发展最快的行业之一。2021年，我国传统广播电视广告收入保持稳定，新媒体广告收入快速增长。全年广播电视行业广告收入3 079.42亿元,同比增长58.73%。其中，传统广播电视广告收入786.46亿元,同比下降0.40%；广播电视和网络视听机构通过互联网取得的新媒体广告收入为2 001.46亿元，同比增长124.89%；广播电视和网络视听机构通过竞价排名、报刊广告、楼宇广告、户外广告、品牌推广等取得的其他广告收入为291.50亿元，同比增长11.89%。

资料来源：中国产业信息网等，有删改。

问题：广告预算是如何编制的？为什么削减的首先是广告预算？

点评：或许广告主可以把广告“费用”改作“投资”，但广告的时效性使广告主不得不把广告预算与销售联系起来，合理有效的广告预算安排有利于企业开展广告活动，促进产品销售。

广告是一种付费的信息传播活动，没有预算安排，一切广告活动都难以进行，企业的广告目标也难以实现。因此，合理的广告预算安排是广告活动的前提和广告目标实现的保证，编制广告预算是广告计划的第一步。

第一节　广告预算概述

一、广告预算的概念与范围

（一）广告预算的概念

广告预算是企业为实现其广告目标而对广告活动所需费用进行的匡算，是广告主进行广告宣传活动投入资金的使用计划。

广告作为信息传播和商业促销的主要手段之一，越来越受到企业的重视。一场广告战役需要投入多少资金，资金怎样有效分配，要达到什么样的广告效果，怎样防止资金的不足或浪费等问题，是企业广告活动所必须考虑的。解决这些问题要求广告主必须根据广告活动的目的和活动安排，编制资金使用分配计划，即编制广告预算。

对广告主来讲，广告预算具有计划和控制的双重功能。作为计划，广告预算以货币形式说明广告计划；作为控制，广告预算通过财务执行来决定广告计划的阶段规模和执行进程。广告预算规模过大，就可能造成资金的浪费；广告预算规模过小，广告目标就难以实现。广告预算对企业销售有明显的促进作用。不同于其他预算，广告预算是广告支出的匡算，不涉及广告资金的来源。美国广告学家肯尼斯·朗曼（Kenneth Longman）研究指出，任何品牌产品的广告效果都只能在临限（threshold，即不进行广告宣传时的销售额）和最大销售额之间取值，如图4-1所示。

（二）广告预算的范围

广告预算的范围是指广告预算资金的使用范围。如果广告费使用不当，就会造成极大的浪费。

在我国广告运作中，广告费一般包括广告调研费、广告设计费、广告制作费、广告媒体费、广告机构办公费与人员工资等项目，如图4-2所示。其中，媒体购买费用占全部广告预算的比率最高，为80%～85%；广告制作费用次之，占5%～15%；第三是广告研究费用，约占5%；第四是广告与其他营销活动的协调费用，占2%～7%。

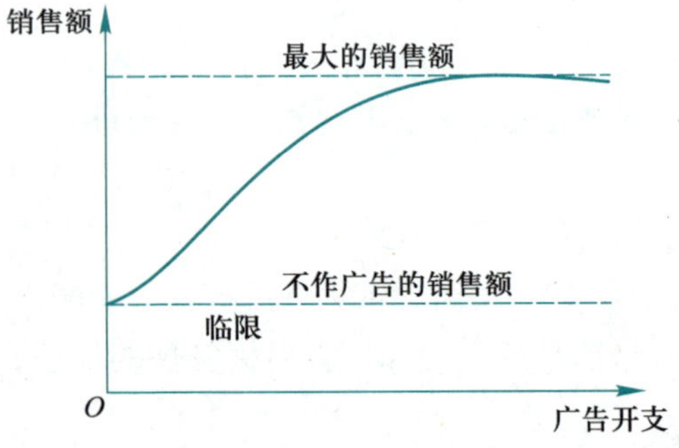

图4-1　销售与广告投入之间的关系

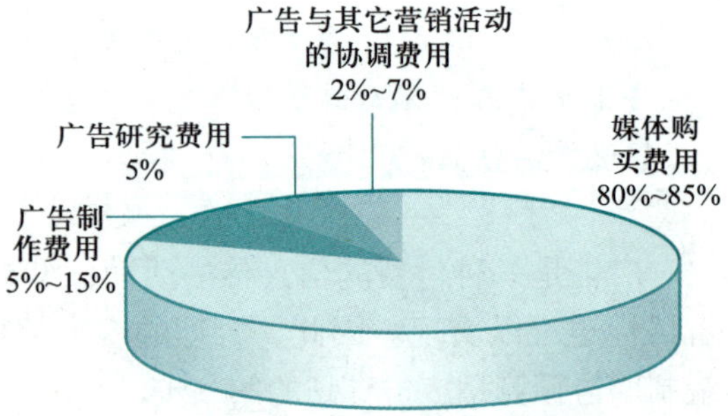

图4-2　广告费用构成示意图

知识库

广告费使用的必要性分析

美国《印刷品》杂志，将广告费项目分为白、灰、黑三色，白色表示可计入的广告费，灰色表示考虑是否计入的广告费，黑色表示不得计入的广告费，如表4-1所示。

表4-1　广告费用一览表

分类		内容	主要费用项目
应该计入广告费的项目	媒体费	众所周知的媒体有偿广告费用	报纸、杂志、行业杂志、技术杂志、农业报纸、宗教报纸、车内广告、海报、剧场海报、户外广告、橱窗陈列、柜台陈列、店面灯箱、新型媒体、小册子、工商名人录、直接广告、卡通及标签等（如橱窗陈列的以广告为目的的专用品）、目录、包装内插入品（用于广告的物品但不包括使用说明书类）、面向消费者的企业刊物、为广告拍摄的电影、幻灯、出口广告、销售帮助、通信或陈列用的广告复制品、广播电视中以广告为目的的被直接使用的所有印刷品及石版印刷品的费用
应该计入广告费的项目	管理费	—	广告部的管理者及职员的薪水、广告部专用的事务用消耗品及备用品费用、支付给广告代理业特殊作家及顾问的手续费及报酬、销售人员用于和广告相关业务的各种费用、实际从事广告的业务人员的旅费（有些公司把这种费用作为特殊管理费处理）
	技术费	—	美术、印刷、制版、纸版、电气版、照片、其他费用
	杂费	—	广告材料的运送费（邮费及其他配送费）、橱窗陈列用设备费等
可计可不计入广告费的项目		使用边界上的费用	样品费、公演费、样品市场费、房屋租金、照明费、广告部使用的计量器具的折旧费、广告部的电话费及其他经费、销售人员的家庭书刊费、宣传车费、酬金、广告协会或各广告机关的会费、由同业组织的特殊广告基金的捐款、工厂或事务所的署名费、销售用的说明书费及研究和市场调查费、为获得销售点的合作支出的广告折扣
不可计入广告费的项目		经常被作为广告费处理，但不属于广告费范畴的费用	无偿奉送的产品费用、出游及大规模特卖会的说明费用、经营权的购买费用、银行事务费、商标费、说明书费、包装费、出版代理费、广告部门以外的办公用品费、价格表及销售人员的名片费、与销售人员有关的广告电影费、工厂员工的家庭书刊费、与业务相关的奖金、特别回扣、同业组织的会费、经常客户和期待客户的接待费、年度报告书的制作费、展示厅租借费、公开销售费、销售会议费、销售用样品的费用（包含用来替代样品的照片费用）、在职工间开展福利活动的费用、棒球队等组织的娱乐费、集会费、为了取得经营权而面向广告主发行的特殊刊物费

二、广告预算的编制程序

广告预算由一系列预测、规划、计算、协调等工作组成。广告预算的编制程序如图4-3所示。

（一）确定广告预算规模

通过对企业营销计划、企业自身情况、整个市场竞争状况等方面进行分析，确定企业应该支出的广告预算规模，报企业主管领导研究。

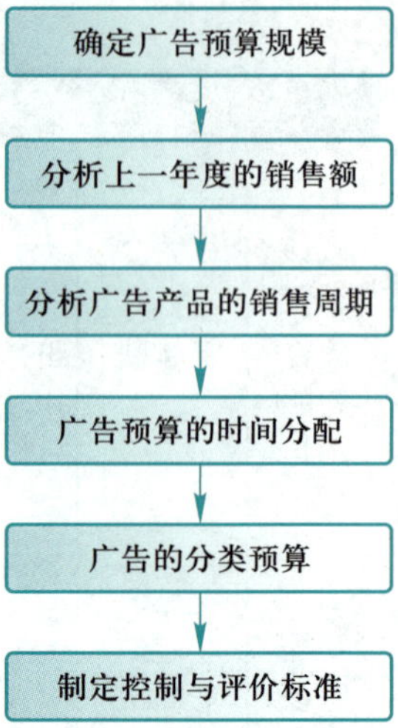

图4–3 广告预算编制程序

（二）分析上一年度的销售额

在编制本年度广告费用预算时，参考本企业上年度的广告费用和销售情况，分析上年度的广告费用实际使用情况、广告目标的完成情况，确定本年度广告预算是增加还是减少，增加的幅度或减少的幅度应该是多少。

（三）分析广告产品的销售周期

分析本产品一年中的销售变化周期，为广告总预算、广告预算分配和广告预算使用进度提供依据。

（四）广告预算的时间分配

根据前三项工作的结果，确定年度内广告经费总的分配方法，广告费用使用进度安排，并将广告费用的固定开支予以分配。

（五）广告的分类预算

在广告总预算的指导下，根据企业的实际情况，将广告预算安排细化到具体的产品、地区、媒体上。

（六）制定控制与评价标准

在广告预算分配的基础上，确定各项费用支出可能达到的效果，以及对达到效果如何确定评价标准。

同时，预算安排要留有余地，以备应急时使用。

三、广告预算的影响因素

企业编制广告预算时要非常慎重，要充分考虑各种影响因素，确保广告目标的实现。影响广告预算的因素主要有以下几个方面。

（一）企业自身状况

从企业自身状况来讲，影响广告预算的因素主要包括产品质量、企业实力、企业品牌形象、营销战略和决策能力等。

第一，产品质量。质量好、科技含量高、易于被消费者接受的产品，企业的广告策略重点是传达产品信息。相反，如果产品是一种新产品或产品质量还没有被消费者认可，企业就不得不花费一大笔广告费用来“说服”消费者，以增加产品销售量。

第二，企业实力。企业实力本身就是一种无形的资产，具有很强的说服力。如果企业实力雄厚，企业的产品就易被消费者所接受，广告的投入比例相对就会降低。同时，企业实力也是广告投入的财力基础，没有实力的企业，广告预算也非常有限。

第三，企业品牌形象。与企业实力相对应的因素是企业品牌形象。相对来讲，品牌形象好的企业更容易被消费者接受，产品上市推广投入比率低，市场推广快；而品牌形象一般或较差的企业，不得不花大笔预算来塑造品牌形象。

第四，营销战略。对一个企业来讲，无论是保持其领先优势，还是向竞争对手发起挑战，都需要广告的有力配合和投入，而市场追随者则不必花费资金去开拓市场，只需要紧跟领先者的脚步就能维持企业的生存和发展。因此，营销战略直接影响企业的广告预算。

第五，决策能力。显然，决策能力强的管理者能够有效利用资金，事半功倍，而决策能力差的管理者可能事倍功半。在广告投入上，提高决策能力是降低广告预算浪费的有效手段。

（二）促销策略

产品投入市场后，如何使其品牌为消费者所知晓、认识、接受；是采用直销方式，还是采用其他方式；是将广告方式和直接推销方式合并使用，还是单独运用。这些问题都涉及企业的促销策略。

为扩大产品销量，企业一般都把广告和其他促销手段结合使用。为打开产品销路，企业如果准备在经销商店开展大规模促销活动，这首先需要广告的配合，以传播促销信息；同时，在促销预算一定的情况下，可能会减少其他广告投入。因此，要正确编制广告预算，广告主就要明确在广告预算中广告与其他促销手段之间的关系，合理分配预算在广告和其他促销手段之间的比例。

（三）市场竞争状况

广告不仅是信息传播活动，也是市场竞争手段。企业要在竞争中取得优势，就必须认真研究市场竞争状况和竞争对手的竞争策略。这要求企业首先明确自己在行业竞争中所处的地位，以便确定竞争对手；其次，研究竞争对手的竞争策略，包括广告投入、广告活动的概况和广告的目标市场策略；最后，通过与竞争对手比较分析，确定自己的广告目标及广告预算。对于有一定实力的企业，要保持自己的市场份额不变或增加，就必须根据竞争对手的广告预算变化来调整自己的广告预算，不断增加广告投入。在市场竞争中，不进则退；没有发展就是倒退，因为社会经济是不断发展的。

（四）产品所处的生命周期阶段

在不同的生命周期阶段，产品的销售和利润不同，市场竞争状况、营销手段、营销目标和广告目标都不同，广告预算安排也不同。因此，企业应根据产品所处的生命周期阶段来编制广告预算。

1. 导入期

导入期产品刚上市，销售增长缓慢，消费者对产品了解少，参与市场竞争的企业少，广告策略的重点是传达产品信息，提高产品的知晓度，把蛋糕做大。为此，企业需要投入大量的广告预算，充分利用各种媒体进行广告宣传，以增加产品的暴露度。

2. 成长期

经过一段时间后，产品已开始被消费者逐渐接受，销售开始快速增长，利润也显著增加。同时，新的竞争者不断加入，市场竞争开始加剧。公司营销策略的重点是扩大市场份额。在广告策略上开始注重产品的功能和利益宣传，考虑塑造品牌形象，广告投入费用比导入期有所减少。

3. 成熟期

产品进入成熟期，竞争者众多，市场呈饱和状态，销售增长的减缓导致生产能力过剩，市场竞争加剧，竞争的焦点由产品竞争逐渐转向品牌竞争，广告投放也由狂轰滥炸转为不断提醒，广告预算随销售增长的放慢或下降也开始减少。

4. 衰退期

进入衰退期后，产品销售量明显减少，市场的优胜劣汰导致竞争者越来越少，广告的重点是提醒，广告预算安排也不断下降。

（五）其他因素

除上述几种因素外，广告预算还受到其他因素影响，如消费者特征、产品地域的变化和销售市场的转移等。目标消费者始终是广告诉求的对象，如果消费者对产品反应冷淡，为达到一定的广告效果就需要更大的广告投入；同时，不同层次的消费者接受广告的成本也不同，相对来讲，文化层次越高，接受新事物的能力就越强，购买也就越理智，广告的投入就会越少。由于各地区经济发展的不平衡和企业产品投放的顺序安排不同，产品的销售市场也在不断变化，如由城市转移到农村等，广告预算安排和投放也要随之变化。而产品的销售地域也是影响广告预算安排的重要因素，广告预算随销售地域的扩大而增加。

此外，一些企业无法控制的外部因素，如经济状况、国家法律法规等，也会对企业的广告预算产生影响，在编制广告预算时也应当考虑。

第二节　广告预算的编制与分配方法

一、广告预算的编制方法

广告预算的编制方法有很多种，主要有销售额百分比法、销售单位法、目标任务法、竞争对抗法、量力而行法及武断法等。

（一）销售额百分比法

销售额百分比法是以公司上一预算年度的总销售额（或过去的平均销售额）、本预算年度的预计销售额乘以特定比例，计算出广告预算规模的方法。该预算方法以销售额为预算基础，广告预算随销售额的变化而变化。鼓励管理层以促销成本、销售价格和单位利润的关系为先决条件进行思考。这种方法根据历史资料编制预算，简单易行，预算也较容易被高层管理者审核通过。

销售额百分比法在市场环境稳定或产品具有稳定的市场时是有效的方法，但不适用于市场环境剧烈变化的情况或对市场环境变化敏感的产品。

销售额百分比法具体分为计划销售额百分比法和上年销售额百分比法。

1. 计划销售额百分比法

计划销售额百分比法是以预算年度要实现的销售额乘以广告费用占销售额的比例，计算出预算年度的费用预算规模。

同步实务

计划销售额百分比法下的广告预算

广告预算=下年度销售额×广告费占销售额的比例

例如，某出口企业预计明年销售额为1000万元，根据历史经验决定以销售额的5%计提明年广告费，则该企业明年广告费用预算规模为50万元（1 000×5%）。

2. 上年销售额百分比法

上年销售额百分比法是根据企业上年度销售额，再确定一定比例来计算本年度的广告预算规模。

同步实务

上年销售额百分比法下的广告预算

广告预算=上年度销售额×广告费占销售额的比例

例如，某企业去年销售额为800万元，根据经验决定按5%的比例计提本年度广告预算规模，则该企业本年度广告预算规模为40万元（800×5%）。

（二）销售单位法

销售单位法是以每件产品的广告费乘以预计销售数量确定广告预算规模。这种方法是销售额百分比法的变形，比较适合大件耐用消费品的广告预算编制。该方法缺乏适应市场环境变化的灵活性，不适合动态的广告活动。

同步实务

销售单位法下的广告预算

$$广告预算=\frac{上年广告费}{上年产品销售件数}×本年产品计划销售件数$$

例如，某企业去年销售产品5万件，广告投入为40万元。今年企业计划销售8万件，则按照销售单位法，该企业今年广告预算规模为64万元。

（三）目标任务法

目标任务法要求经营人员明确自己的特定目标，确定达到这一目标必须完成的任务，以及估计完成这些任务所需要的费用，从而确定广告预算。该预算方法理论上比较科学，但实施中问题很多。

在产品上市初期，广告目标处于“知名”的阶段时，采用目标任务法比较合适。因为在这种预算方法下，广告目标与广告发布的时间、数量关系比较明确，容易计算出广告预算的总额；同时，明确的广告目标也有利于检查广告效果和预算执行情况。

同步实务

目标任务法下的广告预算

广告预算=目标人数×平均每人每次广告到达费用×广告次数

例如，某企业的广告目标是要增加10万名妇女看本企业广告，经调查分析发现，平均每增加一名妇女看广告需要花费0.10元，一个月预计重复10次，则该企业每月广告费为10万元。

（四）竞争对抗法

竞争对抗法又称为“竞争对等法”，是指企业比照竞争者的广告开支来决定本企业广告预算，以保持竞争上的优势。这种方法是企业把广告作为市场竞争的武器，实行针锋相对的宣传策略，一般适合于实力雄厚的大企业。

竞争对抗法具体包括市场占有率法和增减百分比法两种方式。

1. 市场占有率法

市场占有率法是先计算竞争对手的市场占有率和广告费用，计算出单位市场占有率的广告费后，然后再乘以预计的本企业市场占有率，得出本企业广告预算。

同步实务

市场占有率法下的广告预算

$$\text{广告预算}=\frac{\text{竞争对手的广告费用}}{\text{竞争对手的市场占有率}}\times\text{本企业预期市场占有率}$$

例如，某企业的竞争对手在某一地区的市场占有率为20%，广告投入为300万元，该企业希望在该地区保持30%的市场占有率，则该企业的广告预算应为450万元。

2. 增减百分比法

增减百分比法是将竞争企业本年广告费比上年广告费增减的百分比，作为本企业广告费增减百分比参考数。

同步实务

增减百分比法下的广告预算

广告预算=本企业上年广告费×（1±竞争企业广告费增减率）

例如，某企业竞争对手上年度广告费用为200万元，今年计划广告投入为250万元，较上年度增加25%，而该企业上年度广告费用为300万元，则该企业今年广告预算应为375万元。

采用竞争对抗法的前提条件是：① 企业必须能够获悉并确定竞争对手广告预算的可靠信息，只有这样才能随着竞争对手广告预算的变化而变化；② 竞争对手的广告预算能代表企业所在行业的平均水平；③ 维护竞争均势，避免各企业之间的广告战。

在实践中，采用竞争对抗法编制广告预算非常困难。首先，企业没有理由相信竞争者所采取的广告预算确定方法比本企业的方法更科学；其次，各企业的广告信誉、资源、机会与目标并不一定相同，甚至可能相差甚远，其他企业的广告预算不一定值得效仿；再次，即使本企业的广告预算与竞争者势均力敌，也不一定能够稳定全行业的广告支出；最后，盲目地仿效其他企业而忽视本企业的实际情况，降低了广告预算执行的可行性。

（五）量力而行法

量力而行法又叫支出可能法，是企业依据自己的财力确定广告预算，即在其他市场营销活动都优先分配经费之后，根据剩余资金的情况确定广告预算规模。

但是，对一个企业来讲，广告并不是可有可无的，广告不仅是竞争手段，更是促销手段，广告活动的根本目的在于促进销售。因此，广告预算的依据是企业的营销目标和广告目标，而不是企业可自由支配的财力。

应当注意的是，尽管这种方法在某种程度上存在着片面性，但在企业对拟上市的新产品缺乏准确把握时，或在某些媒体上进行尝试性广告活动时，为降低广告投入风险，采用此方法仍是可行的。

（六）武断法

武断法是指企业决策者根据经验或其他方面的知识来确定广告费用总额的一种方法。运用这种方法编制广告预算时，不考虑广告活动所要达到的目标，而是完全根据决策者的判断力来确定企业的广告规模。这种方法是一种非科学的决策方法。

对许多小型企业来讲，企业规模小，经营的连续性和稳定性较差，为应对激烈的市场竞争和变化，企业的经营决策都有很强的武断性，广告活动也不例外。同时，对企业经营者来讲，广告策划和预算编制是复杂的，也不需要专业公司监控广告效果，广告投入本身就带有随机性。

总之，“法无定法”。在进行广告预算策划时，企业必须坚持实事求是，根据本企业的实际条件和所处的环境而采用合适的方法，才能保证预算的科学性和有效性。

二、广告预算的分配方法

广告预算确定以后，企业就要按照广告目标和广告计划，把广告预算分配到广告运作的各个项目上，以利于广告策划活动的展开，从而实现扩大产品品牌的知名度、提升品牌价值、树立企业形象、增加产品销售的目的。广告预算的分配方法包括时间分配法、地理分配法、产品分配法和媒体分配法。

（一）时间分配法

时间分配法是指广告策划人员根据广告刊播的时间安排，有所侧重地分配广告费用。在广告策划中，广告频次和广告连续性是着重予以考虑的两个主要方面。在合适的时间刊播广告是提高广告传播效果的重要方面，因为在不同时间，消费者的购买状况、媒体受众的人数和心理以及生活习惯都不同。

广告费用的时间分配策略包括长期广告计划内的年度广告费分配，年度广告计划的季度、月度广告费分配。

为了实现企业的长期广告战略，提高广告传播效果的连续性，一些企业常常发动一个长期（一年以上）广告运动，这就涉及广告计划的年度广告费分配。例如，企业要通过三年的广告运作把产品成功地推向市场并建立良好的品牌信誉，就需要编制为期三年的广告活动计划和预算，并在实施中进一步把广告预算分配到每一预算年度。

在企业的年度广告计划中，广告预算的分配并不是平均到每一个季度或每一个月，而是根据不同季度或月度的市场特征和广告目标，安排不同数额的广告预算。以店面广告为例，在我国每年的12月到次年的2月是零售业的销售旺季，这时投放店面广告可以营造一种节日的气氛，调动媒体受众的购买欲望，广告效果一般也非常好。这时，企业的广告策划者就应该扩大店面广告的规模和投入，并具体分配到旺季来临之前、旺季前期、旺季中期和旺季后期，同时提高店面广告的艺术品位，以吸引更多的消费者注意和光临。在销售淡季，再多的广告投入也难以改变产品销售不旺的规律，缩小广告规模是理智的。

（二）地理分配法

地理分配法是企业将整个市场按经济区域或地理区域分成若干个小市场，根据各市场的销售预期和状况将广告预算分配到各子市场，最后将广告经费分配给各个地理区域。地理分配法又分为平均分配法和非平均分配法。

平均分配法是不考虑各子市场的具体情况，将广告预算平均分配到每个市场中。这种分配法简单、易行，但无法兼顾各个地理区域的实际情况。而非平均分配法是根据各子市场的具体情况和潜力分配广告预算。该分配法尽管充分考虑各市场的具体情况，但编制和执行难度较大。在实际操作中，大企业通常根据经济发展水平和产品销售情况，将全国（或全球）分为若干个大销售区域，根据各区域市场状况非平均分配广告预算，然后由各区域经理将广告预算具体分配到每一个地理市场。例如，某企业在全国开展广告宣传活动，为便于分配广告预算而将全国划分为东北、华北、西北、西南、中南、华南、华东七个经济区域，然后将广告预算分配到各区域，由区域经理进一步将广告预算具体分配到各地理市场。这样，既可以取得相应的市场效应，还可以在一定程度上避免出现与实际情况相反的现象。

（三）产品分配法

产品分配法是指企业根据不同产品在经营中的地位和市场竞争状况，有所侧重地分配广告费用。这种分配策略是将产品的广告投放与销售目标联系在一起，贯彻重点产品重点投入的经营方针。广告费用分配的依据是产品在企业销售中的所占比重、产品所处生命周期阶段、市场发展潜力和产品在市场中的竞争状况等。例如，双汇集团在推出新产品冷鲜肉时，广告的预算费用主要投向冷鲜肉的推广。

广告费的品牌分配法属于产品分配法中的一种，是广告策划人员根据企业经营品牌的某些特征，将广告费用进行具体分配。

（四）媒体分配法

广告媒体费用一般占整个广告预算的80%～85%，且广告信息的传播主要是通过媒体来完成的，因此，按照广告媒体的不同来分配广告预算是企业常采用的方法。

运用媒体分配法，首先要考虑产品品牌的特性，即产品的品牌推广依赖于某种主要的广告媒体；其次要考虑目标市场的媒体习惯，使所选用的媒体对目标市场有很高的到达率；最后是所选用的媒体能够充分展现广告产品的个性。

媒体分配法又可进一步分为在不同媒体间的广告预算分配和在同一类型媒体内的广告预算分配两种。

第三节　广告预算书的编写

广告预算是对广告活动经费的匡算和分配计划，也是广告策划整体方案的重要组成部分。广告预算提出广告费用开支的数目和具体的分配方案。

广告预算书一般以图表的形式将预算的列支、计划和分配详尽地表示出来。广告预算书的格式和内容不可能千篇一律，要视具体的业务项目而定。

同步实务

广告预算书的基本格式

×××广告预算书

预算委托单位：　　负责人：

责任部门：企划部　　负责人：

预算部门：企划部　　负责人：

广告预算项目：　　期限：

广告预算总额：　　预算员：

日期：________年________月________日

项　目		开支内容	费用	备注
市场调研费	文献检索			
	实地调查			
	研究分析			
广告制作费	印刷费			
	摄制费			
	工程费			
	其他			

续表

项目		开支内容	费用	备注
广告媒体租金	互联网			
	电视			
	广播电台			
	报刊			
	其他媒体			
演员酬金	明星			
	演员			
	主持人			
促销费	促销活动			
	公关活动			
服务费用				
机动费用				
其他杂费开支				
总计				

思考与练习

一、单项选择题

1. 在广告预算编制中，(　　)是以销售量为基础。
   A. 销售额百分比法　　B. 销售单位法
   C. 目标任务法　　D. 市场竞争法
2. 在市场竞争比较激烈的情况下，广告预算应该采用(　　)。
   A. 销售额百分比法　　B. 销售单位法
   C. 市场竞争法　　D. 量力而行法
3. 在广告费中，(　　)占最大的比例。
   A. 广告调研费　　B. 广告设计费
   C. 广告制作费　　D. 广告媒体费
4. 广告费用媒体分配法是根据(　　)分配广告预算。
   A. 租用时间　　B. 租用媒体
   C. 媒体的重要性　　D. 产品的重要性
5. 在产品生命周期中，(　　)阶段的广告预算投入最少。
   A. 导入期　　B. 成长期
   C. 成熟期　　D. 衰退期
6. 新产品上市推广中，能够采用的广告预算方法有(　　)。
   A. 销售额百分比法　　B. 销售单位法

C. 目标任务法　　D. 量力而行法

二、多项选择题

1. 下列属于广告预算范围的费用有（　　）。
   A. 广告调研费　　B. 广告媒体费
   C. 广告设计费　　D. 产品说明书费
2. 采用销售单位法编制广告预算，与本年度广告预算有关的指标包括（　　）。
   A. 上年广告费　　B. 上年销量
   C. 本年计划销量　　D. 企业资金情况
3. 影响广告预算的因素包括（　　）等。
   A. 企业自身状况　　B. 促销策略
   C. 市场竞争状况　　D. 产品生命周期
4. 广告预算时间分配法进一步分为（　　）。
   A. 年度广告费分配　　B. 季度广告费分配
   C. 月度广告费分配　　D. 每日广告费分配
5. 广告费用产品分配的依据包括（　　）。
   A. 产品在企业中的地位　　B. 市场竞争状况
   C. 产品的技术水平　　D. 企业自身状况

三、思考题

1. 简述广告预算的概念及预算范围。
2. 简述广告预算的几种主要方法和运用条件。
3. 影响广告预算的主要因素有哪些?
4. 简述广告预算分配的方法。

案例分析

案例一：广告预算安排的有效性

华为P系列、荣耀系列、OPPO、vivo、小米、魅族等主打年轻时尚群体的机型成了目前各家手机厂商出货的主力。有资料显示，2 500元到3 000元价位段手机销量同比增长一倍。

以“拍照”为主题设置的广告语充斥着各大卖场，并且几乎每一家主打年轻人市场的厂商都会签约年轻的当红明星做代言。手机拍照成为2017年关注的焦点，手机竞争的同质化趋势明显，在硬件创新乏力的大背景下，零部件的微创新成了手机厂商解决消费痛点的关键。除了屏幕外，手机微创新的方向之一就是拍照技术，从原来的单摄到双摄，再到四摄和3D摄像头，演进的空间更具想象力。

从2016年开始，各家手机厂商开始抢夺一二线明星资源与热门娱乐节目冠名。当红明星悉数上阵，费用也迅速飙升。

然而，面对90后、00后的新生代群体，强势的广告传播已显得越来越乏力，终端争夺战也已拉开。据OPPO的官方数据显示，OPPO线下门店已超过40万家。

手机厂商发现：广告预算和推广费用在成倍增长，而广告的边际效用却变得越来越低！

资料来源：今日财经，有删改。

问题：作为智能手机厂商的目标顾客，你认为手机厂商应如何安排广告预算？

案例二：董明珠代言格力广告，为格力省下亿万广告费用

自2014年成龙不再代言格力产品广告后，格力董事长董明珠开始自己为格力产品代言。对此，一些人颇有微词，而董明珠则坦言道："请成龙做广告要花1 000多万元，自己做广告一分钱不用花！"也有一些人认为，董明珠此举不仅省钱，而且是超值，更是顺应潮流的时髦做法，她才是格力电器的"最佳代言人"。市场销售情况也证明，董明珠的代言的确是成功的。

问题：你认为什么样的企业老总能为自己的产品代言，从而起到节省广告费用的效果？

实践与实训

实训一：广告预算实务（一）

实训目标：

（1）了解广告预算的基本内容；

（2）掌握基本的广告预算方法。

实训内容：

（1）选择一家小型企业进行调研，了解其产品和销售的基本资料，如营销目标、销售额/销量、产品价格、营销费用等，并收集企业产品主要竞争对手的情况；

（2）采用不同的方法对企业上年的广告预算进行分配，并与企业上年的广告费用进行比较；

（3）根据计算结果评价企业上年广告预期效果的实现情况。

实训要求：

分组完成，以书面形式上交调研报告。

实训二：广告预算实务（二）

实训目标：

（1）了解广告预算书的格式和内容；

（2）基本掌握广告预算书的编制方法。

实训内容：

（1）根据实训一中收集的资料，了解企业今年的销售目标；

（2）为企业制定今年的广告预算，注意广告预算方法的选择、广告预算的分配，编制出广告预算书。

实训要求：

分组完成，以书面形式上交广告预算书。

第五章

广告媒体

本章学习目标

※ **知识目标**

- 了解广告媒体的含义和类型
- 熟悉广告媒体的特点和媒体计划书的编制
- 掌握媒体选择的基本策略

※ **技能目标**

- 能够结合实际分析广告媒体的特点
- 能够在实践中把握媒体选择的原则和依据
- 能够灵活运用媒体选择的策略，建立媒体组合
- 能够编制简单的媒体计划书

※ **素养目标**

- 了解媒体的影响力，运用广告媒体传播正能量
- 增强文化自信，在广告媒体选择中讲好中国故事

本章结构

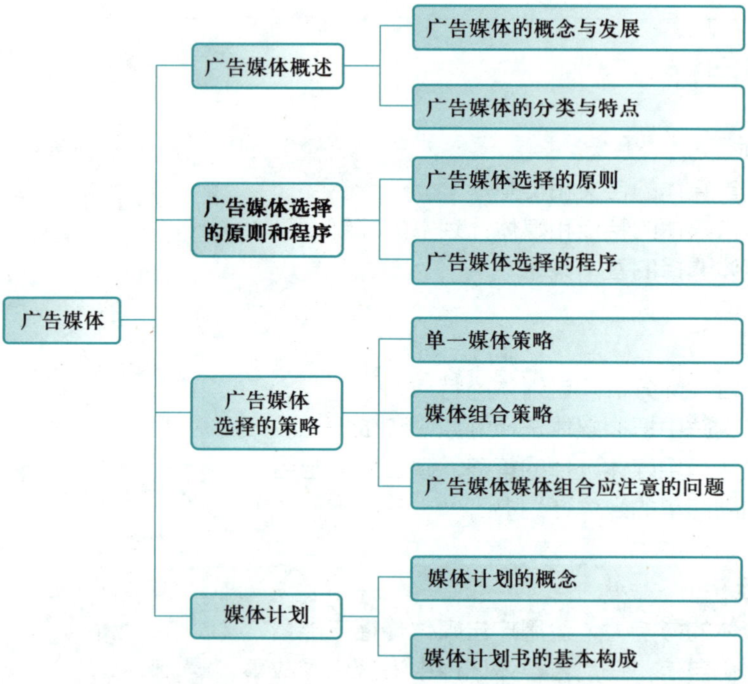

广告媒体
广告媒体概述
广告媒体的概念与发展
广告媒体的分类与特点
广告媒体选择的原则和程序
广告媒体选择的原则
广告媒体选择的程序
广告媒体选择的策略
单一媒体策略
媒体组合策略
广告媒体媒体组合应注意的问题
媒体计划
媒体计划的概念
媒体计划书的基本构成

引导案例

OPPO手机的广告策略组合

2018年1月19日，国际调查机构GFK发布的数据显示：2017年中国手机市场上，国内品牌占绝对主导地位，华为以10 255亿部的销量排名第一，销量份额为23%；排在第二位的是OPPO全年销量7 756万部（见表5-1）。

表5-1　2017年国内主要手机品牌市场份额

市场排名	品牌	出货量/万部	市场份额
1	华为	10 255	23%
2	OPPO	7 756	17%
3	vivo	7 223	16%
4	苹果	5 105	11%
5	小米	5 094	11%

1. 各品牌手机市场定位

从产品价格区间来看，各主要品牌手机的产品定位是比较明晰的。

苹果定位：6 000元以上市场；

华为定位：2 000~4 000元男性市场；

OPPO定位：2 000~4 000元女性市场；

小米等占据的是2 000元以下市场。

OPPO的竞争对手是三星，而三星的衰落，无疑为OPPO提供了难得的历史机遇。对于女性用户而言，他们需要的是一个简配版的三星，高颜值和贴心的功能配置使OPPO成为首选。

2. OPPO的广告策略组合

（1）明星代言。与其他手机明星代言不同，OPPO手机选择的代言明星是全方位的当红明星，这些明星自带流量，也带来了大量的粉丝经济。

（2）赞助综艺节目。除了明星代言外，OPPO还大力赞助综艺节目。

2015年：《中国好声音》《极限挑战》《奔跑吧兄弟》《挑战者联盟》等。

2016年：《中国新歌声》《奔跑吧兄弟》《我们来了》《明星大侦探》等。

2017年：《中国新歌声》《奔跑吧兄弟》《跨界歌王》等。

2017年，OPPO在综艺上的投入近10亿元，其中，仅《中国新歌声2》的冠名费就5亿元。

OPPO的目标消费群体是三线及以下城市年轻女性群体，其赞助的综艺节目《中国好声音》《奔跑吧兄弟》等的风格、内容、明星阵容恰与OPPO的广告内容完美的融合。

（3）不断强化、处处可见的平面广告。随处可见，不断强化的“充电5分钟，通话

2小时”的平面广告，为OPPO广告策略组合提供了良好的补充（见图5-1）。

图5-1　OPPO手机的平面广告

总结起来，“视觉锤”（明星代言）+“语言钉子”（前后两千万，拍照更清晰）+短时间重复强化（冠名综艺）是OPPO营销组合策略的三个关键。

资料来源：连线家，作者：内容电商实验室。

问题：分析OPPO手机的广告组合策略，说明OPPO手机广告组合策略与其市场定位之间的一致性。

广告媒体是广告所借助的物体形式，是实现广告信息传播的重要途径，也是影响广告效果的主要因素之一。要实现广告的有效性，避免无效广告，就必须掌握广告媒体的特点和功能，编制切实可行的广告媒体计划。

第一节　广告媒体概述

一、广告媒体的概念

在广告传播学中，美国人用“media”一词表示信息传播的中介（介质、工具、方法、手段）。media中文译为媒介，media的复数形式medium中文译为媒体。从汉语词义解释，媒介是使双方（人或事物）发生关系的人或事物；媒体则指交流、传播信息的工具，如报纸、电视、互联网等。因此，在广告学中，我们用广告媒体概念，而不用广告媒介概念。

媒体的含义包括以下几个方面：一是广告媒体应是有形的物体；二是广告媒体是广告信息的载体，实现广告信息的承载、扩张和传输；三是在广告信息传播中，广告媒体可以是一件承载信息的物体，也可以是各类广告媒体的组合；四是广告媒体只是广告信息传播所借助的物体，不是广告媒体的租用者或所有者。例如，报纸媒体以印刷物形式存在，通过刊登企业广告信息实现信息传播，而媒体的所有权归报社，企业通过付费租用一定版面。在实际中，企业通常同时租用电视、报纸、户外等广告媒体，通过合理搭配建立媒体组合。

> 广告媒体：在广告信息传播中所借助的、起中介或载体作用的有形物体。

二、广告媒体的发展

随着社会经济的发展，广告媒体也在不断发展。在古代，产品的生产者和经营者就开始用有声语言和文字传单传播广告信息，如产品叫卖声、商号的口碑传播、商店的门头招牌等。在中国的元朝时期就已经出现了印刷品广告（1985年发掘的沅陵县城郊双桥村元代黄澄存夫妇合葬墓，出土文物中有用土纸制的一家生产银朱的店铺为推销其产品而印刷的“广告”包装纸两张）。到20世纪，随着工业经济的快速发展，广告业也得到迅速发展，各类广告媒体层出不穷，如印刷媒体（包括传单媒体、图书媒体、包装媒体、报纸媒体、杂志媒体等），电子媒体（包括广播媒体和电视媒体等），各种类型的户外媒体和新型的网络媒体等。

广告媒体是广告的组成要素之一，是广告信息传播的媒介，在广告活动中起着举足轻重的作用。传统的广告媒体以报纸、电视、印刷和户外为主体，其他媒体为辅助；目前，广告正快速从传统媒体转向互联网媒体。

三、广告媒体的分类

按照不同的标准，广告媒体有不同的分类。

（一）按照媒体的信息传播诉诸受众感觉形式划分

按照受众接受信息时的感觉形式不同，广告媒体可分为视觉媒体、听觉媒体和视听结合媒体。

视觉媒体是借助于人的视觉感染力来实现广告信息传播的媒体。视觉媒体在广告内容上强调视觉效果，需要受众用眼睛获得信息。这类媒体主要包括报纸、杂志、宣传海报、户外广告、印刷传单、招牌、日历、黄页、橱窗广告、互联网广告等。

听觉媒体是借助于人的听觉感染力来实现广告信息传播的媒体。听觉媒体在广告内容上强调语音效果，需要受众用耳朵获得信息。这类媒体主要包括广播、电话等。

视听结合媒体则是视觉和听觉兼备的综合性媒体。视听媒体在广告内容上强调视觉效果，又要求听觉效果。这类媒体主要包括电视、电影、戏曲和网络视频等。

（二）按照媒体的存在形式划分

按照媒体的存在形式，广告媒体可以分为印刷媒体、电子信息媒体等。

印刷媒体是指用印刷品来传播广告信息的媒体，包括文字、图案及各种符号等。印刷媒体为无声媒体，广告信息通过视觉传播，强调信息的视觉效果，要求信息对受众有较强的吸引力。印刷媒体形式主要包括报纸、杂志、海报、DM广告等。

电子信息媒体是以电子信息产品和通信技术为基础，借助电子信息产品传播广告信息的媒体，在信息传播速度和范围上有很强的优势。电子媒体形式主要包括电视、广播、互联网、手机等。

（三）按照媒体的传播范围划分

按照媒体信息的传播范围，广告媒体可分为国际性广告媒体、全国性广告媒体和区域性广告媒体。

国际性广告媒体是指媒体的信息传播范围超越了一国国界的广告媒体。国际性广告媒体主要包括在全球发行的一些报纸杂志以及超越国界的电视、广播和互联网媒体。

全国性广告媒体是指媒体的发行和信息传播是全国性的，在国内具有相当影响力的广告媒体。这类媒体主要包括面向全国发行的报纸、杂志、书籍、邮寄品，覆盖全国各地的电视台、广播电台等。在我国，具有较强影响力的全国性广告媒体有中央电视台、《经济日报》等。

区域性广告媒体则是指在有限的区域范围内传播信息的广告媒体。这类广告媒体主要包括各省、市的电视台和广播电台，地方性报纸杂志，少数民族语言文字的电台、电视、报纸、杂志等。区域性广告媒体的信息传播面相对较小，但在本地区有较高比例的接收者，媒体的针对性较强。

（四）按照媒体的信息特征划分

按照媒体的信息特征，广告媒体可分为综合性媒体和专业性媒体。

综合性媒体是指信息量较大，涉及的范围较广，为各类群体所接受的媒体。综合性媒体又称为大众媒体，主要包括各类日报、晚报、都市报以及综合性电视台和广播电台等。这类媒体由于信息面广，受众不分职业、性别、年龄，也没有专业方面的限制，一般具有较高的知名度。

专业性媒体是指具有较强的专业性和针对性的广告媒体。专业性媒体又称为非大众媒体，如电视台体育频道、交通信息电台、少年报、专业杂志、高速公路边的户外广告等。这类媒体传播的信息针对性较强，一般有特定的受众。

（五）按照媒体的所有权划分

按照媒体的所有权，广告媒体可分为租用媒体和自有媒体。

租用媒体是指广告主通过租赁、购买等方式获得的广告媒体，媒体所有权归其他单位所有。如报纸上的广告版面、电视的广告时间段、广告公司的广告牌等，对广告主来讲，均为租用媒体。广告主根据租用情况向媒体单位付费。

自有媒体则是广告主自己设立的、所有权归广告主自己的广告媒体，如网络社交化媒体、宣传海报、橱窗广告、门头招牌、自建的广告牌等。

此外，广告媒体还可以根据媒体租用的时间长短分为长期媒体（如户外广告牌等）和短期媒体（如电视插播广告等），根据媒体单位的收费计量单位分为计时媒体（如电视插播广告等）、计量媒体（如传单广告等）和计时计量媒体（如户外灯箱广告牌等）等。

四、广告媒体的特点

广告媒体是媒体的组成部分，具有媒体的一般特征，同时，作为商业信息的载体，为商业活动服务，又有着自己的特性，概括起来有以下几个方面：

第一，针对性强。广告是企业营销活动的重要组成部分，广告的受众须是企业的目标市场的消费者，企业广告媒体的选择必须以目标市场的选择为依据，实现广告信息传递的有效性。例如，专业性较强的媒体往往成为特定产品的主要广告信息载体。

第二，传播面广。大众媒体是广告媒体的重要组成部分，借助于大众媒体的发行或覆盖面优势，实现广告信息的广泛传播。例如，作为广告媒体的报刊、广播、电视、网络等，可将广告信息大范围地传播，达到媒体所能覆盖的范围。

第三，差异性大。广告媒体的类型很多，形式也多种多样，不同的媒体有不同的受众和优势，媒体间存在着较大的差异。例如，户外媒体注重视觉的冲击力，印刷媒体则强调发行量和视觉影响力，广播媒体听觉影响力大，电视则视听兼备；大众媒体传播面广，专业媒体针对性强；不同的媒体在不同的区域内，其影响力也各不相同。

媒体间较大的差异性，为广告主的媒体选择既带来了较多的选择余地和机会，也带来了一定的困难和挑战。在合适的时间、合适的地点选择合适的媒体，是广告主实现广告效果最大化的基础。

同步案例

××外语培训学校是一家全国知名外语培训学校，培训对象包括出国留学、研究生考试、英语等级考试、中小学生英语学习等。该校在全国20多个大中城市设立有培训分支机构。现在该学校在中部某大城市刚刚设立分支机构，拟利用暑假拓展中小学生英语培训业务。请你帮该学校拟订一个媒体选择计划。

问题：请为该学校拟订一份媒体选择计划（注意广告的目标受众，媒体的地域性、针对性和时间安排）。

课堂练习

请列出你所接触到的媒体，并对媒体进行分类，说明各种媒体的主要受众。（时间：5分钟）

第二节　广告媒体选择的原则和程序

一、广告媒体选择的原则

广告媒体的选择不仅要充分考虑广告目标和受众的特点，还应考虑各种媒体之间的关系和优势，建立有效的媒体组合，在广告费用一定的情况下，实现广告效果最大化。在媒体选择时，应遵守以下几个原则。

（一）目标市场原则

广告的目的是将企业形象和有关产品服务信息传播给目标市场，实现与目标市场间的有效沟通，提升企业的经营业绩。因此，广告媒体的选择必须与目标市场喜闻乐见的媒体保持一致，选择目标市场接触频率（次数）最高的广告媒体。

比如，青年人喜欢电视、电影和音乐；老年人爱听广播和看报纸；女性喜欢逛商店或者关注美妆网络媒体。

课堂练习

讨论大学生喜爱什么样的大众媒体。（时间：5分钟）

（二）产品/服务原则

不同的产品或服务，有着不同的功能、特点、使用价值和流通范围，产品诉求的利益点和要求也不同。而不同的广告媒体，其表现形式也不同，适合不同的诉求要求。广告媒体的选择必须结合产品或服务的特点和属性。例如，报纸以文字宣传为主，适合产品功能、利益等信息性介绍；广播媒体的优势是语音，以语言描述为主，适合产品或服务的利益宣传；电视媒体声情并茂，在形象宣传和感情诉求上具有不可替代的作用。

课堂练习

登录微博、微信，查阅其广告客户和内容，说明媒体选择与产品特征的一致性。（时间：20分钟）

（三）时空原则

时空原则即根据产品或服务在时空方面的变化趋势，选择相应的广告媒体。产品特别是消费品一般都有明显的生命周期，在不同的生命周期阶段，产品的目标市场不同；在不同的地区，同一产品的生命周期表现也不同，一种产品在一个地区处于饱和期，而在另一地区则可能处在成长期。因此，广告媒体选择必须充分考虑产品销售的时空变化。

消费品和服务的一般时空变化趋势如图5-2所示。

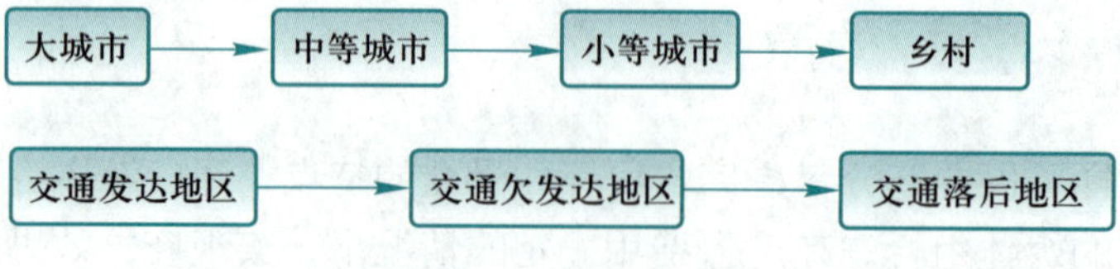

图5-2　消费品和服务的一般时空变化趋势

接受新的服务和消费理念的变化趋势如图5-3所示。

图5-3　接受新的服务和消费理念的变化趋势

课堂练习

举例说明产品或服务消费变化的时空性。（时间：5分钟）

（四）一致性原则

广告传播是为产品销售服务的，有效的广告传播要求广告媒体传播的范围与企业的产品销售范围相一致，目标市场接触媒体的时间与广告信息在媒体上发布的时间相一致，即有效把握媒体传播的范围和时间。

例如，某产品在某一地区销售，目标市场是该地方电视台某娱乐节目的主要观众。在广告媒体选择时，应以该地方电视台为首选媒体，并在受众喜欢的娱乐节目播放时段发布广告信息，提高广告效果。

（五）成本效用最大化原则

广告的基本特征是付费。不同的广告媒体收费标准不同，同一广告媒体在不同的发布时段、占用不同的版面或在不同的地点发布广告信息，收费也不同。广告媒体的选择要求广告主充分考虑企业的广告预算，选择有效的广告媒体，实现广告的成本效用最大化。

知识库

广告的成本效用

广告的成本效用是广告效用与广告费用的对比。尽管不同广告媒体的广告效用表现形式不同，但最终目标都是企业的广告目标。某种广告媒体的成本效用就是该媒体达到广告目标的程度与广告费用的对比，即：

广告的成本效用=广告目标的达到程度/广告费用

每一广告媒体都有自己的核心价值，不同媒体的核心价值各不相同。广告媒体的选择要求企业营销策划人员充分了解和把握各种广告媒体的核心价值，并使企业的广告信息与媒体的核心价值相适应，提升广告效用。例如，公众从报纸获取新闻和评价，从杂志获取专业知识和娱乐，从电视台的新闻节目获取重要新闻。

二、广告媒体选择的程序

广告媒体的选择是实现广告目标的重要保证，媒体选择的失败不仅导致广告费用的浪费，也直接影响产品销售，甚至错失产品销售良机。广告媒体的选择从确定广告目标开始，通过分析受众所在区域和经常接触的媒体及时段，结合企业的广告预算，确定广告排期，建立媒体组合。

（一）确定广告目标

不同的企业有不同的广告目标，同一企业在不同的时间和市场，其广告目标也不同，而不同的媒体选择又适合不同的广告目标，因此，广告媒体的选择必须以广告目标的选择为基础。例如，以“争取新的使用者”为广告目标时，广告媒体的选择应为新的使用者最有可能接触的广告媒体；以“提高使用频次”为广告目标时，则广告媒体的选择应以现有的使用者所接触的媒体为首选。

（二）确定目标受众

目标受众一般与目标市场保持一致。广告媒体选择的目标市场原则和一致性原则，要求广告媒体的选择必须与目标市场所接触的媒体相同，媒体传播的范围与企业的产品销售范围相一致，目标市场接触媒体的时间与广告信息在媒体上发布的时间相一致。

（三）确定广告区域和广告预算分配

媒体选择的一致性原则要求广告媒体的选择与目标受众所在区域保持一致。以全国消费者为目标市场的产品或服务，应选择全国性广告媒体；而以某一区域市场的消费者为目标市场的产品推广，则应选择区域性的广告媒体。

广告预算费用的安排方法一般有以下两种：

一是金额分配法，即根据广告费用在各地区的投放比例，确定媒体费用比率。例如，某企业产品销售市场主要集中在甲、乙两个地区，广告费用投放比例为2∶3，则两地区的媒体费用投放比例也应为2∶3，两者保持一致。

二是视听众暴露度分配法，即根据各地区市场的销售目标占全部销售目标的比率，确定该地区广告媒体费用的安排比率。例如，甲地区的销售目标占全国市场的25%，则甲地区的视听众暴露度占总视听众暴露度的25%，并据此确定媒体费用。

视听众暴露度是指在特定时期内收看、收听某一媒体或某一媒体特定节目的人数总和。

同步实务

视听众暴露度

视听众暴露度=视听总数×毛评点

毛评点是指在不同媒体的各次广告传播之后，通过不同媒体接触该广告的人数占传播范围内总人数的比例之和，是一则广告在媒体推出数次后所能达到的总的效果。

毛评点=∑广告在某种媒体上的发布次数×该媒体的视听率

视听率为收听收看特定节目的家庭（或个人）数量占抽样调查的全部家庭（或个人）数的比率。

例如，某广告在某电视频道一个月播放30次，而该频道的收视率为20%，在广播电台月播放60次，收听率为15%，则

毛评点=30×20%+60×15%=1 500%

如果在广告播放期间，有50万人收看收听该广告，则

视听众暴露度=50×1 500%=750（万人）

（四）确定广告排期

确定广告排期就是合理安排各广告媒体发布广告的顺序、频次和时间。在广告预算的约束下，同时实现较高的到达率、暴露频次和持续性是非常困难的。成本效用最大化原则要求广告策划人员根据各广告媒体的特点和预期效果，在预算约束下，合理编排广告投放，实现广告效用最大化。广告排期的确定方法主要有以下几种：

1. 持续式排期

持续式排期是在整个推广活动期间持续发布广告信息，是提高广告持续性的最佳方法。这种方法的优点是通过持续性播出广告，不断地累积广告效果，防止受众广告记忆下滑，在产品整个销售周期内持续刺激消费心理，影响消费行为。缺点是在预算不足的情况下，持续性发布广告，可能导致冲击力不足或虎头蛇尾，影响广告效果。

持续性排期主要适应于销售周期不明显的产品（如住宅、汽车等大件产品，牙膏、肥皂等日用品）和户外媒体广告。

2. 波浪式排期

波浪式排期又称为间歇性排期，是指广告发布安排随产品销售的周期性变化而变化。这种排期的优点是广告主可以根据市场竞争的需要或产品销售的周期性变化，调整广告播出时机，提高广告的有效到达率，减少不必要的广告费用。缺点是在广告的空档期较长的情况下，受众的广告记忆度会下降，从而增加再认知难度和广告再次暴露费用，同时也存在着竞争品牌以前置方式切入广告空档期的威胁。

波浪式排期主要适合于季节性产品和服务，如空调、服装等，广告主在一年中的几个短时期内挑选多家媒体刊播广告，牺牲持续性换取较高的到达率和暴露频次。

3. 脉冲式排期

脉冲式排期是持续式排期和间歇式排期的结合，是降低持续性排期的广告预算和规避受众记忆度降低的有效手段。这种方法的主要优点是在广告的持续性暴露过程中，根据产品销售的淡旺季和市场竞争的需要，合理安排广告发布时间，在维持最低记忆度的情况下持续累积广告效果，加强重要时期的广告暴露强度。

脉冲式排期主要适合于产品销售存在明显的淡旺季，但非间歇性销售的产品，如轿车和旅游服务等。

4. 高到达率排期

高到达率排期即以牺牲暴露频次和持续性，提高广告信息的到达率。这种方法的优点是通过在同一时期选择多种互补性广告媒体，在最短时间内实现较高的到达率。

高到达率排期主要适合于新产品上市期。

同步实务

到达率、频次

到达率是指接触单一媒体、媒体组合或一份完整媒体进度表的人数占目标受众总人数的比率。计算公式如下：

到达率=接触广告的人数÷目标受众的总人数

频次是在一定时间内受众接触广告信息的次数。计算公式如下：

频次=累计接触广告的人次总数÷接触广告的人数

延续性也称持续性，是指一个广告周期的时间，亦即频次被测量的时间。

例如，目标受众是100万青年学生，如果有40万青年学生接触到某企业的广告，则该广告的到达率为40%。如果接触到广告的40万人累计接触次数达200万次，则频次为5。延续性则是以40%的到达率和5频次播放广告所能够持续的时间，如一周、一个月或一年。

同步案例

固定预算下到达率、频次和延续性之间的关系

媒体策划人员通常从媒体的成本、目标市场成员的数目和该媒体可以到达的加权目标市场中受众的素质、该媒体广告暴露的有效性三个方面来评价各种媒体的价值，在花费最小的媒体和那些最能够有效传达核心信息并到达最佳目标顾客的媒体间寻找平衡。在广告预算的约束下，根据不同的产品和营销战略，广告的实施策略也不同。媒体策划人员必须平衡到达率、频次和延续性之间的关系，举例如图5-4所示。

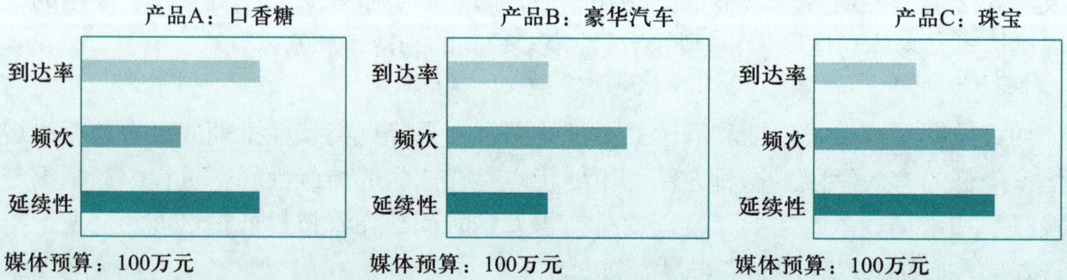

图5-4　到达率、频次和延续性之间的关系

产品A战略：在持续一年的广告战役中，为尽量使到达率最高，在频次方面做出牺牲，以增加接触到广告的目标顾客数量。

产品B战略：短期闪电式战役，以尽量高的频次到达数量相对少的目标顾客。

产品C战略：在持续一年的广告战役中，以尽量高的频次到达选定的目标顾客。

问题：三种产品战略选择的依据是什么？

（五）建立媒体组合

不同的广告媒体有不同的核心价值和功能，也有不同的优点和缺点。实现最佳的广告效果要求广告策划人员充分把握各种媒体的核心价值和表现特征，建立有效的媒体组合，实现媒体互补。

第三节　广告媒体选择的策略

不同的广告媒体有不同的受众和特点，适合于不同的产品和服务。广告媒体选择策略就是广告策划人员根据企业的广告目标、广告预算、产品或服务属性以及目标市场等因素，确定媒体选择的基本方针和方法。广告媒体选择策略主要包括单一媒体策略和媒体组合策略。

一、单一媒体策略

单一媒体策略是广告策划人员根据企业的广告预算和产品销售区域等因素，只选择某一主要媒体开展广告活动。这种策略的主要优点是广告主可以集中有限的广告费用，用于某一主要媒体的购买或租用，对特定的受众细分产生巨大的影响作用，使品牌获得受众的接受，并通过提高媒体的持续性来提高广告效用；缺点是单一媒体的选择难以覆盖企业的目标市场，影响广告的到达率和频次。

单一媒体的选择方法主要有尝试法和剔除法。尝试法是企业经过一段时间的多种媒体尝试后，通过比较分析，选择出一种效果最好或成本效用最大的广告媒体，并把该媒体作为企业今后一段时间内唯一选择的广告媒体。剔除法则是在广告推广之前，广告策划人员通过对企业产品、目标市场和市场竞争状况、媒体价值等要素进行调查分析，列出各种可能媒体，然后再逐个分析并剔除不符合要求的媒体，选择其中一种广告媒体进行试用，并在试用过程中及时调整。

单一媒体策略主要适合一些目标市场相对比较集中的小企业，如在某一居民小区内开设的食品店、便利店等。

课堂练习

举例说明单一媒体选择的产品或服务。（时间：5分钟）

二、媒体组合策略

媒体组合就是各种广告媒体的有效结合，是媒体计划的具体化。媒体组合要求广告客户根据企业的广告目标和产品属性，对各类媒体进行分析评估，结合具体的市场状况、受众心理、媒体传播特点以及广告预算，对多种备选媒体进行有机组合，在同一时期内发布内容基本一致的广告信息。媒体组合不仅可以最大限度地提高广告的到达率和重复率，扩大认知，增进理解，而且能在消费者的心里留下深刻的印象，提高市场竞争力，增加广告效益。

常见的媒体组合策略是积木策略，即广告主首先购买能到达最多受众的广告媒体，最后再考虑能到达较少受众的广告媒体，以获取成本效率。对媒体策划人员来讲，要确定最初的一两块“积木”是相对简单的。大多数的全国性产品广告会选择电视、报纸或专业杂志作为主要媒体，然后才会考虑通过其他媒体去到达较小的受众群体。

例如，许多大的药品生产商将其主要广告预算投向中央电视台，然后选择一部分地方媒体或网络媒体作为补充。

媒体组合：指在同一时期内，依据各种广告媒体自身的基本特点，将这些媒体与市场、资金、技术等要素加以组合，统筹运用，使之成为有机整体，对特定的目标群体发布内容基本一致的广告信息，形成组合传播优势的过程。

（一）媒体组合策略的主要方式

常见的媒体组合方式主要有以下四种：

1. 视觉媒体、听觉媒体和视听媒体的组合

视觉媒体是指借助于视觉要素表现并传播广告信息的媒体，如报纸、杂志、户外广告、招贴、交通广告等；听觉媒体是主要借用听觉要素表现并传播广告信息的媒体，如广播、音响等；视听媒体则是指借助于视觉和听觉表现并传播广告信息的媒体，如电视、互联网等。视觉媒体直观、生动，给人以一种真实感觉；听觉媒体抽象，可以给人丰富的想象空间；视听媒体是听觉与视觉完美结合的媒体，广告信息传播的优势更为明显。在广告信息传播时，受到受众偏好、特点和广告预算等因素的影响，视听媒体并不能取代视觉媒体或听觉媒体，通过对它们的有效组合才能达到更好的广告效果。

2. 短效媒体与长效媒体的组合

短效媒体是指广告信息播出时间较短，瞬时消失的媒体，如广播、电视等媒体；长效媒体是指那些可以在较长时间内传播同一广告信息、持续性较强的媒体，如印刷品广告、户外媒体、交通媒体等。短效媒体传播的广告信息一闪而过，信息不易保留，但传播面广，可以反复播放；长效媒体可以持续传播同一广告信息，信息保留时间长，但传播范围受到限制。短效媒体与长效媒体的有效组合，可以提高广告效果。

3. 大众媒体与促销媒体的组合

大众媒体主要是指报刊、电视、广播、互联网等公共媒体，传播面广，影响力大，信息传播优势在于“面”；促销媒体主要指邮寄广告、招贴广告、展销会、户外广告等，信息传播面小，传播范围有限，具有直接促进销售的作用，信息传播优势在于“点”。大众媒体与销售现场相脱离，对产品销售只能起到间接促销作用；促销媒体因其传播面小，也限制了其促销作用。大众媒体与促销媒体的有效组合，可以实现“点”、“面”结合，提高广告效果，促进产品销售。

4. 互动媒体与单向传播媒体的组合

传统的报纸、电视、广播、户外等广告媒体基本上都是单向传播媒体，难以实现广告主

与受众之间的信息交流，广告主只能通过产品销售业绩或品牌知晓度来衡量广告效果，难以了解受众在接受广告信息时的心理反应，广告效果也具有明显的滞后性。以互联网为代表的互动性广告媒体，在广告信息传播时可以实现与受众的有效沟通，让受众参与广告信息的设计，提高广告信息传播效果。需要注意的是，某些互动媒体受广告参与成本较高等因素的影响，参与者数量有限，广告信息传播范围较小。

互动媒体与单向传播媒体的有效组合不仅可以扩大信息传播范围，提高信息覆盖面，而且，通过让受众参与广告信息设计，提高受众对广告信息接受的程度和广告效果。

同步案例

香飘飘奶茶的冠名广告

香飘飘食品有限公司是中国目前最大的杯装奶茶专业制造商，杯装奶茶市场占有率达到60%。“一年卖出十亿杯，连起来能绕地球三圈”的广告语标示出其显赫的销售业绩。2014—2016年，香飘飘的广告费分别为3.27亿元、2.52亿元、3.59亿元，三年累计近10亿元的广告投入，为企业创造了6.5亿元的利润。

为了增加用户黏度，香飘飘从2012年前后就开始进行各种综艺冠名和影视植入。2012年植入《一起来看流星雨3》，2015年植入《两生花》，2016年植入《欢乐颂》等影视剧。在综艺类节目中，先后与浙江卫视合作，获得《转角遇见TA》《中国梦想秀》《我爱记歌词》的冠名权；与湖南卫视合作获得《快乐大本营》《天天向上》《一年级》的冠名权；与东方卫视合作，获得《中国喜剧人》《百里挑一》的冠名权等。

2016年，香飘飘与爱奇艺合作，独家冠名了网剧《老九门》（如图5-5所示），主要形式是压屏广告和开播前的情景广告。随着剧集的热播，香飘飘的品牌知名度也一起走上巅峰。

图5-5　香飘飘冠名《老九门》

2017年，香飘飘与优酷合作为《三生三世十里桃花》做总冠名，与爱奇艺合作为《新射雕英雄传》做独家冠名。

资料来源：投资界新闻频道，有删改。

问题：结合案例，上网查阅资料，分析快速消费品的广告媒体策略。

（二）媒体组合传播效应

媒体组合的目的是提高广告信息传播的效应。媒体组合对广告传播效用的影响主要表现在三个方面：

1. 延伸效应

各种媒体都有各自的覆盖范围，有效的媒体组合可以扩大广告信息传播的广度，提高产品知名度和广告效用。

2. 重复效应

各种媒体覆盖的对象有时是重复的，媒体组合能增加部分广告受众接触广告的频次，增强广告传播深度。受众接触广告次数越多，对产品的注意度、记忆度、理解度就越高，购买的冲动性就越强。

3. 互补效应

用两种以上广告媒体来传播同一广告信息时，对于同一受众来讲，由于媒体表现形式的不同，就会形成媒体间的互补，实现广告效果的互相补充。

（三）媒体组合应注意的问题

媒体组合不是媒体的简单累加，它要求媒体策划人员充分把握各类媒体的核心价值和特征，深入细致地分析媒体组合所构成的效果并进行优化，实现媒体效应最大化。在建立媒体组合时，媒体策划人员应注意以下几个方面的问题：

1. 媒体的核心价值

媒体组合要求媒体策划人员与创意小组紧密合作，了解各媒体的核心价值，使各类媒体的核心价值有机结合在一起，并与广告信息相互作用，提升广告效用。如果品牌的内涵与媒体的核心价值产生冲突，广告的可信度和广告效果就会受到影响。

应当注意的是，媒体间的界限正在逐渐消失，各媒体的核心价值也发生了变化。技术进步正在改变媒体、受众和广告主之间最基本的关系，使各种媒体间的界限逐渐消失。例如，通过网络传递报纸中的内容是否仍是“印刷”媒体？互联网视频广告是否还是电视广告？在这种全新的环境中，媒体策划人员必须创造性地利用媒体工具和媒体组合，多关注受众和传播的有效性，而不要过分关注是什么媒体在传播广告信息。

同步案例

网络时代媒体的核心价值

进入21世纪后，互联网的应用得到迅速的普及，报纸已不再是人们获取新闻的主要途径。电视（越来越多的频道和一天反复插播的新闻）、互联网、手机等，已成为人们获得新闻的主要途径。广告、连续报道、各类生活知识和娱乐信息等内容已越来越多地占用报纸的版面，作为新闻媒体的报纸的新闻价值在不断降低。

问题：随着报纸的新闻价值的降低，报纸作为公共媒体的广告价值是否也在变化？

2. 媒体的可靠性

媒体购买费用的增加和媒体界限的变化为媒体策划人员带来了更大的压力，也对广告媒体策划人员提出了可靠性方面的更高要求。

广告可靠性最终意味着企业希望将自己的广告信息与其品牌的具体销售联系起来。而在实际中，有时很难确定广告对整体销售起到了什么样的影响，甚至要确定广告对某一个具体的购买者或购买群体的影响都是不容易的。技术进步正在改变着大众媒体和广告的性质，通信技术的发展使公共媒体合并成为一个单一的多媒体资源，这个资源能够同时提供电话、计算机、影视娱乐等服务，从而使竞争媒体的观念不复存在。而消费者可以通过自由选择那些娱乐性强、信息含量高或者他们需要的广告信息，掌握广告信息传播的控制权。

3. 媒体组合的覆盖面

媒体组合的覆盖面是影响广告效果的重要因素。媒体组合必须有效覆盖产品的目标市场，广告信息为目标市场所接受。这就要求媒体策划人员在建立媒体组合时，一是要把握媒体覆盖的广度，二是要把握媒体的针对性。

把握媒体的广度要求媒体策划人员首先把备选媒体排列在一起，将其覆盖区域叠加，确定是否把大多数目标消费者纳入广告媒体覆盖范围之内，即媒体能否有效地触及广告信息传播的目标对象。把握媒体的针对性要求媒体策划人员将媒体的针对性累加，确定广告是否把广告信息传播给主要目标受众或主要消费者。通过对媒体广度和针对性的把握，保证所有的目标受众能够接收到有关的广告信息，并使主要的受众多频次地接收到广告信息，激发其购买兴趣和欲望，促进产品销售。

4. 媒体组合的影响力

媒体组合的影响力主要体现在两个方面：一是量的方面，即广告被目标受众接触的情况，主要受到广告覆盖面的影响；二是质的方面，即媒体组合对目标受众的说服效果，主要受到媒体的社会影响力和媒体组合传播的一致性的影响。同时，媒体组合的影响力还受到广告表现形式、广告环境和其他外部因素的影响。

媒体策划人员必须通过媒体组合提高媒体的影响力，避免媒体间的相互干扰，同时把媒体影响对象重点放在主要的目标受众上，从而提高广告效果。

同步案例

某乳品公司新产品上市的媒体组合方案

广告目标：迅速提高销售额和扩大市场占有率，树立领先的品牌形象。

媒体策略：运用全国性媒体的传播，树立全国性品牌的形象；通过对不同层级市场的媒体竞争性操作获得相对传播优势及市场优势。

媒体选择：大众媒体方面，选择了电视、报纸、户外三种大众媒体形式。首先，将电视作为媒体投放的主力军，电视作为传播最快速的媒体，能够尽快完成新品知名度的提升。为此，公司选择中央电视台综合频道投放广告，充分利用中央电视台的品牌拉力和一对多的市场覆盖特性满足既定的传播策略；同时选择了浙江、山东、重庆、安徽等地方卫视进行组合，以在各级市场形成交叉性的覆盖，通过对时间段的不同分配和组合，能更好锁定目标受众，并在覆盖率、收视群、收视率等方面对中央电视台形成良好的互补。其次，将报纸作为促销活动或公关活动进行时广泛告知的阶段性工具，选择了《北京晚报》《新闻晨报》《羊城晚报》《齐鲁晚报》《扬子晚报》《钱江晚报》《海峡都市报》与《华西都市报》等一些在中心市场和重点市场发行量较大、目标消费者接触较多的报纸投放广告。最后，将户外媒体作为必要的辅助手段，消费者购物集中地或者流量大的地段（如公交候车亭、地铁站等）投放户外广告。公司选择在产品的中心市场——北京、上海、广州，重点市场——成都、杭州、济南、福州等地的公交候车亭投放户外广告，地铁广告则选择了北京的12封月台灯箱套装，上海的人民广场换乘通道灯箱与各主要站台的扶梯侧墙海报套装，广州的公园前、江南西、越秀公园等几个主要站台灯箱广告。

问题：该媒体组合方案是如何实现企业的广告目标的？

第四节　媒体计划

一、媒体计划的概念

媒体计划是对一项广告宣传活动的媒体要素进行全面的分析和执行的整体规划，包括一系列涉及营销战略和广告战术的各种因素。

了解各种媒体的特征仅仅是广告活动的第一步，缺乏媒体的整体规划将使广告效果大打折扣，甚至产生无效广告。而分辨出与企业的目标市场相一致的媒体受众，是媒体计划的基础和关键。这就要求媒体策划人员必须具备人口统计学方面的知识和分析能力，充分了解顾客的需求和满足这些需求的产品属性和特点。

知识库：媒体计划书的基本构成

二、媒体计划书的基本构成

媒体计划书没有统一的标准和格式，也不存在两份完全相同的媒体计划书，但大多数媒体计划书的基本构成是相似的。

同步实务

媒体计划书样本——宝马Z4媒体计划书

一、前言

本计划书仅针对宝马Z4导入期作相应的计划。宝马中国公司在2009年6月份引入新款Z4敞篷车，目前率先在中国推出的是BMW Z4 2.5si及BMW Z4 3.0si两个型号，售价分别为56.53万元和65万元；目标群体为高收入群体和中产阶级。宝马Z4进入中国市场不到一年，处于导入期，合理科学地进行媒体投放，不仅能节约广告预算，而且还能扩大宝马Z4的知名度以提升宝马Z4的销量。

二、计划主题

产品名称：宝马Z4。

目标：打开产品知名度和美誉度，让广大消费者了解产品，最终提升宝马Z4的销量，为企业带来更高的利益。

产品市场定位：高收入群体和中产阶级的生活奢侈品。

目标消费者描述：高收入群体和中产阶级，追求高质量时尚生活方式，懂得享受生活。

三、宝马Z4的市场状况

宝马集团宣布2009年BMW和MINI汽车在中国内地市场的总销量达90 536辆，与2008年相比增长了38%，总销量第一次突破9万辆，增幅超过高档车市场平均幅度。2009年，BMW X6以368%的增长率力拔头筹，BMW 1系的增幅达153%，而BMW Z4也增长了114%。

四、竞争对手市场分析

奔驰SLK：作为宝马Z4的主要竞争对手，奔驰SLK于2004年登陆中国市场，比起宝马Z4，奔驰SLK相对成熟，在2009年12月奔驰以9 350辆的销量创下年度单月销量最高纪录。截至2009年12月底，奔驰在中国大陆地区共向客户交付梅赛德斯-奔驰、AMG、Z系及迈巴赫汽车共68 500辆，较2008年同比增长77%。

保时捷Boxster：2009年保时捷在中国市场的销量上升了9%，达到9 090辆，2010年1月份销量飙升至1 900辆，较上年同期增加了一倍以上。在中国内地售出8 629辆，与2008年相比上升13.3%。其中，豪华SUV保时捷Cayenne系列销量占了83%，达到7 556辆；保时捷系列跑车911、Cayman和Boxster的销量合计只有1 321辆，其中保时捷经典旗舰车型911再次占据了跑车总销量的近半壁江山，达到592辆。

奥迪TT：奥迪品牌在亚太地区，尤其是中国市场继续保持了快速增长的势头。2009年一汽大众奥迪品牌交付新车157 188辆，同比增幅达33.1%，牢牢占据了超过40%的市场份额，无疑奥迪是宝马Z4的最大竞争对手之一。

五、品牌策略

由于宝马产品涉及多个子品牌，而且每个品牌之间的目标受众和价格都有所不同，所以在宝马Z4这个新品牌进入中国不到一年时间的时候，要赋予它一种不同于其他宝马系列的内涵，从而找准市场定位和目标受众。

品牌定位：高档“自驾”车。

品牌核心概念：全新的驾驭感受。

品牌形象：时尚与激情的追随者。

六、媒体投放规划

宝马Z4主要媒体投放（三个月；4月中旬到7月中旬），见表5-2。

表5-2　宝马Z4主要媒体投放

投放媒体	时间	频次	费用	费用总计/元
宝马中国官网	4—7月	一天24小时	免费	0
深圳航空媒体	4—7月	20次/天、600次/月	150元/次、90 000元/月	270 000
迅雷看看	6—7月	24小时	20 000元/轮/天	600 000
优酷视频前贴片	4—7月	20cpm/15秒/天	120元/cpm（千人成本）	216 000
酷6视频前贴片	4—7月	20cpm/15秒/天	80元/cpm	144 000
总　计				1 230 000

七、媒体选择

航空媒体：转换频道接触率高，航空旅客长时间停留在封闭的客舱内，无选择地阅读、收视、浏览广告信息，效果明显。航空旅客多为政府官员、企业领导、商界人士、白领阶层、游客等，具有“高层次、高收入、高消费”的特点。

下载网站：在下载网站做广告主要是因为浏览量大，并且附上相关的视频资源，能够使浏览者在点击的同时进行下载，从而使浏览者能够接触广告本身，起到最终吸引消费者眼球的效果。

报纸媒体：选择《南方周末》和《参考消息》。《南方周末》每周分别发行150万份；《参考消息》是现在中国发行量最大的日报，世界排名第五，能够达到很好的传播率和影响力。

思考与练习

一、单项选择题

1. 广告媒体是在广告信息传播中所借助的、起（　　）作用的有形物体。

A. 中介　　B. 主导

C. 辅助　　D. 替换

2. 下列媒体中，属于专业媒体的是（　　）。

A. 晚报　　B. 电视台综艺频道

C. 中学生报　　D. 公交车体

3. 常见的媒体组合策略是（　　）。

A. 单一媒体策略　　B. 积木策略

C. 多媒体策略　　D. 差异性媒体策略

4. 下列媒体中，属于广告主自有的媒体是（　　）。

A. 购买的报纸版面　　B. 购买的电视频道

C. 商店的门头招牌　　D. 内部刊物

5. 下列媒体中，属于国际性广告媒体是（　　）。

A. 中央电视台　　B.《经济日报》

C. 互联网　　D.《南方周末》

二、多项选择题

1. 根据受众接受信息时的感觉形式不同，广告媒体可分为（　　　　）。

A. 视觉媒体　　B. 听觉媒体

C. 视听结合媒体　　D. 网络媒体

2. 根据媒体的存在形式，广告媒体可以分为（　　　　）。

A. 印刷媒体　　B. 电子信息媒体

C. 户外媒体　　D. 网络媒体

3. 大众广告媒体的特点包括（　　　　）。

A. 针对性强　　B. 信息量大

C. 传播面广　　D. 差异性大

4. 广告媒体选择策略主要包括（　　　　）。

A. 单一媒体策略　　B. 媒体组合策略

C. 多媒体策略　　D. 差异性媒体策略

5. 媒体组合对广告传播效用的影响主要表现在（　　　　）方面。

A. 延伸效应　　B. 重复效应

C. 互补效应　　D. 促进效应

6. 编制媒体计划应注意（　　　　）等几个方面的问题。

A. 媒体的核心价值　　B. 媒体的可靠性

C. 媒体间的界限　　D. 媒体组合

三、思考题

1. 广告媒体的概念和含义是什么？
2. 广告媒体选择的原则有哪些？广告媒体选择应遵循什么样的程序？
3. 媒体组合的主要策略有哪些？

案例分析

案例一：我国广告媒体市场变化趋势分析

21世纪以来，随着通信技术的发展，特别是互联网的应用普及和智能手机的广泛使用，广告业的格局正在发生深刻变化，传统媒体市场的份额不断下降，互联网广告规模不断上升并超过传统媒体。目前，我国广告媒体市场已形成电视媒体、互联网媒体、生活圈媒体三大阵营格局。以央视为代表的电视媒体具有覆盖率广和公信力强等优势，以BAT（BAT为百度公司、阿里巴巴集团、腾讯公司三大互联网公司首字母的缩写）等为代表的互联网媒体展现出了高连接性和强互动性等特点，而以分众传媒、巴士在线等为代表的生活圈媒体展示出城市生活空间媒体高到达和高匹配的品质。2011—2017年传统媒体与网络媒体的广告收入年增长率如图5-6所示。

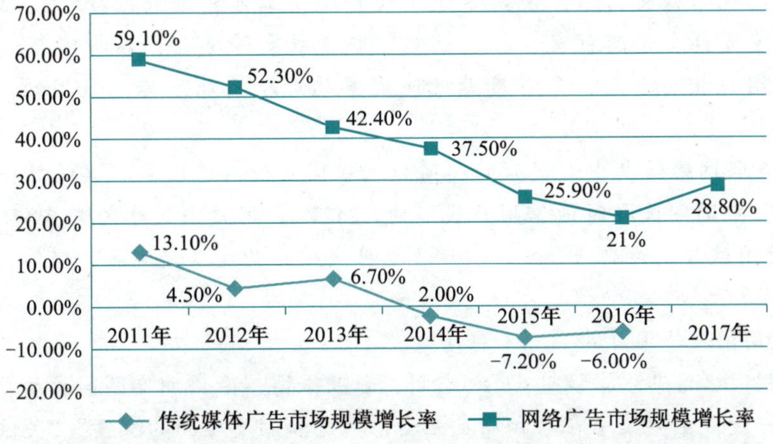

图5-6　2011—2017年传统媒体和网络媒体广告收入年增长率

2013—2016年间，在传统媒体内部，电视广告仍占主导地位，市场份额维持在87%左右；而受人们获得新闻途径变化的影响，报纸广告市场份额则快速下降，由2013年的11%下降到2016年的4%；电台媒体因其独有的不可替代的地位和稳定的受众，广告市场份额明显上升，由2013年的2%升至2016年的8%。2017年上半年的变化情况如图5-7所示。

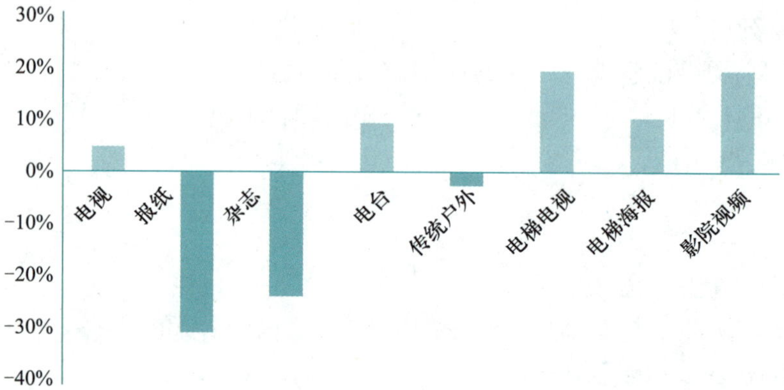

图5-7　2017年上半年主要媒体广告收入同比增长率

在传统媒体市场份额不断下降的同时，网络广告市场保持高速增长，市场份额和市场规模不断扩大。

资料来源：中国互联网络信息中心，中国产业信息网。

问题：电视和报纸同样都是新闻媒体，为什么报纸媒体广告市场份额呈快速下降之势？你怎么看“人们获得新闻途径变化”这一原因的？

案例二：社交媒体的使用情况及广告应用

目前，社交应用市场主要包括即时通信工具、综合社交应用和垂直细分社交应用。即时通信工具以微信、QQ为主要代表，主要满足用户交流互动的社交需求，使用率在90%左右；综合社交应用以新浪微博、微信朋友圈、QQ空间为代表，主要满足用户进一步展现自我、认识他人的社交需求，使用率介于即时通信工具和垂直细分社交应用之间；垂直细分社交应用主要包含婚恋社交、社区社交、职场社交等类别，在特定领域为用户提供社交关系连接，用户相对小众，除百度贴吧使用率相对较高外，其他应用的使用率都在10%以内。

根据中国互联网络信息中心发布的《第41次中国互联网络发展状况统计报告》显示：截至2017年年底，中国网民即时通信用户规模为7.2亿人，用户使用率为93.3%；微信朋友圈和QQ空间用户使用率分别为87.3%和64.4%。各类社交平台功能日趋完善，媒体传播影响力不断增强，如图5-8所示。

1. 社交应用用户使用目的

据中国互联网络信息中心调查：QQ空间、新浪微博、微信朋友圈同属于社交应用，用户使用目的较为一致，主要集中在“和朋友互动，增进和朋友之间的感情”“关注及获取感兴趣的内容”“及时了解新闻热点”这三个方面。

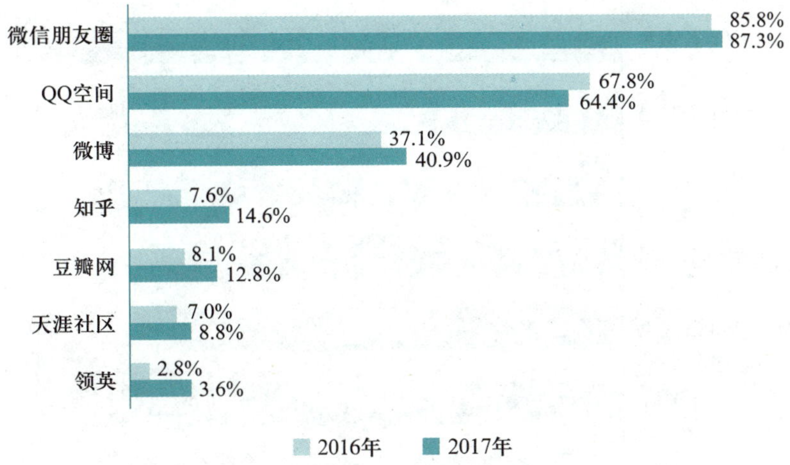

图5–8　典型社交媒体使用率

QQ空间、新浪微博、微信朋友圈在社交关系的紧密度、用户属性、分享信息上有一定差异。微信朋友圈是相对封闭的个人社区，分享的信息更趋向于熟人之间的交互；新浪微博主要是基于社交关系来进行信息传播的公开平台，用户关注的内容相对公开化；QQ空间用户在各个使用目的上的提及率均在新浪微博、微信朋友圈之间，如图5–9所示。

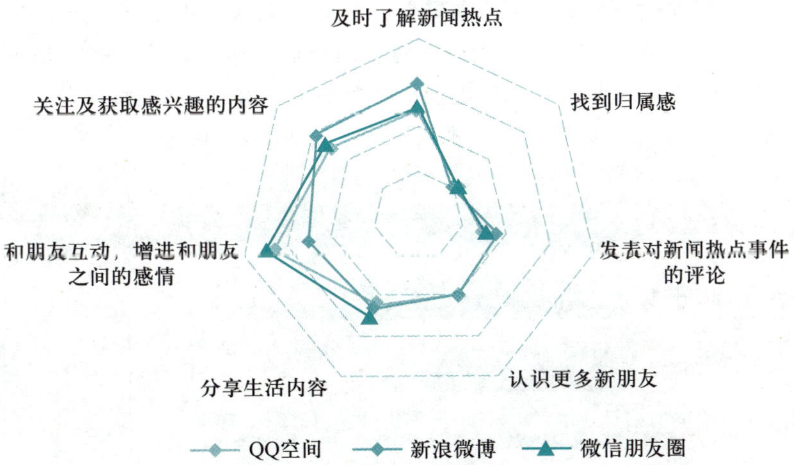

图5–9　典型社交应用使用目的对比

2. 社交应用用户使用功能

从使用功能上看，QQ空间、新浪微博、微信朋友圈用户主要使用“看朋友发表的动态/微博”“分享/转发信息”“发布/更新状态”等方面。此外，46.0%的用户在新浪微博上看视频/听音乐，46.4%的用户在朋友圈里发布状态/评论，48%以上的用户在QQ空间、微信朋友圈里上传照片。QQ空间、新浪微博、微信朋友圈这三个应用的社交功能一方面有重合，另一方面用户的使用也各有偏重，如图5–10所示。

3. 社交应用用户联系人

从社交关系来看，微信朋友圈、QQ空间偏熟人社交，均有95%以上用户的联系人中有

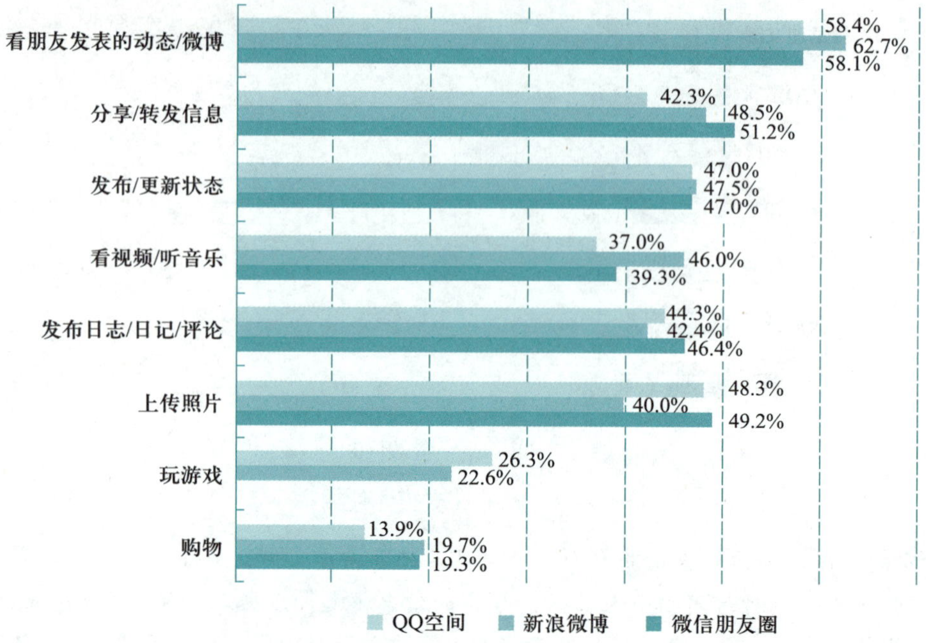

图5–10 典型社交应用使用功能对比

“现实生活中的亲戚朋友”，新浪微博则偏陌生人社交，联系人中亲戚朋友、网上认识的朋友的占比分别为64.7%、43.3%，显著低于QQ空间、微信朋友圈，此外，新浪微博用户关注的人有名人/明星、网络红人、企业账号、行业机构账号的比例分别为64.2%、44.3%、28.8%和26%，这些用户是其他社交应用相对较难接触的账号类型，如图5–11所示。

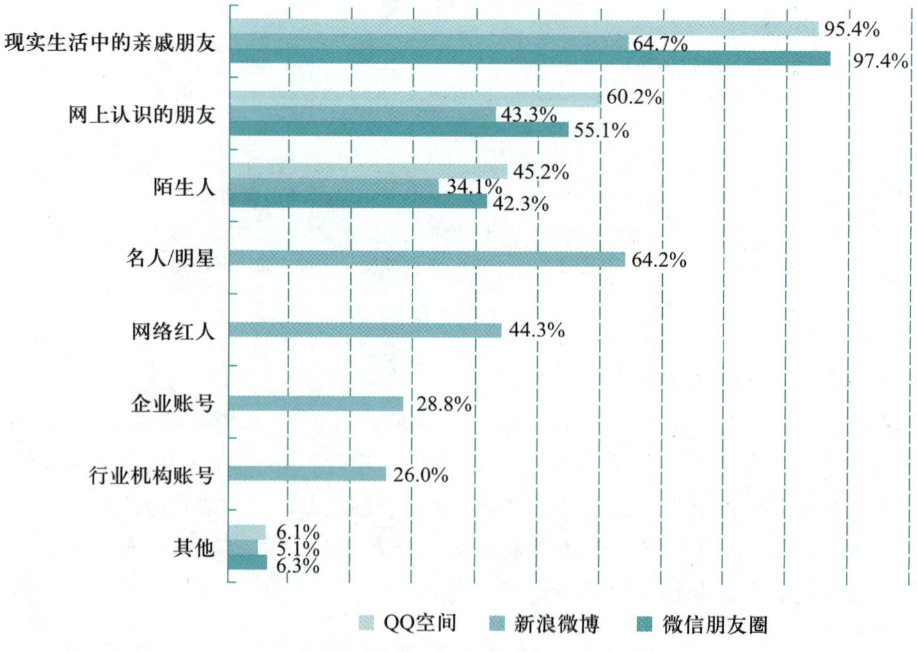

图5–11 典型社交应用联系人类别对比

4. 社交应用用户广告推送影响

社交类应用商业化行为，尤其是发布广告等内容，可能会影响用户体验，如何在盈利和用户体验方面做好平衡，是社交类应用商业化过程中尤其要注意的问题。调查数据显示，随着社交类应用商业化成熟度的提升，用户对于广告的接受度也有所提升，目前六成以上QQ空间、新浪微博、微信朋友圈用户认为广告不影响用户体验，如图5-12所示。

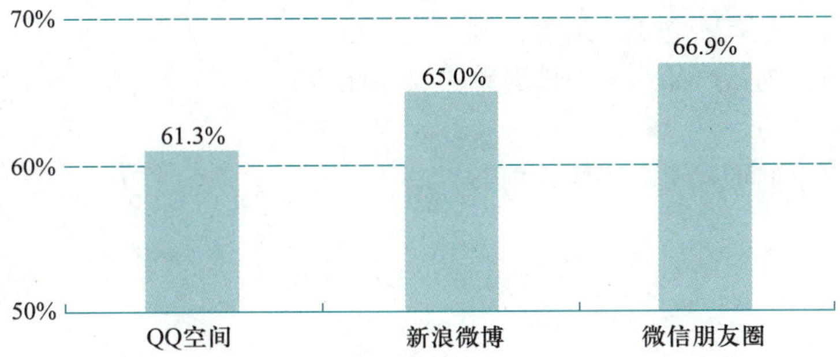

图5-12　广告推送不影响使用体验用户对比

有资料显示：2016年全球社交媒体广告市场达到264亿美元，占全球网络广告市场的13%。其中：美国仍然主宰社交媒体广告市场，2016年社交媒体广告收入150亿美元，占美国网络广告市场的19%；欧洲社交媒体广告市场达50亿美元，占欧洲网络广告市场的12%；中国社交媒体广告占网络广告市场份额的8%，社交媒体广告收入37亿美元。

资料来源：《2016年中国社交应用用户行为研究报告》，《第41次中国互联网络发展状况统计报告》，中国互联网络信息中心，有删改。

问题：依据案例资料，登录社交媒体，试分析社交媒体的广告价值和客户类型。

实践与实训

实训一：媒体策略实务

实训目标：

（1）了解媒体策略的主要内容；

（2）了解媒体选择的技巧。

实训内容：

（1）选择某一熟悉的产品，通过各种渠道收集该产品的相关资料，包括目标市场、销售状况、竞争对手、行业及企业环境等；

（2）分析该产品的主要营销策略；

（3）为该产品选择合适的广告媒体，并说明理由。

实训要求：

分组完成，以书面形式上交调研报告。

实训二：媒体计划书

实训目标：

（1）了解媒体计划书的基本结构和内容；

（2）基本掌握媒体计划书的编制方法。

实训内容：

（1）针对实训一中所选择的产品，了解适用于该产品宣传推广的媒体；

（2）为该产品建立有效的媒体组合；

（3）根据资料，为该产品编制一份简单的媒体计划书。

实训要求：

分组完成，以书面形式上交媒体计划书。

引思明理

公 益 广 告

公益广告是一种不以营利为目的的特殊广告。1987年10月，中央电视台首次在黄金时间开辟“广而告之”栏目，专门播放公益广告。其中一则公益广告《筷子》赢得了广泛的社会反响，取得了良好的传播效果，其中蕴含的社会主义核心价值观更是被人们所称道。

《筷子》开篇就说明了表现的物像是筷子，然后以8个不同地区场景表现8个不同的主题：启迪、传承、明礼、关爱、思念、睦邻、守望、感恩。这8个场景来自中国的不同城市和外国有华裔居住的城市，都是以各地方言表现，并且都以筷子作为连接，展示了浓浓的中国特色。广告的结尾点题：一双筷子，承载中国数千年的情感。有滋有味，幸福中国年。

党的二十大报告指出：“弘扬中华传统美德，加强家庭家教家风建设，加强和改进未成年人思想道德建设，推动明大德、守公德、严私德，提高人民道德水准和文明素养。”公益广告《筷子》以小见大，选择大众最为关注和贴近的话题弘扬中华传统美德，贴近生活又契合观众心声，同时也彰显了公益广告的社会责任。

第六章

传统媒体广告

本章学习目标

※ **知识目标**

- 了解传统媒体的特点
- 掌握传统广告媒体应用中所涉及的基本知识

※ **技能目标**

- 能够结合实际分析各类媒体的特点
- 能够利用媒体评价指标进行媒体广告价值评价

※ **素养目标**

- 提升媒体素养，能够全面评估广告媒体，理性分析
- 增强文化自信，弘扬中华优秀文化

本章结构

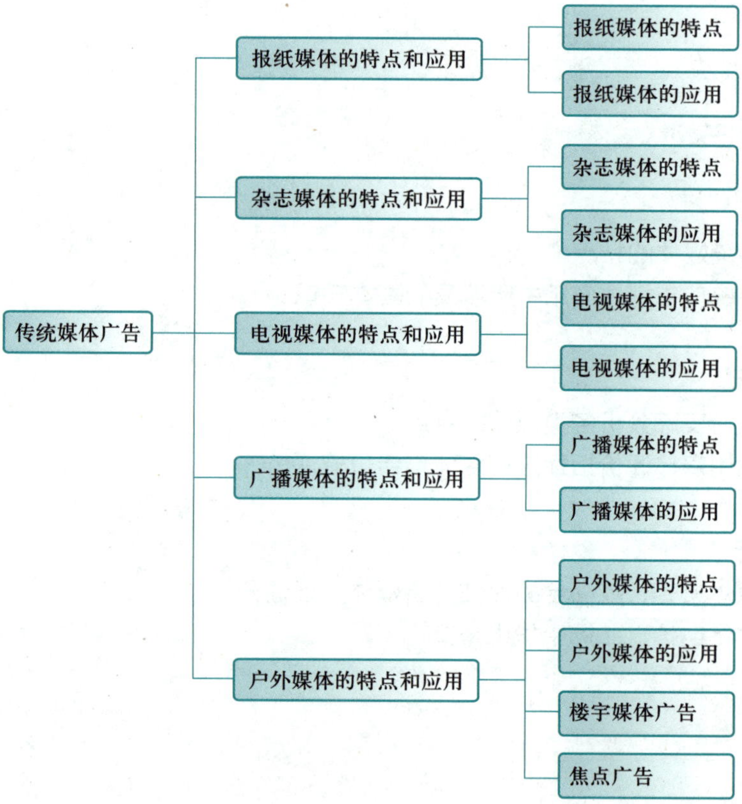
传统媒体广告
报纸媒体的特点和应用
报纸媒体的特点
报纸媒体的应用
杂志媒体的特点和应用
杂志媒体的特点
杂志媒体的应用
电视媒体的特点和应用
电视媒体的特点
电视媒体的应用
广播媒体的特点和应用
广播媒体的特点
广播媒体的应用
户外媒体的特点和应用
户外媒体的特点
户外媒体的应用
楼宇媒体广告
焦点广告

引导案例

“一带一路”下的行业前路
——新传播时代中国广告的发展格局

广告作为营销链条的一部分一直占据着重要的地位，但广告真正的作用、特别是在互联网时代的价值却被持续争议。在媒体融合的大趋势下，广告中传者与受者，传播与内容，内容与用户以及广告主和品牌……正通过更为新兴、多样的载体进行着广告推广的行为，无论是从形式上还是内容上，都产生了翻天覆地的变化。

尼尔森网联总裁田涛发表的《新传播时代中国广告发展趋势》指出：当前我国广告行业正面临着新的机遇和挑战，宏观大背景与融媒体化的行业趋势，正促使广告角色的转型，影响广告传播路径，改变着广告发展的方向。

新传播时代迎来新常态，新常态为广告行业带来新机遇。一方面随着中产阶级的崛起，人们开始更多关注生活、衣、食、住、行等各方面的质量，环保的意识也更加深入人心。与此同时，这种对品质生活的更高追求亦带来了新兴产业的崛起；另一方面，“一带一路”的实施为中国带来了与世界市场接轨的新机遇，越来越多的贸易机会出现。仅在铁路上，我国与德国、俄罗斯等七国签署《关于深化中欧班列合作协议》，于国内覆盖21个省区市，到达欧洲11个国家28个城市。

1. 新机遇推动广告角色转型

广告在第三产业增速显著，成为经济发展助推器。近年来，第三产业一直是拉动国内经济增长的一驾马车，广告行业在第三产业中增速明显，我国广告市场的规模已位居世界第二位。广告正在成为激活产业发展的助推器。通过广告，越来越多产品的销售变成可能，广告渠道让藏于深巷中的“陈酿”酒香四溢。

“一带一路”让中国品牌出海意愿增强，带动广告需求的增加。中国在国内经济增速稳健的背景下，面向全球张开怀抱、展露大国胸怀，这为中国以及世界各国的商业交流与机遇带来了更多商机。这也加速了国内企业的成长速度，为中国产品转向中国品牌、中国品牌转向世界品牌提供了契机。而广告凭借直观、灵活等诸多特点，成为国家、企业、品牌、产品宣传的首选手段。在“一带一路”的指引下，除了国内产业外，还催生了更多的商机。

2. 新传播时代广告的发展趋势

新传播时代的“新”体现在传播过程上，一是传播者与受众的界限模糊并可随时转换；二是传播的渠道依赖于互联网和信息技术的发展，传播工具和平台各式各样，同时每个人都可以是一个媒体。广告的发展趋势呈现出新的变化。

趋势一：碎片化引发传播变革

万物皆媒，广告出现在每个碎片化时间点上。在所有人对所有人传播的时代，消费者的触媒习惯呈现更加碎片化的趋势。广告与内容边界消失，广告即内容。广告不再是单一的、生硬的产品宣传，而是开始更多融入内容之中，让人在不知不觉中接收了广告的信息。

趋势二：强互动更好满足用户需求

广告需要与用户之间形成良性的价值交换。传统的广告作为营销的手段将产品的信息传递给消费者，消费者有选择地进行购买，这种传统的模式渐显疲态。新传播时代的广告，是基于大数据构建出用户画像，再根据不同用户的不同需求去寻找合适的时空场，更精准地将广告投放在目标消费者上，此时广告不只是传递商品信息，更是通过与用户的价值交换满足用户需求的价值内容。

告知型广告已成为过去时。游戏化、好奇心、代入感成为王道。此时的广告需要从消费者的心理出发，弥补告知型广告的缺陷，利用消费者的好奇心将广告游戏化，激发消费者主动进行互动，通过强互动带来体验感，以代入感引发潜意识共鸣，广告才能真正触达消费者。

趋势三：社交化传播推动圈层化营销

受众向用户转变，人的节点作用强化。基于社交媒体构建的以人为节点的关系网络越来越明显，人人皆媒体，人人皆传者，人人皆受者。消费者不仅是广告信息的受众，更是产品的用户，并从被动接受信息开始转向主动生产传播信息。

社交化传播实现用户圈层化。社交化传播实现人群聚类，具有相似属性的人群聚集在一起，这些用户共同通过圈层得以识别，通过对共性增添标签，构建出圈层的画像，针对这些用户标签能够实现精准营销。

趋势四：广告发展的前路——原生化与融合化

随着广告行业产业链的发展，“万众皆媒”的状态将逐步形成规模化，广告与内容的边界注定逐渐淡化直至消失。融媒趋势的需求将会让广告与内容相互融合，人际圈将成为广告的载体，只有完美的原生内容才能让消费者匹配品牌的价值观与情感线，同时实现更自然、高效的接受。原生广告正在让内容成为广告的一部分，这种融合也必将是用户主导下的内容整合。

经济新常态为广告业发展带来新的机遇，新时代背景下广告的角色正在转变，与此同时，受众碎片化的触媒习惯正在改变整个传播格局，使得广告传播变得更加错综复杂，为广告主和广告代理公司提出更高的要求。而大数据的挖掘提供了一条出路，使得发布者可以在大数据的作用下，通过互动提升广告的价值。此外，广告借助社会化传播延展到不同用户圈层实现N次传播，通过对圈层共性的捕捉能够实现更精准的营销。这一切的演变将铸就中国广告生态朝着更加精准、高效、可量化的道路上不断发展、壮大。

资料来源：尼尔森网联官网，有删改。

问题：结合引导案例中的资料，谈谈你对媒体融合的看法。

第一节　报纸媒体的特点和应用

印刷术的革命催生并促进了报业的产生和发展。1445年德国人古登堡发明了金属活字印刷术。17世纪初，世界上第一张近代报纸STRASSBVRY在德国诞生。1625年，《英国信使报》刊登的一则图书出版广告被认为是世界上的第一则报纸广告；1666年，《伦敦报》正式开创了报纸广告专栏，从而促进了报纸广告的发展。我国第一个商业报纸广告媒体《香港船头货价纸》（后更名为《中外新报》）于1858年在香港创办，广告内容占报纸版面的2/3。目前，报纸媒体仍是许多国家的主要广告媒体，广告信息已占许多都市报版面的50%以上。

一、报纸媒体的特点

报纸是现代四大传统新闻媒体之一，它综合运用文字、图形等印刷符号，定期、连续地向公众传递新闻、时事评论、娱乐和广告等信息。

（一）报纸的优点

报纸主要吸引白领阶层和文化层次较高的读者。

报纸广告形式灵活多样，版面可大可小，颜色可以是黑白或彩色，可以按分类信息的形式为个人和小公司发布信息，也可以及时插入目录、优惠券等，或为大企业选择特辑或专刊。

报纸广告回应率评估简单易行。报纸广告客户利用优惠券等追踪办法，对报纸广告的回应率进行评估，简单易行且可靠度高。我国报纸多为官方主办，社会声誉相对较高，这为提高报纸广告的效果提供了良好的环境。

（二）报纸的缺点

广告内容太多，导致报纸的新闻价值和娱乐价值下降。大多数报纸有30%~60%的版面是广告，而在正常情况下，一份报纸的平均阅读时间不到30分钟，这就意味着真正看报纸广告的人很少。

主动选择性强。报纸的读者往往并不是通读报纸，而是有选择地翻阅，读者往往不会主动阅读自己不感兴趣的内容。同时，读者在阅读报纸的时间、地点、速度等方面，也具有很强的选择性。

广告信息之间的干扰性较强。报纸的广告信息与报纸的其他内容，常常是同时并置在同一版面上的，而分类信息更是将同类信息编制在同一版面上。在读者阅读广告信息时，就易受到同类广告信息和报纸的其他内容的干扰，从而降低广告信息的影响力。在许多地区，报纸的总体渗透率不到30%。在关键性的人口统计中，例如青少年和年轻的成年人当中，读者人数并没有随着人口的增长而同步增长。

（三）报纸广告的特征

从报纸的发展历史来看，报纸广告与报纸的发展是分不开的。一方面，报纸为报纸广告提供了信息传播媒体，提升了广告主的绩效；另一方面，报纸广告也为报纸的发行人带来了巨额的广告收入，促进了报业的发展。报纸广告最重要的特征包括以下几点：

知识库：报纸版面的规格

1. 广告版式非常灵活

灵活多样的报纸版式编排为各类广告主提供了充分的可选择空间。有实力的企业可以根据需要刊登整版广告或发特刊，资金少的小企业或个人也可以在分类信息栏目发布广告。同时，报纸的印刷技术和版面编排也给广告客户提供了很多有创意的方式，如彩色印刷和预先制作的插页。

2. 读者覆盖面广

报纸的读者覆盖面取决于报纸的发行量和发行范围。同时，与其他广告媒体相比，报纸对所覆盖的高消费阶层家庭和个人，在舆论导向和引导消费者方面具有明显的作用，在覆盖所有主要年龄段的人群方面更是具有显著优势。

3. 广告价值高

报纸的新闻价值提升了报纸的广告价值。报纸作为一种新闻媒体，为广告客户提供了一种信誉度高、及时性强的广告环境，报纸读者往往把报纸作为一种获取可靠的新闻信息和广告信息的重要来源。

二、报纸媒体的应用

与作为新闻媒体的报纸不同，作为广告媒体的报纸，不仅要求报纸要具有一定的发行量和发行范围，更要求报纸的读者与企业的目标市场相一致，媒体的核心价值与企业的品牌价值相一致，确保广告目标的实现。

（一）选择报纸

报纸的特色和发行各不相同，媒体策划人员在确定刊登报纸广告后，就必须选择报纸发行人，确定在何种报纸上刊登广告。

1. 全国性报纸与地区性报纸

作为全国性报纸，其发行范围和报道范围必须涉及全国各地区，在全国具有一定的影响力。全国性报纸广告媒体应有如下特征：一是每周至少发行5天；二是在每个地区的发行量不超过发行总量的2/3；三是报纸广告收入的1/2以上必须来自全国性的广告。全国性报纸广告媒体主要以全国性广告客户为服务对象，广告收入主要依赖于全国性汽车、计算机、通信等行业的公司。

与全国性报纸广告媒体不同，地区性报纸主要面向当地读者，广告客户以在本地区销售产品和服务的企业为主，包括房地产开发企业、汽车经销公司、房产中介公司、百货商场以及其他各类企业和个人，广告收入也主要来源于本地企业。

2. 综合性报纸与专业性报纸

根据报纸的报道内容，可将报纸分为综合性报纸与专业性报纸。综合性报纸报道内容综合、全面，涉及政治、经济、法律、科技、文体、社会、娱乐等各个方面的内容，面向全社会各行业、各阶层的读者发行，读者范围广，如《羊城晚报》等都市类报纸都属于综合性报纸。

综合性报纸以信息量大、内容丰富、语言通俗、趣闻逸事居多等为特点。面向大众消费的产品或服务，如商场的促销信息等，应选择在本地区具有一定影响力的综合性报纸作为首选的报纸广告媒体。

专业性报纸是指以某个专业领域或行业为主要报道内容，为与这一行业或专业有关的群体或个人提供信息服务的报纸，如《体坛周报》《中国计算机报》《中国教育报》等。专业报纸一般在本领域内具有较高的权威性，报道内容专业，针对性强。

课堂练习

如果你是某地区一家教育培训公司的媒体策划人员，在准备开设新的培训班时，你应该如何为公司选择报纸媒体？（时间：5分钟）

3. 政治性报纸

政治性报纸多由政党、政治团体、政府部门主办，主要宣传某党派和政府的纲领、路线、方针、政策，有较强的政治倾向性，充当政治宣传的阵地。这类报纸以政治宣传为目的，内容严肃，不考虑报纸的营利性，一般不能作为商业广告媒体。

4. 日报、晨报、晚报、周报

根据报纸的出版时间和周期，报纸可分为日报、晨报、晚报、周报。

（1）日报。每天出版一次，上午送到读者手中，主要报道前一日发生的新闻。

（2）晨报。每天清晨发行，供读者早餐时或上班途中阅读。

（3）晚报。每天下午或傍晚发行，供读者晚上阅读，刊登当天发生的一些重大事件。

（4）周报。每周发行一次或几次。周报一般是一些地方性的小报、报业集团的文摘报以及专业性较强的、需要费时费力采编的报纸。

（二）发行量

发行量是评价报纸广告效果的重要指标之一。相对来讲，发行量大的报纸的读者群体规模大，广告到达率高，广告效果就有可能较好，但是，广告主必须为发行量付出更高的代价。因此，在媒体选择时，媒体策划人员必须考虑报纸对企业产品或服务销售有效的发行量，实现广告预算的有效使用。

知识库

千人成本

千人成本是用来对比具有不同发行量的不同媒体成本的方法。计算公式为：千人成本（CPM）=（广告成本×1 000）÷发行量

加权或人口统计的千人成本在计算时只考虑最有可能成为某一媒体主要顾客的那部分受众。例如，在某市有两家地区性报纸，甲报纸的日均发行量为70万份，乙报纸的日均发行量为30万份。相同版面的报价分别为35 000元和15 000元。则甲报纸的千人广告成本为50元，乙报的千人广告成本也为50元，根据千人广告成本指标，选择两种报纸均可。进一步研究发现，甲报纸的读者有50%在该市以外地区，乙报纸仅有20%的读者在该市以外地区，如果广告主的产品销售仅局限在本市，则对该广告主来讲，两家报纸的加权千人广告成本不再是50元，而应分别是100元和62.5元。显然选择乙报纸更为有效。

（三）版面购买

报纸广告的报价是根据版面位置、占用面积大小和时间确定的。不同的面积报价不同；相同的面积，所在的版面不同，价格不同；刊登的时间不同，价格也有区别。媒体策划人员在选择版面、时间和面积时，应当结合广告预算，考虑广告到达率和频次要求。可以以较小的版面、较高的频次达到预期的广告效果，也可以以较大的面积提高单次广告的注意率，提高广告效果。

为便于广告主选择版面面积，报纸发行人通常将报纸版面分成一些面积不同的标准板块，如1/2通栏、通栏、1/3版、1/2版和全版等。

知识库

四开报纸广告版面规格

整版规格：33.5cm×23cm；1/2版规格：16.5cm×23cm；1/4版规格：16.5cm×11.5cm或8cm×23cm；1/3版规格：11cm×23cm；通栏规格：6.5cm×23cm或13cm×11.5cm；1/2通栏规格：6.5cm×11.5cm。

报头、报眼、版心、边白、中缝和栏

报头是报纸头版的版面中用来刊印报纸名称的部分。报眼是报纸中与报头相临的部分。版心就是报纸版面中印刷图文的部分，其尺寸等于报纸纸张尺寸减去边白尺寸。边白是报纸页面中心周围的空白部分。中缝是两个相临版面之间的空白部分。为提高版面利用率，许多报纸也利用中缝编排内容或用来刊登广告。栏是指报纸版面中，自上而下或自左至右平均划分的行或列，是进行报纸版面设计的基本单位。栏与栏之间有明显的界线，称为栏间距，一般用空白或栏线划分。

（四）分区报纸和总体市场覆盖

面对众多不同需求的广告客户，报纸除了为客户提供固定版面和版块广告服务外，还为有特殊需求的客户提供特殊服务，满足客户的不同需求。

1. 分区报纸

报社为提高报纸发行的针对性，或应一些特殊广告客户要求，每天拿出一定版面专门刊登某一地区信息，这些版面被称为分区报纸。

分区报纸的出现，提高了报纸信息的针对性，增加了广告客户的选择，解决了因报纸插页广告杂乱而导致报纸读者数量的减少和影响力下降等问题。国内一些发行量较大的都市报纸，插页广告多的时候往往超过16版。

2. 总体市场覆盖

与企业的目标市场规模相比，报纸的读者数量是较少的，任何一家报纸都不能完全覆盖市场。报纸只为那些对一小群读者感兴趣的广告客户服务，而报纸广告的客户只能接受报纸所提供的发行量和发行对象。为提高市场覆盖率，报纸发行人就必须利用其他方式来增加日常报纸发行量，实现市场总覆盖，即报纸通过向一个市场的所有住户发送直接邮递广告或购物指南来扩大他们的发行量，而不考虑该住户是不是报纸的订阅者。

对报纸发行人来讲，市场全覆盖可以通过如下方式来实现：给报纸的非订阅者定期分发以广告为主要内容的增刊；给报纸的非订阅者直接邮寄报纸广告；定期给某一地区的居民每家每户免费投递一次报纸。

通过免费投递或分发报纸，提高报纸的发行量，使一些有特殊要求的报纸广告客户的产品或服务信息可以覆盖到这个市场上100%的家庭。

（五）报纸广告的类别

报纸收入的70%来自广告，报纸订阅费和报摊零售收入只占一小部分。所有的报纸广告可以分为分类式广告和陈列式广告两类。

1. 分类式广告

分类式广告是在报纸或杂志专栏中标明，专为某类产品或服务所设的部分版面，如图6–1所示。从其内容上来讲，分类式广告的信息量大，且多为买卖租转、招商合作、家政维修、搬家运输、房产信息、招聘求职、招生培训、印刷包装、装修装饰、餐饮娱乐、旅游线路、汽车租赁、婚庆礼仪、婚介保姆、促销信息、咨询服务等与老百姓日常生活紧密相关的信息，可查阅性强，极大地满足了人们日常的工作、生活需求。这些广告通常长度有限，且不带图示，广告费用按字数或行数收取。

图6–1　分类式报纸广告

分类式广告由于占用版面较大，带有插图，一般都单独报价。对许多都市报来讲，分类式广告已经开始严重影响报纸的广告收入，并成为报纸间广告竞争的焦点。市场调查显示：报纸分类式广告是成年人的主要信息来源之一，其他广告媒体尽管也提供分类信息服务，但媒体的可靠性、信任度以及高效性都无法与报纸相提并论。

课外练习

请统计一周中星期一至星期五《经济日报》和你所在城市的都市报的广告，比较两者陈列式广告和分类式广告所占广告版面的比例，并解释产生这种现象的原因。

2. 陈列式广告

陈列式广告无论是占用版面还是广告收入，都占报纸的大部分。陈列式广告通常分为地方性广告和全国性广告。

（1）地方性广告。地方性广告是指由地方性企业、组织和个人刊登的非分类广告。尽管我国报业的经济结构是建立在订阅基础上的，但是，报纸发行量的增长却依赖于零售量的增长。从各方面来看，报纸都是最受读者和广告客户欢迎的地方性广告媒体，广告收入也主要来源于地方性广告客户，如房地产业、零售业和美容业等。

（2）全国性广告。全国性广告是指由全国性企业和组织刊登的非分类广告。市场调查显示，近几年报纸的全国性广告增长已超过地方性广告增长。

（六）影响报纸广告有效性的因素

报纸广告的颜色、图案和板块面积是影响读者注意力的重要因素。

彩色广告比黑白广告更有效。与黑白广告相比，彩色广告可以大大提高读者的注意力，增加报纸的阅读量和发行量。

插图广告比纯文本广告更有效。在吸引读者的注意力方面，插图具有良好的作用，尤其是模特和卡通画。

产品折价和优惠销售活动广告效果最明显。都市报的读者主要是一般居民，居民对产品价格的变动是非常敏感的。因此，在显著位置标示价格会增加读者量。

展示正在使用的产品会提高读者的注意力。在产品的消费季节，刊登产品广告会提高读者的注意力和广告效果。

大版面广告比小版面广告有效。在报纸广告中，版面大小也是一个重要因素。整版广告比1/4版的广告能获得更高的注意力，尤其是正在销售的产品或服务广告。

报纸广告的位置对读者注意力的影响不大。广告无论是在左边还是右边，上边还是下边，或放在报纸的某个版面里面，读者量都是一样的。一个广告客户在报纸上刊登三个相同的广告和刊登一个广告的效果是一样的，即多刊登并不一定效果好。

同步案例

报纸融合传播分析

问题：扫码查看案例，结合案例内容，分析报纸媒体提升传播力的主要途径。

第二节 杂志媒体的特点和应用

杂志的英文名称是“magazine”，源自阿拉伯文“makhazin”，意思是“仓库”或者“军用品供应库”。杂志（又称期刊）是有固定刊名、以固定或相对固定的时间周期连续编号、成册出版的平面印刷读物，每期版式基本相同。

所有杂志在发行时都确定其目标读者，并以其特定的读者所感兴趣的问题和评价、专业知识、商务信息、娱乐等作为主要内容。大众杂志最早产生于19世纪初，19世纪中期随着西方的传教士进入中国。20世纪后，随着报纸、图书的发展，特别是在广播、电影、电视的冲击下，杂志开始转型为专业性杂志并得到迅速发展。目前，大规模发行杂志出版物的年代已经不复存在。而互联网的发展，也使杂志普遍利用网络技术为读者和广告客户提供出版物的电子版本作为增值资源。

一、杂志媒体的特点

（一）杂志媒体的优点

特定杂志的发行对象为广告客户针对特定对象开展营销提供了可能。而发行规模巨大的杂志也为广告客户提供了盈利的机会。

杂志能够通过彩色图片资料提高广告客户产品或服务的宣传效果，增强读者的品牌意识，给读者传达一种难忘的信息。多数杂志给特定地区的广告客户提供地方性或具有一定人口统计特征的版本，增加地方广告客户使用杂志的机会。阅读期限长。较长的保存阅读期可以提高读者接触广告的次数，深化广告传播效果。

杂志携带方便，具有很强的传阅性和收藏性。经济出版物常被用作参考读物，娱乐性和专业性出版物则是广告客户传递信息的重要途径。杂志广告印刷精美，对读者有较强的视觉冲击力和吸引力。杂志页面小，每页容纳广告数量少，减少了广告之间的干扰，有利于读者集中注意力。

（二）杂志媒体的缺点

杂志发行成本高，是最昂贵的传媒工具之一。

部分杂志上广告泛滥已影响读者的正常阅读，并可能导致读者的反感；而大量的广告页面导致读者在每条广告上所花的时间不断减少。较长的出版周期降低了杂志广告的时效性和信息传播速度，削弱了广告客户应对市场环境变化的灵活性和能力。市场覆盖面小，杂志读者面较报纸而言小，广告覆盖面有限。

（三）杂志广告的特点

与报纸相比，杂志具有更强的针对性，杂志的种类不仅涵盖了社会科学、自然科学、历史、地理、医疗卫生、农业、机械、文化教育、娱乐等各个领域，还针对不同年龄、不同性别、不同文化层次发行。

1. 选择性强

实际上，杂志就是以不同题材迎合不同人群兴趣的一系列作品的总汇。不同杂志有不同的办刊宗旨、内容和读者群，发行成功的杂志往往能够在读者和广告客户面前展示自己的独到之处。

面对竞争不断加剧的传媒市场，杂志市场细分越来越细，试图在越来越零碎的市场上寻求一般读者群的共性变得越来越困难。一些杂志开始尝试发行针对某一群体读者的杂志，如《中国国家地理》面向少年儿童推出的《博物》杂志。

同步案例

《读者》杂志广告

《读者》杂志创刊于1981年3月，是甘肃人民出版社主办的一份综合类文摘杂志。原名《读者文摘》，因与美国《读者文摘》同名，从1993年第七期起《读者文摘》正式改名为《读者》。

创刊以来，《读者》杂志在海内外亿万读者中产生了深远的影响，具有很高的知名度和美誉度，被誉为“中国人的心灵读本”“中国期刊第一品牌”，品牌价值列国内杂志第一位。2009年，《读者》作为文化类唯一品牌上榜“CCTV六十年六十品牌”，连续被评为“中国消费者最喜欢的杂志”。

《读者》在海外华文期刊市场中也占有很大份额，行销世界九十多个国家和地区，在美国、日本、澳大利亚、新加坡等国家和中国香港地区拥有众多读者，具有广泛的影响力。可以说，有华人的地方就有《读者》。

目前，《读者》的月发行量居亚洲和中国第一、世界综合类期刊第三位。其2016年上半月刊广告报价如表6-1所示。

表6-1　《读者》杂志2016年上半月刊广告报价

版面序号	广告版面	版面规格	广告形式	尺寸/宽mm×高mm	刊例价/元
41版	封底版彩色	整版	工商硬广	210×285	120 000
42版	竖版三分之一版彩色	1/3版	工商硬广	210×95	20 000
43版	内页单版彩色	整版	工商硬广	210×285	50 000
44版	内页跨版彩色	跨页整版	工商硬广	420×285	100 000

续表

版面序号	广告版面	版面规格	广告形式	尺寸/宽mm×高mm	刊例价/元
45版	封二同封二跨版彩色	跨页整版	工商硬广	420×285	150 000
46版	封底版彩色	整版	工商硬广	186×245	150 000
47版	封三版彩色	整版	工商硬广	186×260	90 000
48版	封二版彩色	整版	工商硬广	186×260	90 000
49版	普通内页版彩色	整版	工商硬广	186×260	80 000
50版	封底版彩色	整版	工商硬广	186×248	360 000

资料来源：媒之易网站，有删改。

问题：上网查阅资料，结合读者的广告客户和受众情况，分析其广告价值。

杂志市场的进一步细分，为广告客户提供了越来越多的选择，使广告客户能够有目的地针对特定的目标市场或消费阶层发布广告信息，减少广告预算的浪费。

课堂练习

请写出你最喜欢阅读的杂志的名称和该杂志的主要广告客户。（时间：5分钟）

2. 记忆度高

杂志广告多以彩色画页为主，印刷精美，纸质优良，可以最大限度地发挥彩色效果，具有很高的欣赏价值。丰富的可阅读内容，使杂志具有非常高的传阅率；精美的印刷，也使许多读者细心阅读广告内容，甚至把广告页面压在台板下或贴在墙壁上，提高了广告的记忆度。

3. 广告形式多种多样

（1）刊登位置。杂志广告客户可以选择在封面（杂志的首页）、封底（杂志的尾页），封二（封面的下一页，即封面的背面）、封三（杂志封底的上一页，即封底的背面）、中页版（杂志的中间插页）刊登广告，也可以在杂志内文刊登插页广告，如前插（封二后面的插页广告）、后插（紧接封三前面的插页广告）。

（2）广告形式。杂志纸张面积小，广告客户通常选择刊登整页甚至多页广告，形式上不受其他广告内容的影响，可以比较详细地介绍产品或服务特性，也可以根据自己的需要进行广告设计，还可以附上艺术欣赏性高的插页、明信片、贺年片、年历甚至小唱片等，潜移默化地把广告信息植入读者的脑海中。

4. 广告成本高

从千人成本的角度看，杂志是最贵的。而在利基营销的时代，千人成本只有与媒体所到达的受众数量以及发行量的浪费联系起来，才显得重要。

知识库

利基营销

“利基”一词是英文niche的音译，可以理解为拾遗补阙或见缝插针。利基营销又称为补缺营销，是指企业作为营销主体，为了避免在市场上与强大的竞争对手发生正面冲突，采取的一种利用营销者自身特有的条件，选择竞争对手获利甚微或力量薄弱的细分市场（称为利基市场或补缺基点）作为目标市场，全力满足该市场的各种需求，以占领该市场。

在市场日益细分的情况下，很多广告客户需要同时选择几种杂志，才能达到可以接受的效果，而杂志选择数量的增加无疑会加大读者重复出现的风险，导致不必要的读者重叠和预算浪费。

5. 市场应变能力差

受印刷和发行过程的限制，许多杂志需要在出版之前早早准备广告部分。与报纸、电视和电台广告相比，杂志广告在应对市场变化方面缺乏灵活性，应变能力较差。如果广告客户在杂志发行前两周交稿定版，那就意味着客户在这两周内无法利用杂志广告应对市场变化，两周后刊登出来的广告信息也缺乏时效性。

二、杂志媒体的应用

（一）影响杂志媒体选择的主要因素

与报纸媒体不同，杂志一般面向全国读者发行，地域限制小，是全国性产品广告的主要选择媒体。

1. 广告效果

广告客户关心的不是媒体的优势和特性，而是能否通过媒体所宣称的优势和特性提高销售业绩和利润。在杂志上看过产品广告的消费者比没有看过广告的消费者更愿意购买该产品，用杂志与电视同时为产品做宣传更容易提高广告客户的品牌知名度。

杂志广告的效果取决于在现有的竞争环境中，杂志达到主要目标受众的能力和以合适的价格吸引读者的能力。

2. 读者的选择性

杂志广告明显的优势是具有很强的选择性，包括广告客户的选择性和读者的选择性，广告效果也是建立在读者选择性的基础之上。一种杂志能否承担得起传递企业产品或服务信息的使命，关键在于它能否到达特定的专门市场，即企业产品或服务的目标市场是否订阅该杂志。

每一种杂志都有特定的读者，在读者阅读杂志内容时，也会细心欣赏精美的杂志广告，而杂志的忠实读者往往也对杂志广告的真实性深信不疑，杂志也就成为一些读者获取产品信息的主要途径之一。

3. 杂志的生命力和创意选择

杂志的生命力在于读者对杂志的价值评价，而读者保存杂志的可能性和持续性则是价值评价的又一表现。多数杂志能够长久保存，在一定的时间内作为读者的参考资料，一些娱乐性杂志通过在读者间传阅来延续其生命。

对于广告客户来讲，杂志是一种看得见的、有多种方式可供选择的宣传工具。杂志不仅可以给广告客户提供灵活的版面设计，还可以放大页面，为客户提供色彩明亮的插页广告，帮助客户进行产品样本宣传和特色介绍，刊登产品使用说明等。灵活多样的创意选择使杂志吸引了许多全国性广告客户，如化妆品、体育用品、计算机等企业。

4. 人口化和地方化版本

为提高杂志发行的针对性，满足特定读者群体的要求，许多发行量大的杂志开始尝试发行具有人口化特征和地方化版本的杂志。例如，我国发行量最大的杂志《读者》，就有《读者》(原创版)、《读者》(盲文版)、《读者》(维文版)、《读者》(乡土人文版)、《读者》(海外版)以及定期出版的《读者欣赏》等多个版本。与报纸广告一样，杂志的人口化和地方化版本满足了全国性广告客户对地方发行量的要求，进一步提高了针对某种人口特征或职业特征的广告宣传效果。

5. 质量

广告的质量也是影响广告效果的重要因素。在杂志为广告客户提供高水平的读者时，广告客户也应为读者提供更新颖、更有想象空间的广告设计，使广告在读者心中产生共鸣，提高广告效果。美国杂志出版商组织(MPA)的研究表明：杂志不仅是消费者获取产品和服务的信息来源，也是消费者最信赖的媒体。

杂志作为读者信赖的媒体，在传播信息、引导消费、改变读者态度和生活方式等方面具有重要作用。人们对杂志的喜爱很多都源于杂志标题带给读者的信息，如汽车、时尚、健康等内容，广告客户带给读者的信息也应与此保持一致，实现读者感兴趣的信息、杂志内容、广告信息之间的有机结合。

(二)杂志媒体的购买

1. 购买不完全发行的杂志版本

面对全国的读者和巨大的发行量，一些广告客户只希望购买杂志在某一地区或针对某一人口特征和职业特征的读者发行的部分，当杂志没有达到卖给广告客户的总发行量时，就形成不完全发行版。不完全发行版包括按受众人群、地理位置等区分的版本。最普遍的不完全发行版是地理版本、人口化和地方化版本。不完全发行版使发行量相对较大的杂志能够与发行量较小的补缺出版物争夺一些专门领域的广告客户。

2. 购买不同的版面

许多杂志为广告客户提供多种可选择的版面和印刷要求的广告。

版位：杂志广告的版位包括封面、封底、封二、封三，前插页、后插页、中间版，普通内页、第一内页(目录后第一页)、第二内页(目录后第二页)、普通跨页、第一跨页(封二跨页)、第二跨页，封面拉页、封底拉页，插页（双面广告）等。

广告面积：杂志的版面通常整页出售。可选的广告面积包括整版、两版（同面跨页、双面插页）、四版（拉页）、1/2版、1/4版等。

排版：包括横排和竖排。

纸张：普通纸、铜版纸（又可分为不同型号）。

颜色：黑白和彩色。

同样面积的广告，封面的价格最高，其次是封面拉页、封底、封二、封三、中间版、内页；彩色铜版纸的价格比普通纸高。

3. 选择配页装订

选择配页装订是指在一期杂志中配有不同内容的夹订页直接送到各种读者群的一种装订方式，是不同的版面材料或大的广告页面被放在杂志非完全发行的部分。广告客户和出版商通过计算机技术和先进的印刷技术专门为一类人甚至一个人设计出广告或版面材料。当杂志的读者群被分成多种类型时，广告客户就可以通过选择配页装订向某一特定群体发布广告信息。如针对不同性别、不同年龄或不同收入的读者采用选择配页装订。选择配页装订要求广告客户支付额外的广告费用。

4. 出血版

出血版又称为全页出血版，即广告图片或文字一直印刷到书面的边沿，不留页边。如《制造技术与机床》的全页广告面积为180 mm × 250 mm，全页出血版面积为210 mm × 285 mm。出血版广告占满全部页面，视觉冲击力强，对读者具有更大的吸引力。随着市场竞争的加剧，许多杂志不再对出血版收取额外的费用，而是把出血版作为对长期客户的一种奖励。

5. 剩余版面

对许多地方性或人口版杂志来讲，通常有一些广告版面不能在规定的时间内预订出去，这些尚未出售的版面称为剩余版面。为实现收入最大化，杂志出版商通常对剩余版面进行折价销售。对一些预算比较紧张、对版面位置没有特殊要求的广告客户来讲，购买剩余版面不仅可以节约广告预算，而且能够利用理想的杂志发布广告信息。

（三）杂志的发行量

与其他广告媒体一样，准确的发行量统计对杂志的广告客户是非常重要的。杂志发行量确定的方法主要有两种，即付款发行数和费率基准。

付款发行数是已向出版商支付杂志订阅款项的杂志发行量，是最可靠的确定杂志发行量的方法，一般由出版商提供。费率基准又称保证发行量，是出版商承诺给广告客户的发行数目，是广告客户花钱买下的发行数量，也是收取广告费用的依据。

与发行量同样重要的是读者数量。杂志术语中的“读者”有两层含义，一是杂志的所有阅读者，即阅读杂志的人；二是指阅读杂志的人花费在阅读刊物上的时间，即阅读杂志的时间，广告客户通常关心的是读者的第一层含义。发行量是出版商提供的，是测算读者数量的基础。例如，某杂志的发行量为40万册，每本杂志有4人阅读，则该杂志的读者数量为160万人。从长远来看，收入和读者因素将是决定杂志未来发展的主要因素。

（四）杂志的种类

目前，国际上尚无统一的杂志分类标准，各家机构根据自己的需要对杂志进行划分。国内杂志主要可分为以下类别：

1. 消费类杂志

消费类杂志又称为非专业杂志，是指以非专业和非学术人士为发行对象，满足一般消费者的各种需要的杂志，是消费者娱乐、休闲的工具，如《Vista看天下》《读者》《生活》等。

在消费类杂志广告收入中占重要位置的是城市生活类杂志，如《都市丽人》等，这类杂志广告占版率都比较高。值得注意的是，这些杂志的读者多以年轻女性为主。

2. 财经类杂志

财经类杂志的读者主要以商务人士和企业决策者为主，读者的专业性较强，广告以具有明确销售目标的商务广告为主，广告占版率较高。

传播商务信息是商务广告的主要内容之一。商务信息应当有利于将潜在顾客带到企业的销售渠道中去，以帮助潜在顾客做出选择；商务信息应当包括产品信息和技术说明书，因为潜在的顾客多是该领域内受过专门训练的高水平专家。品牌广告是商务广告的另一个主要内容。相对于消费者购买而言，商务购买的规模更大，对品牌的要求更高，财经类杂志也就成为宣传企业品牌形象的又一个重要媒体。

在财经类杂志中，杂志发行人有时会有选择性地向一些经过慎重挑选的读者免费派送杂志，称为控制发行量杂志。要成为这种特定的订户，就必须说明自己在公司的职位。“控制”主要体现在对发行对象的选择上，控制发行杂志的读者通常对购买决策有很大的影响力。对媒体策划者来讲，控制发行杂志与直邮广告基本雷同，不同的只是媒体的区别。

控制发行使得杂志对广告的依赖性非常强，例如《河南主流广告》就采用控制发行的方式发行，杂志版面的70%以上是广告，广告客户以广告公司为主。

知识库

纵向出版物和横向出版物

纵向出版物是指刊物内容涉及某个行业的全部活动的，解决该行业特定问题的商务出版物，如《中国纺织》。

横向出版物是指面向职责单一但是横跨多个行业的读者发行的刊物，如《销售与市场》。

3. 专业类杂志

专业类杂志广告客户以对应的专业人士为主。例如，《计算机安全》杂志的广告客户主要为华为、思科、微软、方正安全、中网、联想网御、首创前锋、诺基亚等。

4. 学术期刊

学术期刊是以学术研究和学术论文为主要内容的期刊，多由科研机构和教育机构主办。目前，我国有各类学术期刊1 000多种，涉及各个学科和领域，办刊经费多来自国家财政拨款。

学术期刊的广告客户主要局限于学校、科研机构和一些相关的事业单位。

同步案例

航空刊物的广告价值

扫码查看案例，回答问题：

（1）上网查阅资料，分析航空期刊的广告报价变化。

（2）面对环境变化，航空期刊应该如何应对？

第三节 电视媒体的特点和应用

世界上最早的电视广告产生于1941年。随着录像技术的成熟、电视影响的扩大和市场营销观念的变化，20世纪60年代，世界电视广告开始逐步走向成熟并快速发展。1979年1月28日，上海电视台广告的播出，宣告了我国电视广告传播的诞生。进入20世纪90年代后，我国市场经济的快速发展和居民对电视需求的不断提高，促进了电视广告的快速发展，电视广告也成为电视产业经营的具体手段之一，而市场观念的发展成为电视广告传播以及媒体产业化经营的有力支撑。

据国家统计局公布的统计信息显示：截至2016年年底，我国电视节目综合人口覆盖率为98.9%，公共电视节目套数3 360套，公共电视节目播出时间17 924 388小时。

一、电视媒体的特点

毫无疑问，电视在现代日常生活中占有重要地位，电视节目也是人们最主要的信息来源和文化娱乐形式之一，而技术进步正在改变电视节目的单向传播和观众的被动接受，观众根据自己的喜好点播电视节目，收看各类信息，与电视台开展互动。从市场营销角度来看，电视并不是一种单纯的媒体，而是由一系列相关的广播和有线实体组成的多样性媒体形式。

（一）电视媒体的优点

覆盖率高。在我国，电视在城市的覆盖率已达100%，农村的电视覆盖率也达到95%以上；每一个年龄阶段的观众都有相应的电视节目可以欣赏。

图、文、声三者合一，视听效果好。绚丽的色彩、生动的画面、悦耳的音乐、动听的声音、现代的摄影技术，为各种产品和服务信息的创意提供极大的弹性空间，给公众以较深的印象。

广告效果好。广告代言人（通常是名人）的示范表演和介绍，提高了观众的注意力和广告信息的接受程度，使观众心领神会。

国家、省、市、县等多层次电视台和卫星电视频道，为广告客户提供了丰富的电视频道和覆盖区域选择，提高了电视广告的针对性。

数字电视的开发将为传媒业的发展注入新的生命力，也为电视广告和广告客户提供了新的发展机遇。

（二）电视媒体的缺点

电视信息转瞬即逝。为提高广告效果，广告客户必须付出高昂的费用，不断地重复播放广告信息。

个性化需求的不断增加，使电视观众细分越来越细，电视频道越来越多，几乎每个电视频道的收视率都在下降。广告客户发现要达到目标受众变得更加困难，费用也越来越高。

不同的群体每天收看电视的时间不同，收入越高的消费者，每天收看电视的时间就越短。大量广告在同一时段播出，而每条广告播出时间又很短，造成各种广告混杂在一起，从而使有效的传播变得非常困难。

遥控技术和多频道转换，大大减少了电视观众收看商业广告的时间。现在，有线电视用户每天可以收看的电视频道超过50个。

电视广告将广告信息存放在时间流程中，离开时间因素，信息就无从传达。

（三）电视广告的特征

知识库：电视广告依然坚挺

在广告媒体中，印刷媒体注重的是视觉效果，广播媒体注重的是听觉效果，而电视媒体则是视听兼备。有效的传播范围和视听效果，使电视成为最大的广告媒体。

1. 电视广告费用高，千人成本低

电视广告费用包括媒体购买费用和广告片的制作费用。

与报纸媒体不同，广告客户必须有足够的资金才能在电视频道购买5秒钟的广告时间，要实现一定的到达频次，必须付出更高的代价。由于覆盖面广，收视率高，广告的千人成本其实非常低。

广告客户为提高广告对观众的冲击力和影响力，必须把要表达的各种广告信息浓缩在短短的几秒到几十秒钟内，对广告片的制作有很高的要求。在国内，电视广告的制作费用动辄几十万元甚至上百万元，任何想在电视上做广告的广告客户都必须考虑电视广告的制作费用。而影响电视广告制作费用的因素主要包括创作人的知名度、场景和道具的选择、演员的知名度、后期制作和合成费用等。

2. 传播面广，效果好

电视广告是覆盖率最高、传播面最广的广告媒体之一。由电视台发出的信号可以将各种信息不受影响地发送到电波覆盖区域内的任何角落。电视普及率高，收视对象层次广泛。

3. 可信度高，记忆持久

电视是一种具有多面性的媒体形式，它既是新闻和娱乐的来源，又是广告的重要载体。电视作为可信度最高的媒体，也为广告客户赢得了受众的好感。调查显示，70%以上的电视观众认为电视广告客户有一定的经济实力，文化程度越高，对此认同度越高；超过50%的被调查者认为电视广告最具权威性和可信性，尤其是那些对广告中的产品有购买意向的观众；75%以上的被调查者认为电视广告的刺激性和影响力最强，在看电视时，许多被调查者愿意接受5秒

钟的广告短片。选择合适的广告代言人对提高广告的可信度具有重要作用。

电视广告表现能力强，视听效果好，许多朗朗上口的广告语还会成为人们的口头语。

4. 针对性越来越强

随着电视传媒的发展和电视频道的不断增加，电视传媒的市场细分也越来越细，许多针对性非常强的电视频道越来越受到特定观众的关注。

电视节目针对性的不断增强，为电视广告客户提供了越来越多的选择，使电视广告客户可以根据自己的需要选择播出的频道、时间和对应的栏目，提高了广告的针对性。

同步案例

央视的“国家品牌计划”

中央电视台将央视广告时段拍卖改为“国家品牌计划”，把电视广告和国内企业品牌塑造连在一起，开辟了国内电视广告新模式。

扫码查看案例，回答问题：你认为央视的“国家品牌计划”有没有在地方电视台推广的价值？

同步案例：CCTV国家品牌计划

二、电视媒体的应用

电视媒体不仅是新闻传播和娱乐媒体，也是重要的广告媒体，具有极高的媒体传播价值。

知识库：电视媒体的特殊价值

知识库：2017年我国电视广告发展状况

（一）电视广告信息传播的三要素和内容构成

1. 电视广告信息传播的三要素

电视广告信息传播有三个基本要素，即图像、声音和时间。

（1）图像。即呈现在电视屏幕上的影像，具有生动、直观、具体等特点，是有效展示广告信息的重要因素。

（2）声音。电视广告信息表现的另一个重要因素，是各种声音信息的再现。图像的表现力和声音的感染力的有效结合，能给受众留下深刻印象。

（3）时间。电视广告传播的信息是存放于时间流程中的，离开了时间因素，信息就无法传播。电视广告时间包括三层含义：一是广告播出时间，二是广告的表现时间，三是广告受众的心理感受时间。广告的视听效果需要通过时间来测定。

2. 电视广告信息传播的内容构成

电视广告的内容构成包括以下几个方面：

（1）广告主题。广告主题是电视广告要传达的核心信息，即电视广告“说什么”。广告主题是广告创意的核心和表现的基础，贯穿于整个广告作品之中；电视广告中的影像、音乐、演员、色彩等广告表现要素围绕广告主题展开。电视广告主题应具备准确、鲜明、独特、统一、易懂、易记等特征。

（2）广告图像。电视广告图像是指广告的摄影构图，通过视觉的感染力影响受众。优秀的广告图像不仅能够传达广告信息，而且还能给受众以美的享受。电视广告图像应有具体、鲜明、准确、写实、动作连续、蒙太奇组接等特征。

（3）广告语言。广告语言是广告信息的具体描述，电视广告语言包括图像、动作表演、声音等内容。电视广告语言具有结构的多层性、表现的多形式性、图像的确定性等特征。受众不同，对广告语言的理解也不同。因此，电视广告语言的设计必须针对目标市场进行。

（4）广告镜头。广告镜头是广告作品基本的表意单元，具有平面、空间和时间特性。常见的电视广告包括：远景镜头、全景镜头、近景镜头、特写镜头等表现空间范围的镜头，仰角镜头、俯角镜头、平视镜头、顶角镜头等具有透视效果和很强的艺术表现力的镜头，固定镜头、移动镜头、推拉镜头等视觉动感效果的镜头，长镜头、短镜头、闪镜头等情绪效果的镜头。不同的镜头给受众以不同的感受，产生不同的广告效果。

（5）广告歌。广告歌是广告上的宣传歌，是电视广告常用的表现手法，又称为“唱的广告”。广告歌可以为某一广告客户或产品专门设计，也可借鉴流行歌曲。广告歌的目的是借助优美的旋律和独特的音响效果，通过歌曲的形式表达广告主题，加深受众对广告客户的认识和记忆。广告歌的设计应针对目标市场的兴趣和偏好进行，应具备曲调活泼、歌词简短、传播效果好等特征。

（6）广告字幕。广告字幕是电视广告画面上显示的文字，可以直接叠印在画面上，也可以出现在单色的衬底上。电视广告字幕是对广告画面的说明和补充，对广告主题起到加强和概括的作用。电视广告字幕包括拍摄字幕、特技字幕和计算机字幕。字幕设计要求文字规范，字体得当，语言精练，简洁醒目，成为图像的有机组成部分。

（7）广告特技。广告特技是摄影特技和图像制作特技在广告制作中的应用。特技可以增强图像的表现力、音响效果的感染力和广告的吸引力，加强受众对广告主题的印象和记忆，提高广告效果。特技的使用一定要意图明确，突出广告主题，不能喧宾夺主，干扰广告内容。

（二）电视覆盖区域

大多数企业根据经济区域或行政区域划分产品销售和广告区域。不论距离远近，电视信号都不按照地图来传播，而是向各个方向传播。通信卫星的应用，使许多地方性电视频道扩大了电视信号覆盖面，增加了广告客户选择电视频道的难度。

1. 市场覆盖区域

一个电视台的市场覆盖区域一般通过三个层次指标来衡量。

（1）总调查区域。总调查区域是指电视台能够覆盖的最大区域，即电视信号所波及的最大范围。总覆盖区域的大小表明一个电视台的潜在受众到达水平，是衡量市场覆盖的基础指标。

（2）指定市场区域。指定市场区域是指在某一特定市场，电视信号的覆盖比例。著名的市场研究公司A.C.尼尔森用这个指标来识别那些本地电视台占绝大多数观众的地方。

（3）大都会收视率区域。大都会收视率区域是指一个电视台所服务的标准大城市区域。

在我国，城市居民的消费水平比农村居民高得多，这个指标可以帮助那些以大城市居民为目标市场的广告客户选择电视频道。

2. 中央电视台

在我国300多家电视台中，中央电视台是我国唯一的全国性电视台。中央电视台因电视信号覆盖全国、可信度高而受到广告客户的青睐，具有一定经济实力的全国性企业多会选择中央电视台作为全国性电视广告媒体。

作为唯一的全国性电视媒体，中央电视台是党和政府的宣传阵地，拥有其他电视媒体无法匹敌的政策、资源等方面的优势。而频道专业化、栏目个性化、节目精品化的发展战略，扩大了中央电视台的资源优势，得到了市场的认可，收视率份额和广告收入份额占全国电视媒体的1/4左右，成为中国电视业的“巨无霸”。

同步案例

央视新媒体传播价值分析

扫码查看案例，回答问题：你认为央视新媒体适合什么样的广告客户？

3. 地方电视台

地方电视台包括省级卫星电视台、省级地面台和城市电视台等。

通信卫星和互联网的普遍运用，大大提高了省级电视台的覆盖率，突破了电视信号的地域限制，跨越本省范围，拓展至全国，省级卫视台是我国电视媒体的主力军。每一个省级单位都有自己的卫星电视台或频道，省级电视台立足于本地，辐射全国，走特色化发展道路。例如，原上海卫视更名为上海东方卫视后突出新闻栏目，湖南卫视更名为中国湖南卫视后以娱乐节目为发展重点，广东卫视则重新定位为以“财富”为特色的综艺频道，确定以“立足广东，贴近港澳，面向全国，辐射世界”为发展战略。这些省级电视台具有以省内为主、兼顾全国的特点，能够实现区域市场交叉覆盖，更加灵活地适应企业的市场开发进程；其整合传播在全国的叠加效果，在本地区、周边地区乃至全国都有较强的影响力和辐射力；同时，在广告价格上，省级电视台可以根据客户的需要和投量的大小等因素，给予企业一定的价格优惠，因而受到众多广告客户的青睐。

面对激烈的市场竞争，省级电视台开始走专业化发展道路，以专业频道和特色栏目吸引越来越多的本地观众，提高收视率和市场份额。

城市台作为我国电视网中覆盖面积最小的一级电视媒体，拥有本土化资源优势，以地缘上和心理上的接近性赢得本地观众，在电视广告媒体市场中占有一席之地。城市是各类产品的集散地和主要销售市场，省会城市和区域中心城市在本地区都有很强的辐射力和影响力，获得这些地区消费者的青睐，对占领广大城镇和农村市场具有重要意义。因此，不仅地方性广告客户选择本地电视媒体，一些全国性广告客户也把地方电视媒体作为全国广告媒体的有力补充，特别是在新开发的市场和产品的主要销售区域。

（三）电视时段和电视栏目

印刷媒体广告客户购买的是版面，电视媒体的广告客户购买的是时段。

1. 电视时段

在不同的时段，电视的收视率不同，收看电视的观众结构也不同，许多地方电视台广告的购买不仅是节目，也是时段。了解各时段观众的构成是提高电视广告效果的关键。

知识库：有效电视广告播放时间的选择

2. 电视栏目

每个电视频道都会在不同时间安排固定的电视节目，以方便电视观众安排收视时间。如中央电视台CCTV-2周一至周五开播的电视栏目主要有“第一时间”“经济信息联播”“经济半小时”“消费主张”“经济与法”“今日观察”等。

（四）电视广告的形式

1. 电视广告片

时间一般在30秒钟以上，以30秒、45秒、60秒、90秒居多，适合于展示企业形象，提高受众对企业的了解和认同，提升企业的美誉度和亲和力；有一定知名度的企业产品或服务的促销活动；新品牌或老品牌新产品的企业向受众传达其产品或服务信息，进行产品推荐和演示，传播企业理念。

2. 标版广告

标版时间较短，一般为5秒钟。适合于展示企业形象（一两个画面），传播企业理念（一句话）。

黄金时段的标版为企业所看好，中央电视台新闻联播后的5秒标版，连续多年成为企业争夺“标王”的标的物。

3. 赞助形式广告

企业以赞助电视晚会、体育比赛直播、实况转播、电视片和电视剧的拍摄等形式，在片头或片尾加注某企业赞助字样的广告。

4. 栏目冠名广告

将电视台的某些热门栏目以企业的名称或产品品牌命名，是一种常用的企业赞助形式。如2016年浙江卫视的“法兰琳卡·中国好声音”等，挂名“特约播出”也属于栏目冠名广告。

5. 电视信息（专题）片

这是一种传播产品信息的“二级”广告片，内容多是产品功能介绍、产品演示和形象展示。广告信息刊播时间在120秒以上。

6. 贴片广告和走马字幕广告

贴片广告又称为跟片广告，是固定地“贴”在某一部电视连续剧的片头、片尾或片中插播的广告。走马字幕广告是指在播放正常节目时，屏幕下方出现的与节目无关的移动字幕广告，多为产品促销信息。

（五）电视广告的评价指标

1. 收视率

收视率是指在一定时段内收看某一节目的人数（或家户数）占观众总人数（或总家户数）

的百分比，即某一电视节目到达电视用户的百分比。用公式表示为：

收视率=收看某一节目的人数（或家户数）÷观众总人数（或总家户数）×100%

总收视率是在一定时间内，节目的播放次数与收视率的乘积。

每一个收视率点代表被衡量地区人口的1%。对电视而言，一个收视率点是指该地区拥有电视的家庭总数的1%。收视率分为家庭收视率和个人收视率。一般而言，家庭收视率大于个人收视率。

同步实务

收视率

收视率是衡量电视广告效果的一个重要的评价指标，以某种人口的百分比表示，广告客户依此评价媒体的覆盖率和市场潜力。例如，在某地区，有100万户家庭收看某一电视节目，而该地区拥有电视机的家庭户数为500万户，则该节目在该地区的收视率为（100÷500）×100%，即20%。如果广告客户利用该节目插播广告，每月插播15次，则广告的总收视率就为20%×15，即300%。

实际上，多数广告并不针对家庭中的每一成员，而只针对家庭中某一年龄段的人，这时收视率的计算就需调整。例如，广告客户只对年龄介于35~45岁的男性感兴趣，那么收视率计算公式为：

收视率=观看节目、年龄在35~45岁的男性人数÷该年龄段男性的总人数

对媒体策划人员来讲，广告预算是有限的，有效利用广告预算获得最大的收视效果是媒体选择的目的。不同电视频道的收视率不同，广告价格也不同，总收视率给出了媒体选择的依据。例如，某广告客户拟选择每月的总收视率为150%的广告媒体，广告预算为200万元，在该地区有甲、乙两种媒体可供选择。甲媒体收视率为10%，每次插播费用为15万元；乙媒体收视率为7.5%，每次插播费用为10万元。为达到150点总收视率，甲媒体需在一个月内插播15次，总费用为225万元；乙媒体则需插播20次，总费用为200万元。显然，选择收视率低的乙媒体是可行的。

2. 单位收视率成本

为更好地评价媒体，广告客户通常使用单位收视成本。单位收视成本指单位收视率的广告成本，用来评估不同电视节目的广告费用。

同步实务

单位收视成本

单位收视成本=媒体进度表成本÷总收视点数

=媒体购买费用÷媒体收视率

例如，甲媒体收视率为10%，每次插播费用为15万元，单位收视成本为1.5万元；乙媒体收视率为7.5%，每次插播费用为10万元，单位收视成本为1.33万元。

单位收视成本在评价同一地区、针对同一目标受众的广告成本时是有效的，但不能用来

评价不同地区的媒体购买。因为不同地区的家庭户数不同，单位收视率所代表的受众数量也不同。

3. 市场占有率

市场占有率是评价特定电视节目成败的指标。市场占有率是指使用电视收看某一特定节目的家庭数占收看电视家庭总数的百分比。

同步实务

市场占有率

市场占有率=收看特定节目的家庭数÷在该时段收看电视的家庭总数×100%

例如，在某地区有200万户家庭，在20:00有20万户收看某电视连续剧，则该电视剧的收视率为10%，即10个点；如果在20:00该地区有160万户家庭在收看电视，则该电视剧的市场占有率就为12.5%，即12.5个点。

在新的竞争环境中，电视业必须围绕媒体核心，借助现代传播技术和网络技术，发展数字电视和网络电视，以进一步提升媒体的价值。2016年，全国数字电视用户达到20 157万户，有线电视用户为22 830万户。

（六）OTT广告

目前，典型的OTT业务有互联网电视业务，苹果应用商店等。

1. OTT的含义

OTT是“Over The Top”的缩写，本意是“过顶传球”，在这里是指通过互联网向用户提供各种应用服务。

与目前运营商所提供的通信业务不同，OTT由运营商之外的第三方利用运营商的网络向客户提供服务。如谷歌、苹果、腾讯等互联网企业利用电信运营商的宽带网络发展自己的业务。

应用商店是典型OTT应用，苹果公司的AppStore，谷歌的Google Play等，应用商店得到迅速普及，是移动互联网最重要的发展趋势。

2. OTT业务的特点和功能

OTT业务的最大的特点是开放性。一些原来由基础运营商、增值运营商提供的业务现在开始在应用商店提供，供用户直接下载。

转屏功能是OTT的重要功能之一，现今的转屏技术包括DLNA、AirPlay、Miracast和一些私有转屏协议，转屏功能在家庭娱乐、商务办公等领域有着极其广泛的应用前景。

OTT同时也是国际互联网运营商对互联网电视机顶盒业务的“昵称”，其本质是利用统一的内容管理与分发平台，通过开放的互联网，向智能机顶盒提供高清的视频、游戏和应用，是全球性的“云电视”技术系统架构。如通过互联网传输的视频节目传输到TV上，终端可以是电视机、计算机、机顶盒、PAD、智能手机等。

3. OTT广告

OTT广告形式分为两种：一是以开机广告为主的系统层广告，二是以贴片、屏保等为主的内容层广告。

知识库

中国OTT广告市场的现状和发展趋势

据艾瑞网发布的2017年中国OTT市场研究报告显示：在PC和移动流量增长放缓、价格趋高情况下，网络广告产业链上下游企业开始挖掘新的流量增长点，线下是其发力的重要方向之一。OTT广告就是向线下新流量起步最早、现阶段业务最成熟的领域。

据艾瑞调查，2016年OTT的用规模已达1.4亿户，2011—2016年的复合增长率达到90.4%，而同期移动网民的复合增长率为14.1%，有线电视用户的复合增长率为2.0%。OTT用户规模增长带来的OTT端用户注意力激增是OTT发展的根本动力。

2016年OTT广告市场规模为6.1亿元，增长率为162.6%；预计到2020年，中国OTT市场规模将达到128.3亿元。

2016年OTT广告收入中系统层广告的占比为64.9%。内容层占比逐年提升，预计到2020年将增至53.3%。

资料来源：艾瑞咨询. 2017年中国OTT广告市场研究报告

第四节　广播媒体的特点和应用

在电视进入普通百姓家庭以前，广播曾是人们获得信息的主要途径之一。人们利用广播收听新闻、戏曲、歌曲、体育比赛和小说连播等。随着电视的普及，广播的发展开始受到严重影响，走入低谷。近几年来，广播媒体依据自身优势，不断对媒体进行革新，走专业化发展道路。作为一种二级媒体，广播媒体通过走专业化、特色化的发展道路，不断满足补缺市场的需求，在广告市场中所占的比重趋于稳定。根据国家统计局公布资料显示：截至2016年年底，全国广播综合人口覆盖率为98.4%，公共广播节目套数2 741套，播出时长14 565 058小时。

同步案例

广播媒体的价值分析

扫码查看案例，回答问题：结合案例内容，分析广播媒体（××电台××节目）的广告价值。

一、广播媒体的特点

（一）广播媒体的优点

（1）可移动性强。广播受众可以在移动中或在交通工具上收听广播信息，使广告客户有接近销售行为的可能。

（2）制作成本低。广播广告的制作成本主要是广告信息的录制成本，即使最小的企业也能够负担得起；广告客户进入门槛低。

（3）市场反应快。制作简单和成本低的优势，使广告客户能随时根据市场需求和市场竞争的变化，调整广告信息内容和发布安排，对市场条件的变化做出迅速的反应。

（4）对特定补缺市场的影响力大。广播的主要受众往往不是其他媒体的重度使用者，对广播媒体有很高的依赖性和忠诚度，如汽车驾驶员、中老年人等。而双向的信息沟通和受众参与，加强了受众对媒体的信任，提高了媒体对受众的影响力。

（5）亲和力高。播音员悦耳动听的嗓音、字正腔圆的普通话和丰富的感情，给受众以亲近的感觉。齐越、方明、夏青、葛兰、肖楠等我国老一辈的优秀播音员，他们的名字总是与那个奋发图强的年代联系起来。广播传播的不仅仅是信息，也是一种态度和信念，影响着一代代人。

（6）补缺性强。广播是非常好的辅助性媒体，对特定受众有很高的到达率和暴露频次。研究表明，在受众看过一次产品电视广告视觉要素后，再以同样的或相似的声音形式播放该产品广播广告时，有75%的消费者会不自觉地在头脑中“回放”电视中的那种视觉形象，产生形象转移。广播广告与电视广告的有效配合，有利于广播广告的发展。

（二）广播媒体的缺点

（1）缺少视觉效果。广播通常被受众作为“背景”而没有给予全部的注意力，对受众的影响力是有限的。

（2）受众数量少。广播媒体针对的是补缺市场，受众数量少，为达到可以接受的到达率和暴露频次，需要很高的播放频次。

（3）接触率和收听率低。

（三）广播广告的特征

广播广告的特征主要表现在以下几个方面：

1. 时间

广告播出时间短，信息内容完全是由一条广告的时间长短来决定的；传达的即时性强，不受图像制作和传播技术的限制，广播可以根据广告客户的要求将广告信息迅速传播给受众。

2. 内容

内容简单，广告信息以声音传达方式诉诸受众的听觉，播音效果直接影响广告效果，而对于复杂的产品使用和结构，广播广告无能为力；内容编排速度快，文字编排速度比图像要快得多。

3. 传播

范围广，无线电波不受空间的限制可以达到世界的每一个角落；速度快，无线信号的传播速度就是广告信息的传播速度；针对性强，广播对高收入、高教育水平的人有很高的到达率。

4. 信息接收

接收的同时性，不同地区受众可以同时接收到广告信息，有利于全国性广告客户在各地同时采取相同的促销活动或广告战役；接收的可移动性，即受众可以在移动中接收广告信息而不受活动的限制；接收的被动性，非特殊需求，受众不会刻意收听广播；接收的自由性，即受众可以根据偏好确定要接收的广告信息。

5. 效果

由于缺乏视觉效果，受众只能根据自己的想象和经验评价广告客户要表达的内容和意图，而广播信息的即逝性使广告信息难以给受众留下深刻的印象，从而影响广告效果。但是，在消费者做出购买决策时，广播广告的快速性能影响消费者购买行为；多次重复播放某一广告信息，可以提高广告效果。

6. 地位

广播在广告媒体中处于补缺地位，广播营销的一个基本策略就是与其他媒体合作，到达不使用其他媒体或很少使用其他媒体的潜在顾客，从而提高广告的到达率和频次。

7. 费用

广播广告的制作费和发布费都是最低的。在广告客户越来越关注成本效益的情况下，广播则能以低于其他任何媒体的千人成本传递信息。但要达到一定的到达率和暴露频次，就需要多次播放广告信息，广告客户也要支付较高的广告费用。

与电视相比，人们在收听广播时一般不大会因为播放广告而更换频道。

二、广播媒体的应用

（一）广播广告形式

我国广播电台大体为三级，即国家级（以中央人民广播电台为代表）、省级（含自治区、直辖市）、地方级（地、县、乡的发射台、转播台），此外还有有线广播网。广告媒体形式包括联播、点播、地方电台广播三种。

1. 联播

广告客户通过订购某一全国性广播网联播电台的时间，就可以向全国市场传播产品服务信息。广播网作为一种主要的全国性广告媒体，媒体策划人员将其用于到达其他媒体的轻度使用者的一种途径，并以低廉的价格，通过频繁地到达目标受众，提升品牌知名度。地方广播电台的收听率，对全国性广告客户的选择也产生重要影响。

广播网的运用使得广告客户只需购买一个插播的合同，就能从不同的电台获得制作质量相当的广告，为广告客户提供了一种经济的到达方式，在许多全国广告客户的媒体计划中扮演重要的角色。

2. 点播广告

点播广告是全国性广告客户对地方广播电台广告时间的购买。点播广告是增加广告信息到达率和播出频次的第二媒体，使企业能够有机会根据市场竞争的变化快速做出反应，并在发行量浪费很小的情况到达明确的细分市场。

点播广播在市场选择、电台选择、播出时段选择、文案选择上为全国性广告主提供了更大的灵活性，缩短广告预备周期（甚至可缩短到20分钟）。通过与其他媒体的配合，点播广告可以扩展到达范围，提高广告的灵活性，降低广告成本。

3. 地方电台广播

地方时间购买是指地方性广告客户购买的电台点播广告时间。对一些地方性广告客户来讲，地方电台可作为一种主要媒体使用，如各地的技工学校。地方电台购买时段灵活多样，如固定组合套播、栏目冠名、特约播出、天气预报、整点报告等；广告播出方式包括直播方式、录播方式和专题报道等。

（二）广播广告的评价指标

广播听众通常按地理界限进行调查估计，调查区域分为两种：一是大都市调查区，调查范围包括拥有一定数量人口的某个或某些城市，具体区域包括中心城市和周边城镇；二是全部调查区，包括大都市调查区及其外围的一些城镇在内的地理范围。

与电视观众的评估不同，广播的受众数量通常是一刻钟的平均估计数量，或是数小时或几个时段内非重叠的累积听众估计数量。

1. 收听率评价指标

一刻钟平均听众数量：15分钟时间内至少收听一个广播电台5分钟节目的听众数量（估计量）。

一刻钟平均收听率：一刻钟平均听众数量占特定人群总数量的百分比。用公式表示为：

一刻钟平均收听率=一刻钟平均听众数量 ÷ 总人数 × 100%

一刻钟平均占有率：收听一个特定广播电台节目的听众数量占所有收听广播的听众总量的比率。用公式表示为：

一刻钟平均占有率=某一广播电台一刻钟平均听众数量 ÷
所有广播电台的一刻钟平均听众数量 × 100%

累积估计用来确定在几个一刻钟或几个时段内收听某个广播电台的听众人数或百分比。

累积听众：用来衡量收听某一特定广播电台时间不少于5分钟的听众数量（不重复计算）。

累积收听率：是指在几个一刻钟或几个时段内收听某一广播电台的累积听众所占的比率。用公式表示为：

累积收听率=累积听众数量 ÷ 总人数 × 100%

2. 收听效果评价指标

总印象：一刻钟平均听众估计数量与某广告客户购买该广播电台的点播广告数量的乘积。用公式表示为：

总印象=一刻钟平均听众量 × 商业广告数量

注意：总印象是印象数，不是人数。

总收听率：一刻钟平均收听率与某广告客户购买该广播电台的点播广告数量的乘积。用公式表示为：

总收听率=一刻钟平均收听率 × 商业广告的数量

单位广告成本平均听众数量：每一单位广告成本（通常是1元）所获得的听众数量。用公式表示为：

单位广告成本平均听众数量=一刻钟平均听众数量 ÷ 一次点播广告成本

同步实务

广播电台收听率评价指标

某广播电台上午7:00—11:00播出节目，市场调查估计12岁以上听众的有关情况为：一刻钟平均听众为2万人，累计听众为8万人；甲城市调查区域内总人口为50万人，一刻钟广播听众总人数估计为16万人。一广告客户购买该电台5个点播广告，每个点播的成本为40元。则该广播电台收听率评价指标分别如下：

一刻钟平均收听率=20 000÷500 000×100%=4%

一刻钟平均占有率=20 000÷160 000×100%=12.5%

累积收听率=80 000÷500 000×100%=16%

总印象=20 000×5=100 000（印象）

总收听率=4%×5=20%

单位广告成本平均听众数量=20 000÷40=500（人/元）

千人广告成本=500÷1 000=0.5（元）

与电视媒体一样，广播广告效果受到电台、栏目、播放时段和频率、频次、受众人口特征等因素的影响，在不同的电台点播不同时段和栏目的广告，广告效果也不同，这是媒体策划人员必须考虑的。

（三）广播收听率的使用

许多广播听众是在户外收听广播的，对栏目选择存在一定的随机性。因此，广播广告的收听率一般用一段时间内的累计量，而不是电视通常采用的节目收视率；同时为达到一定的到达率，广告信息需要反复播放。广播听众通常是分散的，单个电台的听众量估计可靠性较低，收听率的计算也非常困难。

许多广告客户对各种广播栏目都感兴趣，如摇滚乐、都市快报、交通信息等。因此，点播广告的购买通常是多点购买。

同步案例

广播媒体——传统媒体中的佼佼者

根据央视市场研究（CTR）媒介智讯的数据显示，2017年上半年中国广告市场整体增长0.4%，相较于去年同期0.1%的增幅有所提升。2011—2016年传统广告刊例花费变化情况如图6-3所示。

2017年上半年，电视媒体、平面媒体以及传统媒体的整体刊例花费同比降幅为4.1%，与2015、2016年的上半年同比花费降幅相比，有所收窄。其中，电视媒体的广告花费同比下降3.6%，相比去年同期略微收窄0.2%；报纸媒体在上半年的广告花费同比下降30.5%，较去年同期收窄10%；杂志媒体小幅的降幅回升；传统户外媒体整体花费降幅2.7%，较去年同期收窄0.9%（见图6-4）。

电台媒体仍是传统媒体中唯一呈现正增长的媒体类型，2017年上半年的花费增幅达到了9.2%，较去年同期增幅扩大6.3%，详见图6-5。

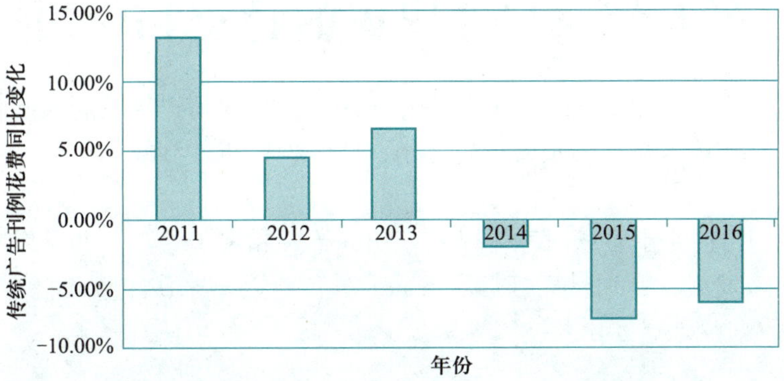

图6-3　2011—2016年传统广告刊例花费同比变化

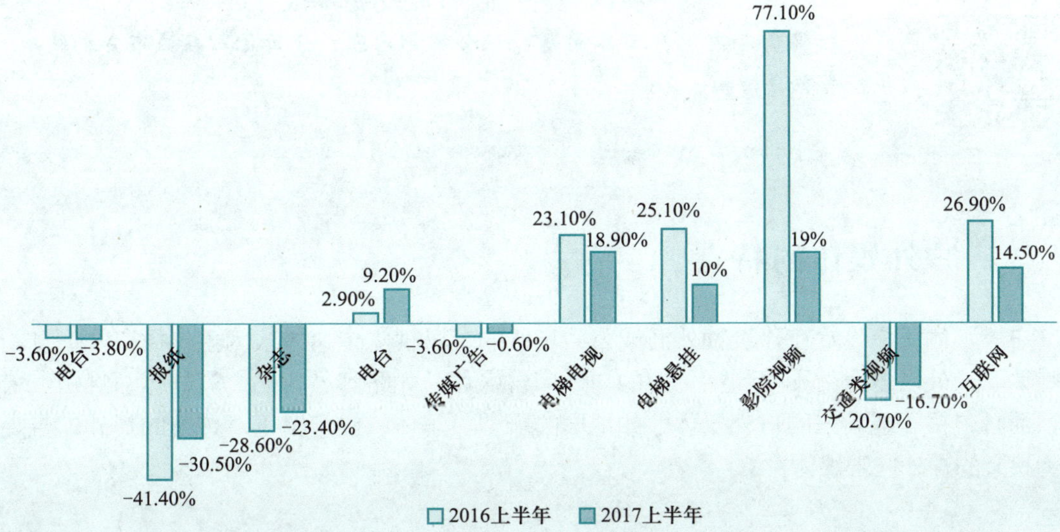

图6-4　细分媒体广告花费变化趋势

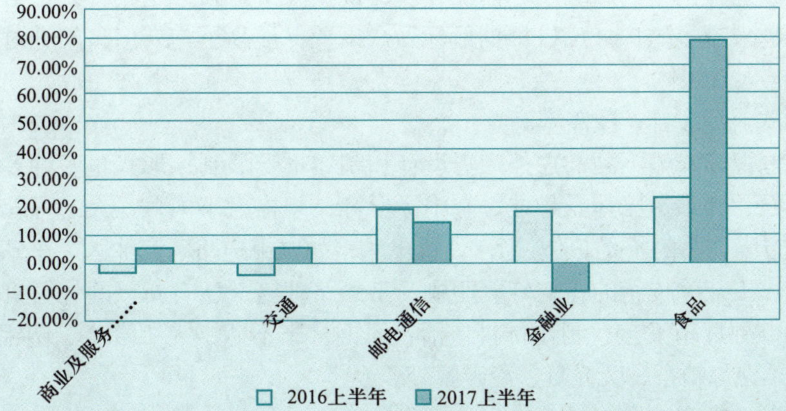

图6-5　2017年上半年电台广告刊例花费TOP5行业增幅

资料来源：央视市场研究（CTR）.直击数据背后的中国广告市场现状

问题：根据电台媒体的主要受众群体，分析电台广告客户行业变化趋势。

第五节　户外媒体的特点和应用

考古学家在古罗马遗址中发现，早在公元前79年，古罗马建筑物的墙壁和柱子上就有了广告。19世纪末，新技术在广告领域得到运用，广告牌、霓虹灯开始风靡世界各地，户外广告得到迅速发展。

我国的户外广告产生于春秋时期，以商家用的招牌和幌子为主。20世纪20年代，户外广告在上海得到迅速发展，特别是霓虹灯广告。户外广告客户来源主要是商业及服务型行业、邮电通信、房地产、交通、娱乐及休闲等。

同步案例

我国户外广告行业发展现状

扫码查看案例，回答问题：结合案例内容，分析你所在城市公交候车亭广告客户结构。

一、户外媒体的特点

户外媒体泛指设置在建筑物外面或公共场所的、以视觉传达方式为主传播广告信息的广告媒体。户外广告媒体不仅包括传统的户外广告媒体，如路牌、招贴、霓虹灯、灯箱、墙体等，而且包括一些新兴的户外媒体，如地面的雕塑、车体、候车室等。传统的户外广告媒体称为狭义的户外广告媒体。

（一）户外媒体的优点

户外广告颜色鲜艳、词语醒目、体积壮观，视觉冲击力强，是一种无与伦比的引人注目的广告媒体。越来越多的户外广告根据目标受众设置，提高了户外广告的针对性，促使户外广告成为真正的大众媒体。

1. 媒体形式灵活多样，覆盖率高

与报纸、电视等媒体不同，户外广告设计和制作不受限制，形式也多种多样。设置形式包括落地、楼面、楼顶、墙体、悬挂、空中漂浮等；规格大小不一，大的可以达到几百平方米甚至上千平方米，小的不足1平方米；设置灵活，如城市道路、商业区、车站码头、高速公路附近等；制作工艺除传统的霓虹灯、印刷、手绘路牌等，还有新兴的计算机喷绘、计算机写真、计算机雕刻灯箱工艺；制作材料包括普通钢材、不锈钢、铝合金、塑铝板、PC板等，画面材料包括柔性灯箱布、荧光膏、冷光膜等。

2. 图文并茂，视觉冲击力强

多种多样的制作工艺吸引了公众的关注，印刷精美的画面和图文并茂的广告内容给人以强烈的视觉冲击力，一些好的广告画面和灯光效果的使用，甚至让人流连忘返，从而有效地为受众提供产品服务信息，帮助店铺招徕生意。

3. 持续时间长，广告成本低

户外广告一天24小时暴露于公众视野，在产品介绍、品牌标志和品牌名称识别建设中，是其他广告媒体的绝好补充。为达到一定的到达率和频次，户外广告可以在同一位置长期暴露，这是其他广告媒体所不具有的优点。

国内户外广告成本一般较低，商家自己的门头招牌广告只有很低的制作费，不存在媒体占用成本。如果根据人流量计算千人成本，户外广告的成本则更低。

（二）户外媒体广告的缺点

1. 效果评估难

户外广告长期暴露于公众视野，广告受众很多，而在所有的受众中估计有效受众数量是非常困难的，相应地，广告效果评价也很困难。

2. 传达信息有限

户外广告以画面鲜艳、语言精练为特色，文本局限于标题长度，内容多为品牌名称或产品名称，传达的广告信息非常有限。例如，高速公路旁边的户外广告的典型受众是高速公路上的司机和乘客，他们接受广告信息的有效时间只有几秒钟，因此有效的传播信息只能是品牌信息或产品名称信息。

3. 受众被动接受

尽管一些受众会主动选择户外广告信息，但大多数设置于市区的户外广告还是受到许多市民的反对，因为某些质量较差的广告的杂乱无章的设置和低级庸俗的内容会造成视觉污染，甚至影响山川美景、市容市貌。

4. 可移动性差

除车体广告外，其他户外广告媒体都是固定设置于某一位置，不具有可移动性。广告客户为提高覆盖面，就必须在不同地方购买多个户外广告媒体或选择其他广告媒体。

二、户外媒体的应用

户外媒体广告主要包括大型广告牌、霓虹灯广告、落地灯箱广告、城市公交候车亭广告、单立柱广告、公交广告、大型电子显示屏等户外媒体。

（一）大型广告牌

大型广告牌一般设置于建筑物顶部或临时用于在建工程的围挡（见图6-6）。

优点：广告面积大，位置醒目，晚上一般有照明，能引起路人关注。

缺点：可接近性差，广告费用高；造型简单，缺乏艺术性，如果不能与建筑物融为一体，就会影响城市形象；覆盖面有限；发布期限要求长。

适用性：适合于产品名称、品牌名称和标志等凸显形象的广告。

（二）霓虹灯广告

霓虹灯广告（见图6-7）一般设置于城市商业中心的楼顶或人流量大的场所附近，如上海

(a) 楼顶广告　　(b) 围挡广告

图6-6 大型广告牌

的南京路和外滩。

优点：晚上灯光效果好，易引起公众注意；楼顶大型霓虹灯广告对树立企业品牌形象具有不可替代的优势；商业区霓虹灯广告可以帮助广告客户招揽生意。

缺点：白天效果差，制造成本和维修费用高；覆盖面有限；发布期限要求长。

适用性：楼顶大型霓虹灯广告客户一般为全国性大企业；商业区的门头招牌和侧飘霓虹灯多为区内商家自建。

（三）落地灯箱广告

落地灯箱广告（见图6-8）一般设置于城市主要道路和商业区道路两侧，高度在3米左右。

优点：设置于路面，可接近性强；晚上有箱内灯管照明，效果好；广告客户可以根据需要选择一条道路或多条道路发布广告，提高广告覆盖率；单个费用低；发布时间灵活；造型设计多种多样，具有一定艺术效果。

缺点：有效面积小；随着公众对城市环境要求的不断提高，越来越多的城市道路限制设置，同时政府管理部门对灯箱广告的造型、制作材料和工艺要求越来越高。

适用性：适用于本地客户的主流媒体或全国客户的辅助媒体。

图6-7 霓虹灯广告

图6-8 落地灯箱广告

（四）城市公交候车亭广告

在许多大中城市，公交候车亭一般都由广告公司出资设置和维护，候车亭广告收入是广告公司的投资回报，广告公司须向政府主管部门或公交公司交纳一定的管理费或场租（见图6-9）。

优点：设置面广，城市覆盖率高，简单来讲，只要通公交车的地方都可设置；人流量大，视觉效果好；受众停留时间长，主动阅读性高；发布时间灵活。

缺点：单位面积广告成本高；一般不零售，须租用整条道路。

适用性：适用于各类广告客户，如日用品、金融服务、医疗服务、教育培训、房地产和汽车等。

（五）单立柱广告

单立柱广告最早设置在市区的广场等开阔地带，随着城市的发展和广告设置的日益规范，大多数城市市区内单立柱广告被拆除。现在单立柱广告主要设置在大城市环城路和高速公路两侧（见图6-10）。

图6-9　城市公交候车亭广告

图6-10　单立柱广告

优点：位置醒目，广告面积大；醒目的画面能引起受众注意；受众明确。

缺点：费用高，在受众视线内停留时间短，广告之间的干扰性强。

适用性：大公司的品牌广告和产品广告。

各种形式的户外广告吸引了越来越多的广告客户关注，而鲜艳的画面和精练的语言为广告客户提供有效的宣传工具，户外广告已成为许多地方性广告客户的首选媒体。

（六）公交广告

与其他户外广告媒体不同，公交车为广告客户提供了流动媒体，使广告信息反复暴露在受众视野内，有着极高的出现频率和终年稳定的影响面。

1. 车身广告

车身广告是公交企业的主要广告收入来源。车身广告信息显示在汽车、地铁、轻轨等车辆外面，常年暴露在受众视野中，如图6–11所示。车身广告的形式一般包括：

图6–11　公交车身广告

全车色：除车前脸外，车身两侧和尾部全部被广告所覆盖，具有很强的视觉冲击力。

车身两侧满幅：广告条幅从车的前部一直到车尾，条幅高度一般为1.2米，长度依车长而定，一般右侧较左侧短（右侧前门不覆盖）。

车身两侧条贴：在车身两侧粘贴条幅广告，广告条幅高度一般为0.8~1.0米，长度一般为4~5米。

车尾满幅：广告覆盖车身尾部，面积为尾部面积。

车尾条贴：广告在尾部车窗粘贴，不覆盖车窗，规格一般为2米×0.5米。

车身广告的报价与公交线路有密切关系，不同的公交线路因乘客数量、线路在城市的地位（如商业区、行政区、工业区等）和行走区间等方面的差异，广告报价也不同。

知识库

地铁广告

在广告形式上，地铁广告与公交广告没有本质上的区别，其广告形式和广告受众也基本相同。

地铁以人流量大、受众注意力集中、受众面广而受到广告客户的欢迎。地铁广告包括屏蔽门广告、车厢内海报、月台灯箱、通道海报、通道灯箱、月台灯箱长廊、扶梯侧墙海报、大型墙贴、新车品牌专列以及特殊位等，如图6–12所示。

图6–12　地铁广告

2. 车内展示广告

车内展示广告又称为车卡，一般附在车内的行李架上（见图6-13），规格依车型不同而不同。与其他户外广告相比，车内展示广告的可接近性更强，受众可长时间看到并详细阅读广告信息，广告的记忆性好，到达频率高。

(a) 公交车卡广告　(b) 公交车看板广告

(c) 公交座椅广告　(d) LED公交屏广告

图6-13　车内展示广告

公交车内展示广告还包括车内座椅广告、看板广告、LED公交屏广告等。

广告规格：宽0.2~0.3米，长0.6~0.8米。

（七）大型电子显示屏

在传统大型户外广告受到越来越多限制的同时，大型电子显示屏受到居民和政府的欢迎。电子显示屏不仅档次高，形象好，可以作为广告媒体发布广告信息，还可以作为城市对外宣传的窗口和公益广告的载体，发布政府公告、通告、新闻等社会公共信息，如图6-14所示。

优点：面积大，视听效果好；公共信息和商业信息同时发布，吸引力强；通常设置在人流量大的商业区或车站、广场、码头；可同时为多家企业发布广告信息。

缺点：制作成本和广告发布成本高；覆盖范围小。

适用性：全国性广告客户；本地的大型商业企业、旅游景点等。

户外LED显示屏每平方米的制作成本一般在1万元以上。

图6-14　大型电子显示屏

三、楼宇媒体广告的特点和应用

楼宇媒体广告位设置在写字楼、商住楼、银行、医院等场所的电梯间和电梯等候间，广告信息以展板悬挂（见图6-15）和视频播放的方式呈现，多采用收视效果好的液晶显示屏，如图6-16所示。

图6-15　电梯间悬挂展示广告

图6-16　楼宇视频广告

（一）楼宇媒体广告的特点

1. 针对性强

楼宇媒体广告主要设置在商务活动和休闲场所，面向高端群体传播广告信息，具有很强的针对性。

2. 传达效果好

楼宇媒体广告通常设置在电梯间或电梯口，客户通常处在等候状态或乘梯状态，没有其他信息干扰，广告接受程度和品牌回忆率相对较高，楼宇媒体广告的强制性也不易招致受众的强烈反感，因此，与报纸、电视媒体相比，楼宇媒体广告在提高品牌的数量、传播单一品

同步案例

中国楼宇媒体发展现状分析

扫码查看案例，回答问题：结合案例内容，分析楼宇媒体的发展优势和客户类型。

牌的广告信息等方面，均具有明显优势。

楼宇媒体广告的发展，同时也促进了广告投放策略的变化，一些企业开始由过去的集中投放转向分众化投放，使广告投放更趋合理，广告策略更加科学化。

（二）楼宇媒体广告的应用

楼宇媒体广告的形式主要有两种：视频和展板悬挂。视频广告与电视广告类同，根据播出时间长短收费，主要分为5秒、10秒和15秒三种；展板悬挂与其他户外平面广告类似，根据悬挂数量和时间收费。楼宇媒体广告购买不分时段，而是按“组和周”，每组确定一定屏数，广告客户一般可以根据自己的喜好和判断选择广告播放地点。

课外练习

请选择几处写字楼，记录楼宇视频广告的内容，分析其所属的行业。

四、售点广告的特点和应用

售点（point of purchase，POP）广告是指在产品或服务销售时，在销售地点所设置的各类广告，包括导购牌、展牌、展柜、电子闪光灯、陈列货架、招贴画、宣传海报、奖券、有线广播、特殊音响、闭路电视等，如图6-17所示。

图6-17　售点广告

（一）售点广告的特点

售点广告是在有利的时间和有效的空间位置上，吸引顾客流量，引导顾客了解产品信息或商业事件，从而诱导顾客产生参与动机和购买欲望的商业广告。售点广告的特点主要有以下几方面：

（1）信息告知。通报产品服务信息，配合各种现场促销活动，有很强的针对性和实用性。

（2）购买引导。吸引受众的关注，引导受众对产品服务的进一步了解。

（3）消费诱导。加深受众对产品的认同程度，激发购买欲望，诱导受众达成交易。

（4）提升形象。烘托商业气氛，通过改善购物环境，提升企业形象。

（二）售点广告的应用

售点广告形式多样，内容丰富，制作精美，对受众有很高的影响力。

（1）店面售点广告。店面售点广告即商场与店铺的门面广告，包括店铺牌匾、招牌、象征性标志（标徽、旗帜等）、产品信息彩条、横幅、真人与假人模特广告等。通常设置在店铺门口或附近，起到客流激发的作用。

（2）柜台售点广告。柜台售点广告即现场陈列或招贴画，旨在突出某种产品或服务，引起受众的注意，起到引导激发的作用。

（3）悬挂售点广告。悬挂售点广告利用空中的空间，如天花板、梁柱等悬挂含有产品或服务信息的吊旗、吊牌、吊灯、彩条广告，配合现场展示或促销活动，传播产品或服务信息，烘托商业氛围，激发受众购买欲望。

（4）壁面售点广告。壁面售点广告以海报、装饰旗、吊旗等为主，可以烘托商业氛围，兼有美化壁面的功能。

（5）落地售点广告。落地售点广告一般在店内外的空余地面布置产品陈列台、旋转台、广告柱、假人模特等，进行产品展示或促销。

（6）橱窗售点广告。橱窗售点广告即设置在橱窗内以吸引受众注意的产品展示或形象展示的广告。利用临街橱窗进行产品展示是一种有效的宣传手段。

（7）指示标志或指示方向售点广告。这种售点广告在销售现场设置指示标志或指示方向，以引起受众的注意。

（8）手绘售点广告。手绘售点广告是指以手工绘写的广告信息，以促销信息为主。

思考与练习

一、单项选择题

1. 与报纸媒体不同，杂志一般面向（　　）读者发行。

A. 全国　　B. 都市

C. 某区域　　D. 农村

2. 广告客户关心的不是媒体的优势和特性，而是能否通过媒体所宣称的优势和特性提高产品的（　　）。

A. 覆盖面　　B. 销售

C. 利润　　D. 价格

3. 电视标版广告时间一般为（　　）。

A. 5秒　　B. 10秒

C. 15秒　　D. 30秒

4. 报纸广告和杂志广告强调广告的（　　）。

A. 视觉效果　　B. 听觉效果

C. 视听效果　　D. 以上都是

5. 广播广告强调广告的（　　）。

A. 视觉效果　　B. 听觉效果

C. 视听效果　　D. 以上都是

6. 兼有视觉和听觉效果的广告媒体是（　　）。

A. 电视　　B. 报纸

C. 杂志　　D. 广播

7. 户外广告长期暴露于公众视野，广告受众很多，而在所有的受众中估计有效受众数量是（　　）。

A. 非常容易的　　B. 非常困难的

C. 比较容易的　　D. 比较困难的

8.（　　）一般都是固定设置于某一位置，不具有可移动性。

A. 电视广告　　B. 广播广告

C. 网络广告　　D. 户外广告

9. 与其他户外广告媒体不同，公交车为广告客户提供了（　　）。

A. 流动媒体　　B. 广告媒体

C. 固定媒体　　D. 传播媒体

10.（　　）一般设置在商业区或车站、广场、码头等人流量大的地方。

A. 广告牌　　B. 灯箱

C. 大型电子显示牌　　D. 霓虹灯

二、多项选择题

1. 报纸广告形式通常分为两类，即（　　）。

A. 陈列式广告　　B. 分类式广告

C. 分区广告　　D. 插页广告

2. 分析媒体的广告价值时，考虑的因素包括（　　）。

A. 受众数量　　B. 受众构成

C. 竞争态势　　D. 媒体覆盖面

3. 报纸媒体的优点主要有（　　）。

A. 发行量大　　B. 版式灵活

C. 社会声誉好　　D. 传播面广

4. 杂志媒体的优点主要有（　　）。

A. 阅读期长　　B. 针对性强

C. 印刷质量高　　D. 视觉冲击力强

5. 电视媒体的优点主要有（　　）。

A. 视听效果好　　B. 成本高

C. 广告效果好　　D. 覆盖面广

6. OTT广告的形式主要有（　　　　）。
   A. 开机广告　　　　B. 贴片广告
   C. 屏保广告　　　　D. 暂停广告
7. 广播媒体的优点主要有（　　　　）。
   A. 针对性强　　　　B. 成本低
   C. 可移动性强　　　　D. 传播面广
8. 根据媒体的覆盖率对以下媒体排序，即（　　　　）。
   A. 电视　　　　B. 报纸
   C. 杂志　　　　D. 广播
9. 根据媒体对受众的影响力对以下媒体排序，即（　　　　）。
   A. 电视　　　　B. 报纸
   C. 杂志　　　　D. 广播
10. 根据媒体的针对性对以下媒体排序，即（　　　　）。
   A. 电视　　　　B. 报纸
   C. 杂志　　　　D. 广播
11. 户外广告以画面鲜艳、语言精练为特色，广告内容多为（　　　　）。
   A. 品牌名称　　　　B. 产品名称
   C. 产品介绍　　　　D. 产品特色
12. 户外广告主要包括（　　　　）。
   A. 路牌　　　　B. 招贴
   C. 霓虹灯　　　　D. 灯箱
   E. 大型广告牌
13. 楼宇媒体广告的特点包括（　　　　）。
   A. 针对性强　　　　B. 传达效果好
   C. 覆盖面广　　　　D. 交互性强

三、思考题

1. 简述报纸的分类和报纸广告的特征。
2. 简述杂志的分类和杂志广告的特征。
3. 简述电视广告的特征和形式。
4. 简述广播广告的特征和类型。
5. 为什么说广播媒体在媒体组合中一般处于补缺地位？
6. 简述户外广告的特点。
7. 简述公交广告的主要形式。
8. 简述售点广告的主要形式。

案例分析

小米的广告策略

扫描二维码查看案例，上网查阅小米广告媒体选择策略的相关资料，回答问题：比较小米与OPPO、vivo的广告策略差异。

实践与实训

实训一：杂志广告分析

实训目标：

了解不同类型的杂志广告的内容及特征。

实训内容：

（1）选择五种不同的消费类杂志，如《汽车杂志》《瑞丽》《读者》《青年文摘》等，对杂志广告内容进行记录；

（2）选择五种不同的财经类杂志，如《商界》《财经》《商业周刊》《经营者》《销售与市场》等，对杂志广告内容进行记录；

（3）选择五种不同的计算机类杂志，如《IT经理世界》《微型计算机》《互联网周刊》等，对杂志广告内容进行记录；

（4）比较几类不同的杂志广告内容，对其内容特征进行分析，形成分析报告。

实训要求：

个人完成，以书面形式上交分析报告。

实训二：广告媒体分析

实训目标：

（1）了解报纸、电视、广播、楼宇媒体所发布的广告特点；

（2）了解报纸、电视、广播、楼宇媒体的广告客户类型。

实训内容：

（1）选择本地区某一报纸，对其一周内所发布的广告内容及广告客户所属行业进行记录；

（2）选择本地区某一电视台，对其一周内所发布的广告内容及广告客户所属行业进行记录；

（3）选择本地区某一广播电台，对其一周内所发布的广告内容及广告客户所属行业进行记录；

（4）选择本地区某一写字楼，对其楼宇内所发布的广告内容及广告客户所属行业进行记录；

（5）总结各媒体广告客户的特点，以及不同行业的广告客户选择不同广告媒体的理由，形成分析报告。

实训要求：

分组完成，以PPT形式展示并在课堂上交流讨论。

引思明理

虚假广告信息不可取

党的二十大报告指出："加快建设法治社会。法治社会是构筑法治国家的基础。弘扬社会主义法治精神，传承中华优秀传统法律文化，引导全体人民做社会主义法治的忠实崇尚者、自觉遵守者、坚定捍卫者。"

在现实生活和经济活动中，难免会有不法分子发布虚假广告，传播虚假信息。虚假广告信息具有哪些危害性？应该如何辨别和预防？请结合党的二十大报告及相关法治精神进行讨论。

第七章

互联网络媒体广告

本章学习目标

※ **知识目标**

- 了解互联网络媒体的特点
- 掌握各类细分网络媒体应用中所涉及的基本知识

※ **技能目标**

- 能够结合实际分析各类网络媒体的特点
- 能够利用社交媒体开展简单的广告活动
- 能够利用媒体评价指标进行细分网络媒体广告价值评价

※ **素养目标**

- 增强自主学习能力，与时俱进地了解新媒体的特点
- 提高辨析能力，正确选择网络媒体，弘扬正能量

本章结构

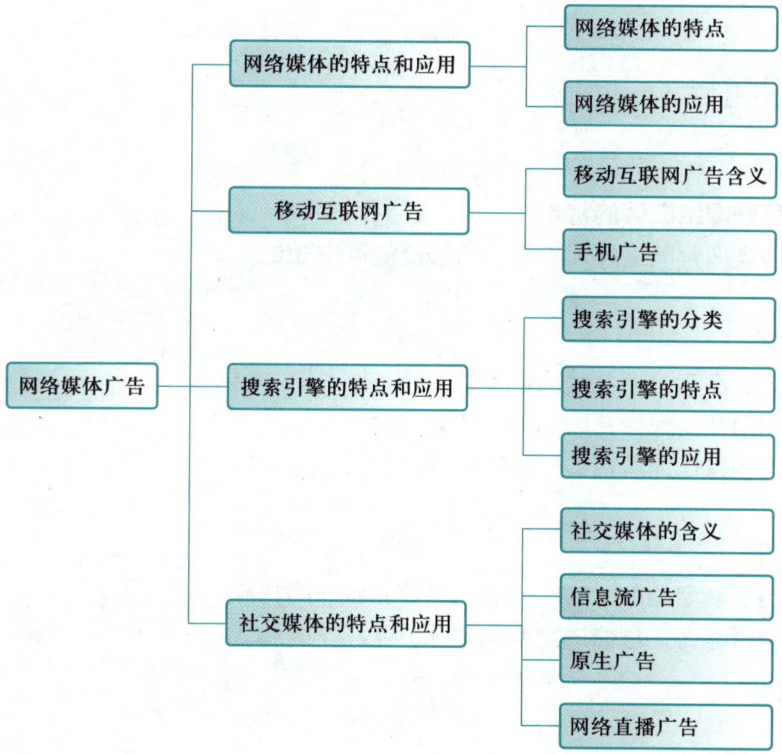
网络媒体广告
网络媒体的特点和应用
网络媒体的特点
网络媒体的应用
移动互联网广告
移动互联网广告含义
手机广告
搜索引擎的特点和应用
搜索引擎的分类
搜索引擎的特点
搜索引擎的应用
社交媒体的特点和应用
社交媒体的含义
信息流广告
原生广告
网络直播广告

引导案例

云原生下的智能营销

互联网、大数据、云计算、人工智能等技术加速创新，日益融入经济社会发展的各领域和全过程。“把握数字经济发展趋势和规律，促进数字技术与实体经济深度融合，赋能传统产业转型升级，催生新产业、新业态、新模式”已成为时代发展的主旋律。智能营销作为数字产业化的核心场景之一，在企业数字化转型中广泛落地，正在赋能更多的传统企业创新发展。面向市场解决方案多元割裂、客户效果诉求提升等现状，云原生与智能营销的融合为企业提供了更优的解决方案。

2020年中国网络广告市场份额（部分）如表7-1所示。

表7-1　2020年中国网络广告市场份额（部分）

广告形式	市场份额
电商广告	39.9%
信息流广告	32.9%
搜索广告（含联盟）	9.6%
品牌图形广告	5.8%

1. 网络广告市场状况

2021年，随着疫情后市场信心的恢复，中国网络广告市场回暖。移动互联网的发展重塑了营销的方式，营销链路拉长，场景、渠道、数据都更加丰富与多元。针对不同环节用户的痛点，智能营销市场解决方案不断增多，产业链条不断延伸，市场呈现多元化、碎片化特点。

2. 云原生与智能营销的融合

云原生是未来用云的标准，它通过进一步的抽象与分层，最大化了云弹性、敏捷的优势。基于云原生的智能营销解决方案可以更好地优化基础资源利用率，建设统一的数据资产，敏捷响应多类型营销活动，是智能营销系统落地的更优解和未来发展趋势。

资料来源：艾瑞咨询。

问题：结合案例查找相关资料，试分析云原生广告智能营销的特点，并讨论互联网广告在未来将如何发展？

第一节　网络媒体的特点和应用

网络媒体是20世纪人类发现的最具价值的传播媒体之一，也将是21世纪最主要的传播媒体之一。网络广告是基于网络技术和网络传播的广告，以网络媒体为广告信息载体。

知识库：我国互联网络发展状况

知识库：互联网广告的法律界定

一、网络媒体的特点

与传统媒体相比较，网络媒体的特点比较突出。

（一）网络媒体的优点

1. 传播速度快

网络媒体的全开放性和信息传播技术的先进性，使网络信息传播速度非常快。许多突发事件首先是通过互联网传播出去的。

2. 传播范围广

网络传播主要是基于互联网进行的信息传播，互联网已覆盖了世界上大多数国家和地区。一般情况下，任何人不论何时何地，只要登录互联网，就可以查阅所有网上信息。同样，一旦某一信息在互联网上发布，就会传遍全球。

3. 内容全面、丰富

与其他媒体相比，网络媒体信息来源广，信息的可储存性强。许多网站在转载其他媒体信息的同时，也采编一些受众感兴趣的信息，为受众提供发表评论和观点的平台；网络链接使受众能够利用互联网更直接、更准确、更快速、更廉价地全面查阅相关信息。

4. 传播模式灵活多变，交互性强

与传统媒体由点到面，一对多的信息传播相比，网络传播模式可以一对一、一对多、多对一等；在传播与接收信息的时间上，网络传播模式可以是同步传播（如网上直播、网上聊天等），也可以是不同步传播（如大部分的网站新闻）。信息传播者与接收者在交流中完成信息传播。

网络媒体传播模式的灵活多样，使受众在接收信息时拥有更多的自主性，双方在交流中完成信息传播。同时，受众可自由地选择所需要的信息，包括选择信息的内容及接收信息的时间与方式。移动互联网的飞速发展，使得网民可以更加方便和快捷地浏览网页。

网络社交媒体的发展和广泛使用，使网络广告的传播者可能同时又是接受者和产品服务的使用者，广告信息的传播能力更大。

（二）网络媒体的缺点

1. 长期使用对身体危害性大

对许多网民来讲，网络是富有吸引力的，甚至让人着迷，然而长时间非科学上网会危害人的身体健康。

2. 网络吸引力大，不良信息多

智能手机的普及、移动互联网的广泛覆盖和互联网使用形式的多样化，使互联网的吸引力越来越大。如前表7-1所示，人们的日常生活、工作、娱乐、出行、购物等活动，都离不开高速畅通的互联网。但是网络信息良莠不齐，需要网民自行鉴别。

3. 信息查阅时间长

网络链接为上网者查阅信息提供了便利，当上网者面对几十条甚至几百条相关信息时，就需要花费大量时间对相关信息进行甄别和选择，判断信息的可靠性和完整性，对信息进行加工处理。有时会把简单问题变得很复杂，浪费时间。

（三）网络广告的特征

网络广告是基于计算机操作，通过互联网发布和传播的电子广告。广告信息形式包括计算机文字、计算机图形图像、计算机动画以及数字声音。

1. 广告信息数字化和传播网络化

广告信息数字化和传播网络化是网络广告的基本特征。网络广告采用数字视频、音频、图片、动画、文字等数字信息技术，通过计算机显示屏（或其他电子显示设备）播放。数字化技术使广告信息形式丰富多样，容量大，表现力强。而网络链接不仅为受众提供了丰富的网上信息，也实现了广告信息传播的网络化。

2. 实时交互性和针对性强

网络传播方式的实时交互性决定了网络广告信息传播也具有这样的特点。用户可以在网上自主地选择广告内容，广告信息传播者与受众随时沟通；通过网络链接，受众可查阅到更多、更详尽的相关信息，进行在线交易。

3. 受众的地域广，选择性强

网络信息传播不受地域的限制，受众通过互联网可以在世界任何地方查阅。只要广告客户掌握受众的邮件地址，电子邮件广告可以轻而易举地全球发送。网络广告可将文字、声音和画面完整地结合在一起，供用户主动检索、重复观看，受众主动选择性较强。

4. 网络广告与营销可以一体化操作

运用网络广告的链接功能，可以将广告设计成为广告与销售一体化的形式，受众通过点击感兴趣的广告，进入企业网站或订购页面，就可以填写订单、签订合同、网上支付，完成购买行为。

5. 视听兼备，影响力大

网络广告的载体基本上是多媒体、超文本格式文件，受众可以进一步了解其感兴趣的产品详细信息，能亲身体验产品、服务与品牌。这种以图、文、声、像的形式，传送多感官的信息，让受众身临其境般地感受产品或服务，并能在网上预订、交易与结算，大大增强网络广告的实效。

6. 受众的购买力强

据中国互联网络信息中心发布的《第41次中国互联网络发展状况统计报告》显示，在中国的互联网用户中，73%的网民为10~39岁群体。这一群体不仅是时尚快速消费品消费的主力军，也是网络游戏、网络视频和网络社交的主要参与者，具有很强的购买力。

随着互联网的普及和网络应用使用率的不断提高，互联网广告将逐渐成为广告主常规、主流、高效的投放渠道，媒体的影响力将越来越高。

二、网络媒体的应用

《第41次中国互联网络发展状况统计报告》显示：2017年中国网络广告市场规模为2 957亿元，较2016年同比增长28.8%，在各细分广告中仍保持领先地位（如图7-1所示）。从网络广告发展趋势来看，技术仍是互联网广告发展的主要驱动力量，可以通过智能算法、数据挖掘实现广告信息的精准推送。

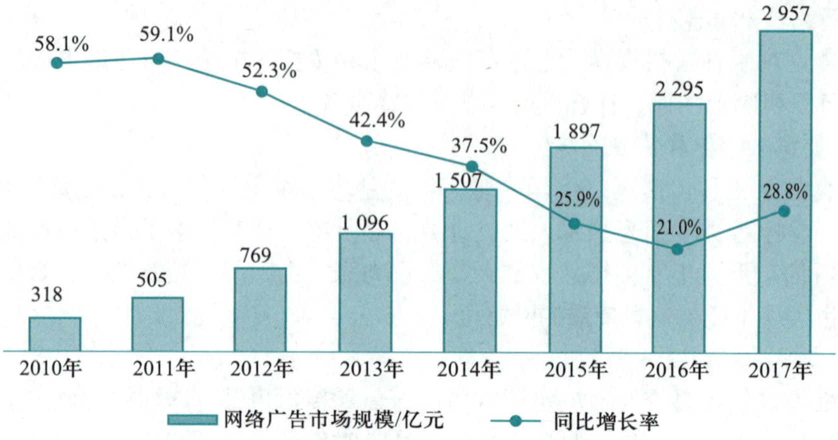

图 7-1　中国网络广告市场规模和增长率
（摘自：中国互联网络信息中心）

（一）网络媒体的广告资源

拓展案例：三大电商企业的广告媒体资源价值比较分析

随着互联网的发展和互联网普及率的不断提高，互联网媒体资源价值得到越来越多的开发和利用，网络广告收入已成为许多商业网站的主要收入来源，网络媒体是细分广告媒体中发展最快的。

目前，在中国互联网企业中，百度、阿里巴巴和腾讯形成三巨头，其广告资源价值最高，广告收入规模也最大。

（二）网络媒体广告的购买

根据中国电子商务协会颁布的相关文件，可以将网络广告分为以下几种类型。

1. 文字广告

互联网文字广告分为静态文字广告和动态文字广告。静态文字广告是在网页页面的显著位置利用文字直接发布广告信息；而动态文字广告是移动的文字链接，文字内容依次滚动出现。

2. 图形类广告

图形类广告是在网站上以静态或动态的图片或Flash形式表达广告内容。网络图形广告以品牌广告和产品图片为主，是网络广告的主要形式之一。

3. 富媒体类广告

富媒体类广告是由2D及3D的多种富媒体组成的，具有声音、图像、文字等的媒介形式的网络广告。富媒体提高了广告的互动性，提供了更广泛的创意空间。新的网络媒体技术允许用户在广告界面上直接留下数据，有效地促进了用户与广告主的互动。

4. 搜索类广告

搜索类广告包括搜索引擎广告和垂直搜索广告。搜索引擎广告是广告主根据自己的产品或服务的内容、特点等，确定相关的关键词，撰写广告内容并自主定价投放的广告。当用户搜索到广告主投放的关键词时，相应的广告就会展示（关键词有多个用户购买时，根据竞价排名原则展示），并在用户点击后按照广告主对该关键词的出价收费，一般无点击不收费。

垂直搜索是针对某一个行业的专业搜索引擎，是搜索引擎的细分和延伸，是对网页库中的某类专门的信息进行一次整合，定向分字段抽取出需要的数据进行处理后再以某种形式返回给用户。垂直搜索引擎的应用方向很多，比如企业库搜索、供求信息搜索引擎、购物搜索、房产搜索、人才搜索、地图搜索、图片搜索等，几乎各行各业各类信息都可以进一步细化成各类的垂直搜索引擎。

垂直搜索引擎和普通网页搜索引擎的最大区别是对网页信息进行了结构化信息抽取，是将网页的非结构化数据抽取成特定的结构化信息数据。网页搜索是以网页为最小单位，基于视觉的网页块分析是以网页块为最小单位，而垂直搜索是以结构化数据为最小单位。

5. 网络视频广告

网络视频广告采用先进数码技术将传统的视频广告融入于网络中，构建企业可用于在线直播的网上视频展台。网络视频广告的特征决定了视频广告内容不宜过长，以不超过15秒为宜。

6. 电子邮件广告

电子邮件广告（E-mail Advertising）是通过互联网将广告信息发到用户电子邮箱的网络广告形式，具有针对性强、传播面广、信息量大的特点。

7. 植入性广告

植入性广告（Product Placement）是把产品及其服务具有代表性的视听品牌符号融入影视或舞台产品中的一种广告方式。其目的是通过给受众留下深刻印象或潜移默化地促进产品销售。由于受众对广告有天生的抵触心理，将商品服务信息融入娱乐节目之中，更容易被受众所接受，广告效果明显。植入性广告是近几年发展最快的网络广告形式之一。

8. 移动广告

移动网络广告是通过智能移动终端访问移动应用或移动网页时显示的广告，广告形式包括图片、文字、插播广告、HTML5、链接、视频、重力感应广告等。

随着智能手机的普及和移动互联网的快速发展，移动网络广告也呈快速发展的趋势，市场潜力巨大。

同步案例

网络广告变化趋势分析

扫码查看案例，回答问题：结合案例中资料分析网络广告的变化趋势。

三、网络广告效果评估

2009年中国互联网协会网络营销工作委员会成员大会发布了《中国网络营销（广告）效果评估准则》意见稿，推荐给会员单位参考。

（一）网络广告效果评估标准

中国网络广告营销效果数据分析指标包括广告展示量、广告点击量、广告到达率、广告二跳率、广告转化率。被统计对象包括Flash广告、图片广告、文字链接广告、软文、邮件广告、视频广告、富媒体广告等多种广告形式。

1. 广告展示量（Impression）

广告展示量是指一定时间内广告展示（显示）次数。统计周期通常有小时、天、周和月等，也可以按需设定。展示量一般为广告投放页面的浏览量，广告展示量的统计是CPM付费的基础。

指标应用：展示量通常反映广告所在媒体的访问热度。

2. 广告点击量（Click）

广告点击量是指一定时间内网民点击广告的次数。统计周期通常有小时、天、周和月等，也可以按需设定。广告点击量与产生点击的用户数（多以cookie为统计依据）之比，可以初步反映广告是否含有虚假点击；广告点击量统计是CPC付费的基础。

广告点击率是广告点击量与广告展示量之比，用来反映广告对网民的吸引程度。

指标应用：广告点击量通常反映广告的投放量。

3. 广告到达率（Reach Rate）

广告到达率是指网民通过点击广告进入被推广网站的比例，是广告到达量与广告点击量的比值。广告到达率也能反映广告着陆页的加载效率。

广告到达量是指一定时间内网民通过点击广告进入推广网站的次数。统计周期通常有小时、天、周和月等，也可以按需设定。

指标应用：广告到达率通常反映广告点击量的质量，是判断广告是否存在虚假点击的指标之一。

4. 广告二跳率（2nd-Click Rate）

广告二跳率，是指通过点击广告进入推广网站的网民，在网站上产生了有效点击的比例。统计周期通常有小时、天、周和月等，也可以按需设定。广告带来的用户在着陆页面上产生的第一次有效点击称为二跳，二跳的次数即为二跳量。广告二跳量与广告到达量的比值称为广告二跳率。广告二跳率也能反映着陆页面对广告用户的吸引程度。

指标应用：广告二跳率通常反映广告带来的流量是否有效，是判断广告是否存在虚假点击的指标之一。

5. 广告转化率（Conversion Rate）

广告转化率是指通过点击广告进入推广网站的网民形成转化的比例。统计周期通常有小时、天、周和月等，也可以按需设定。

转化是指网民的身份产生转变的标志，如网民从普通浏览者转变为注册用户或购买用户等。转化标志一般指某些特定页面，如注册成功页、购买成功页、下载成功页等，这些页面的浏览量称为广告转化量。广告转化量的统计是进行CPA、CPS付费的基础。

广告用户的转化量与广告到达量的比值称为广告转化率。

指标应用：广告转化率通常反映广告的直接收益。

（二）网络广告效果的评估

1. 千人成本（Cost Per Thousand Impressions，CPM）

千人成本是广告效果评价的基本标准，是根据网络媒体访问人次计费的。

2. 每行动成本（Cost Per Action，CPA）

每行动成本是根据广告投放实际效果来作为广告计费的标准，即按回应的有效问卷或订单数量来计费。

行动成本是在确定广告主所要获得的广告效果基础上，以效果的实现来衡量广告价值。

3. 点击成本（Cost Per Click，CPC）

点击成本是以广告点击数或点击率为依据确定广告费用。通过点击成本，广告客户可以清楚地了解网络广告投放的具体效果，满足广告客户对广告效果评估的需求。

4. 每广告位单位时间成本

每广告位单位时间成本是指每单位广告在单位时间内的成本，单位时间可以是天或其他单位时间。每广告位单位时间成本是目前国内网络广告计费的主要形式，是传统广告媒体购买模式的延续。每广告位单位时间成本计费简单易行，广告客户根据自身需要选择广告和广告时间，提高广告的针对性。该指标的缺陷是没有把广告效果与广告费用结合起来。

（三）技术统计方法

1. Web日志分析模式

Web日志分析模式，是指通过分析Web服务器日志来获取流量的来源，从而判断用户是否来自广告并追踪广告用户在网站上进行的操作。当互联网用户在浏览器中打开某一网页时，Web服务器接受请求，在Web日志中为这个请求创建一条记录（数据一般包括：页面名称、IP地址、客户的浏览器以及日期时间戳）。该模式采用Web日志分析，不需要额外在网站上添加代码，不易造成数据缺失。但该模式主要以服务器端数据为分析依据，不管客户端的情况如何，因此容易造成数据不准确。且当数据量较大时，很难实时分析数据。

2. JavaScript标记模式

JavaScript标记模式，是指通过在被统计对象网站的网页上（包括静态页面、动态页面和基于浏览器的视频播放窗口等）嵌入JavaScript监测代码的方式获取互联网用户访问被统计对象网站的信息。互联网用户使用浏览器访问被统计页面时，会同时向监测服务器发送统计信息，监测服务器汇总接收到的浏览器请求数量统计被监测网站或广告的流量数据。

JavaScript标记模式有利于获取被统计对象网站的全样本（所有被用户访问过的网页和用户在被统计对象网站上的所有访问行为）细节数据。当被统计对象网站数量和行业分布具有一定的规模后，这种模式获取的数据也可以反映互联网行业中观和宏观状况。

第二节 移动互联网广告

移动互联网是移动通信网络互联网融合发展的产物，继承了移动通信网络随时、随地、随身的特点和互联网分享、开放、互动的优势，是整合二者优势的“升级版本”，即运营商提供无线接入，互联网企业提供各种成熟的应用。智能终端的普及为移动互联网的发展注入巨大的能量，近年来移动互联网产业呈爆发式增长。

中国移动互联网的发展始于2000年12月1日开始施行的中国移动通信集团“移动梦网”计划。2001年11月10日，中国移动通信的“移动梦网”正式开通。2008年电信行业重组和3G牌照的发放，极大地推进了移动互联网的升级和发展，中国移动互联网时代拉开序幕。

据中国互联网络信息中心发布的《第41次中国互联网络发展状况统计报告》显示：截至2017年12月底，中国网民使用手机上网规模已达7.53亿，手机上网占全部网民的97.5%，远高于台式计算机的53.0%、笔记本电脑的35.8%、电视上网的28.2%和平板电脑的27.1%，智能手机已经成为网民登录互联网的第一首选工具。以手机为中心的智能设备，正成为万物互联的基础，移动终端的规模不断扩大，移动互联服务的场景不断丰富，为移动广告业务规模的扩大奠定了基础。

一、移动互联网的含义

知识库：移动互联网的基本结构

移动互联网将移动通信和互联网二者结合成为一体，是互联网的技术、平台、商业模式和应用与移动通信技术结合并实践的活动的总称。移动互联网的定义有广义和狭义之分。广义的移动互联网是指用户可以使用手机、笔记本电脑等移动终端设备，通过协议接入互联网；狭义的移动互联网则是指用户使用手机终端通过无线通信的方式访问采用WAP的网站。

手机是移动互联网时代的主要终端载体，根据手机及手机应用的特点，移动互联网主要有以下特征：

（1）即时性。智能手机的普及和无线信号的全覆盖，使手机可以随时随地登录互联网。

（2）隐私性。相对于PC的办公设备或多用户，手机属于个人物品，具有明显的个人化及私密性特性。

（3）定位性。与固定通信设备和PC相比，手机可以通过基站、GPS或其他工具定位，获得使用者的位置，实现个性化推荐服务。有研究机构研究发现，位置相关的广告能够有效提高广告点击率。

（4）社会性。手机上的通信录用户关系是最真实的社会关系，社交媒体的发展使手机的社会性联系更加多样化和多形式化，为广告信息传播、推荐和移动通信的媒体价值奠定了基础。

二、手机广告

知识库：移动广告的产业链

随着智能手机的普及，移动设备基本上被智能手机所垄断，移动互联网广告也以手机广告为主。

1. 手机广告的形式

手机移动广告目前有两种主要形式，AdMob（全球最大的手机广告平台）和iAd（苹果广告平台）。AdMob主要是在应用中嵌入banner（横幅），点击广告后会通过浏览器打开网页。iAd继承了苹果的优雅，不用打开浏览器，直接在应用中展示炫酷的广告。

手机广告的展现形式多种多样，包括：图片广告、视频音像广告、搜索类广告、电子邮件广告、信息流广告、插片广告、积分墙广告、LBS广告等，部分形式如图7-2所示。

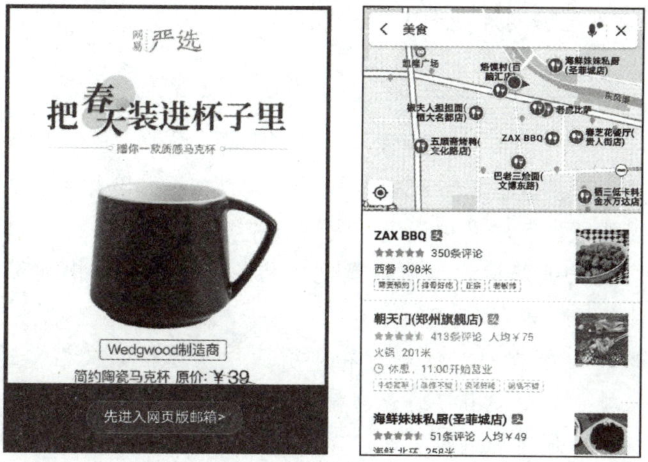

图7–2　移动广告的几种形式

2. 手机广告的特点

手机广告是一种依托手机终端的新型广告传播方式，与传统媒体相比，广告服务更为关注便捷性、用户收看场景和网络承载力。概括起来，手机广告的特点主要有以下几个方面：

即时性：基于手机的可移动性，广告信息及时有效到达。

精准性：实时捕捉用户信息形成用户画像，精准传播广告。

互动性：广告主与消费者之间互动交流，提升传播效果和用户体验。

传播性：APP的广泛使用，大幅提高了手机的应用范围和信息传播能力。

可监控性：手机定位的使用使平台公司不仅可以监控到广告信息的点击或阅读情况，也同时能够实时监控到信息接收场景。

手机广告的迅速发展得益于移动通信工具的智能化。目前，移动广告中QQ、微博、微信推广成为最为便捷和最有影响力的广告形式。

同步案例

移动互联网广告价值分析

扫码查看案例，分析移动互联网各类应用中广告价值的变化趋势。

同步案例：移动互联网各类应用中广告价值的变化趋势

第三节　搜索引擎的特点和应用

搜索引擎（search engine），是指根据一定的策略自动从互联网搜集信息，经过一定整理以后，将信息提供给用户进行查询的检索服务系统。搜索引擎从互联网提取各个网站的信息，建立起数据库，并能检索与用户查询条件相匹配的记录，按一定的排列顺序返回结果。

百度、搜狗、谷歌等是国内外搜索引擎的代表。

知识库

搜索引擎的组成

搜索引擎由搜索器、索引器、检索器和用户接口四个部分组成。

搜索器：其功能是在互联网中漫游，发现和搜集信息。

索引器：其功能是理解搜索器所搜索到的信息，从中抽取出索引项，用于表示文档以及生成文档库的索引表。

检索器：其功能是根据用户的查询在索引库中快速检索文档，进行相关度评价，对将要输出的结果排序，能按用户的查询需求合理反馈信息。

用户接口：其作用是接纳用户查询、显示查询结果、提供个性化查询项。

一、搜索引擎的分类

搜索引擎包括全文搜索引擎、目录索引、元搜索引擎、垂直搜索引擎、集合式搜索引擎、门户搜索引擎与免费链接列表等。

1. 全文搜索引擎

全文搜索引擎是名副其实的搜索引擎，例如谷歌、必应、百度等。它们从互联网提取各个网站的信息（以网页文字为主），建立起数据库，并能检索与用户查询条件相匹配的记录，按一定的排列顺序返回结果。

搜索引擎的自动信息搜集功能分两种。一种是定期搜索，即每隔一段时间（如谷歌一般是28天），搜索引擎主动派出“蜘蛛”程序，对一定IP地址范围内的互联网网站进行检索，一旦发现新的网站，它会自动提取网站的信息和网址加入自己的数据库。另一种是提交网站搜索，即网站拥有者主动向搜索引擎提交网址，它在一定时间内（2天到数月不等）定向向提出申请的网站派出“蜘蛛”程序，扫描并将有关信息存入数据库，以备用户查询。随着搜索引擎索引规则的变化，主动提交网址并不保证网站能进入搜索引擎数据库，网站要想获得更多的访问机会，就要想办法多获得一些外部链接。

当用户以关键词查找信息时，搜索引擎会在数据库中进行搜寻，找到与用户要求内容相符的网站后，根据网页中关键词的匹配程度、出现的位置、频次、链接质量等，计算出各网页的相关度及排名等级，然后根据关联度高低，按顺序将这些网页链接返回给用户。

2. 目标索引

目标索引又称分类检索，是互联网上最早提供资源查询的服务，主要通过搜集和整理互联网上资源，根据搜索到网页的内容，将其网址分配到相关分类主题目录的不同层次的类目之下，形成像图书馆目录一样的分类树形结构索引。目录索引无需输入关键字，只要根据网站提供的主题分类目录，层层点击进入，便可查到所需的网络信息资源。其实质是目录分类网站链接列表。

与全文搜索引擎相比，目录索引有许多不同之处。首先，全文搜索引擎属于自动网站检索，而目录索引则完全依赖手工操作。其次，全文搜索引擎收录网站时，只要网站本身没有违反有关的规则，一般都能登录成功；而目录索引对网站的要求则高得多，有时登录多次也不一定成功。第三，在登录全文搜索引擎时，不用考虑网站的分类问题，而登录目录索引时，必须将网站放在一个最合适的目录。最后，全文搜索引擎中各网站的有关信息都是从用户网页中自动提取的，用户拥有更多的自主权；而目录索引则要求必须手工另外填写网站信息。

全文搜索引擎与目录索引有相互融合渗透的趋势。一些纯粹的全文搜索引擎也提供目录搜索，如谷歌就借用Open Directory目录提供分类查询。

3. 元搜索引擎

元搜索引擎则是在接受用户查询请求后，同时在多个搜索引擎上搜索，并将结果返回给用户。元搜索结果排列方式有两种，一是直接按来源排列搜索结果；二是按自定的规则将结果重新排列组合。

4. 垂直搜索引擎

垂直搜索引擎是在2006年后逐步兴起的一类搜索引擎。

不同于通用的网页搜索引擎，垂直搜索专注于特定的搜索领域，满足用户的特殊搜索需求（如旅游搜索、视频搜索、购物搜索等），在其特定的搜索领域有更好的用户体验。

5. 其他搜索引擎

集合式搜索引擎，类似元搜索引擎。与元搜索引擎不同的是，集合式搜索不是同时调用多个搜索引擎进行搜索，而是由用户从提供的若干搜索引擎中选择。

门户搜索引擎。只提供搜索服务，不建立自己的分类目录和网页数据库，搜索结果完全来自其他搜索引擎。

免费链接列表（Free For All Links，FFA）。一般只简单地滚动链接条目，少部分有简单的分类目录，不过规模要比目录索引小很多。

二、搜索引擎广告的特点

搜索引擎广告是指广告主根据自己的产品或服务的内容、特点等，确定相关的关键词，撰写广告内容并自主定价投放的广告。当用户搜索到广告主投放的关键词时，相应的广告就会展示（在关键词有多个用户购买时，根据竞价排名原则展示），并在用户点击后按照广告主对该关键词的出价收费，无点击则不收费。

搜索引擎广告包括关键字广告、竞价排名广告、地址栏搜索广告等形式。搜索引擎广告的特点突出，主要包括以下几个方面：

1. 针对性强

在搜索时，客户需求已经通过关键字表现出来，搜索引擎根据客户需求，给出相应结果，因此，广告投放完全是精确匹配，直接针对有需求的客户。

2. 效果明显

在购买关键字广告服务后，服务商会为广告主提供一个管理入口，可以实时在线查看推广信息的展示、点击情况和广告花费信息，对广告效果统计报告进行记录和分析，便于广告主及时掌握广告效果，帮助广告主积累搜索引擎广告推广的经验，调整广告策略，进一步提高推广效果。

3. 受众广泛

根据中国互联网络信息中心发布的《第41次中国互联网络发展状况统计报告》，截至2017年年底，中国网络搜索用户规模达7.2亿，网民使用率为93.3%。

同步案例

企业的商业利益与社会责任

扫码查看案例，回答问题：你认为搜索引擎平台应该如何平衡其商业利益与社会责任？

4. 灵活性强

广告投放灵活自主，广告主可以灵活选择广告投放的区域和时段。与此同时，广告预算规模容易控制。

知识库：我国网民搜索行为调查报告

5. 管理效率高

搜索引擎广告投放快捷，广告投放效率高。广告主可以根据需求及时调整广告展示内容，包括修改广告标题、内容摘要、链接地址等信息。

三、搜索引擎广告的应用

随着互联网应用的普及，网民搜索引擎的使用率不断提高，搜索引擎的媒体广告价值和平台公司的广告营业规模也在不断提高。

1. 关键字广告

关键字广告（adwords）是指显示在搜索结果页面的网站链接广告。当用户利用某一关键词进行检索时，在检索结果页面中就会出现与该关键词相关的广告内容。关键字广告属于CPC（cost-per-click）收费机制，即按点击次数收取广告费。

在特定关键词的检索时，关键字广告才出现在搜索结果页面的显著位置，其针对性非常高，被称为性价比较高的网络推广方式。

（1）关键字广告的类型。链接的关键字可以是关键词，也可以是语句。

公司关键字。即网页中凡涉及公司名称、产品或服务品牌，都以超级链接方式，链接到公司相关的主页或网站。

公众关键字。即将网页中出现的公众感兴趣的关键字链接到公司（产品）相关网站或主页。

语句广告。即以一句能够引起网民注意的话语超级链接到公司相关网站或主页上，吸引网民点击进入浏览。这种关键字广告是目前广告主最常用的。

知识库：百度搜索的排名问题

搜索关键字。即公司预先向搜索引擎网站购买与企业、产品和服务相关的关键字，在网民使用搜索引擎输入公司所购买的关键字搜索其所想找的信息时，与公司网站或网页链接的相关信息就出现在搜索结果页面突出位置的一种关键字广告形式。

竞价排名广告。企业注册属于自己的“产品关键字”，这些“产品关键字”

可以是产品或服务的具体名称，也可以是与产品或服务相关的关键词。当潜在客户通过搜索引擎寻找相应产品信息时，企业网站或网页信息就会出现在搜索引擎的搜索结果页面或合作网站页面的醒目位置。由于搜索结果的排名或在页面中出现的位置是根据客户出价的多少进行排列的，故称为竞价排名广告。

（2）关键字广告的功能。关键字广告具有定位功能，可提供即时的点击率效果和随时修改关键词，是搜索引擎营销的常用形式。关键字广告应用的关键是选好关键词。客户在使用关键字广告时，可以自定每天的点击次数，以控制广告费预算。

（3）关键字广告的特点。形式简单。通常是文字广告，其中主要包含广告标题、简介、网址等要素，一般在搜索结果页面中与自然搜索结果分开。

随时投放。关键字广告信息可以随时出现在检索结果中，也可以随时终止投放关键字广告。

控制费用。关键字广告一般采用按点击收费的计价模式，广告主通过设定最高点击次数，控制广告费用。

选择信息位置。广告主通过关键词的选择和点击价格设置等手段，预估推广信息可能出现的位置。

信息调整性强。关键字广告信息包括标题、内容摘要、链接地址等由广告主设定和调节。

引导直达网页。关键字广告可以引导检索者来到任何一个期望的网页。

流量统计便捷。广告主可以实时在线查寻广告点击情况与费用，包括关键词显示次数和被点击次数、点击率、关键词的当前价格、每天的点击次数和费用、累计费用等。

（4）关键字广告优势。关键字广告的优势明显，主要表现在：① 有利于提升公司知名度，通过检索结果排名提升企业网络知名度；② 具有很强的针对性和目的性；③ 效果明确；④ 成本较低，成本控制容易；⑤ 广告效益高。

同步案例

2020年中国互联网公司广告收入

根据QuestMobile发布的《中国移动互联网2020年度大报告》，阿里巴巴、腾讯和百度分别以2 536亿元、823亿元和663亿元位居广告营业收入前三位。位列榜单前十位的互联网公司还有京东、拼多多、快手、美团点评、小米、微博和爱奇艺。2020年中国互联网公司广告收入呈现出以下发展趋势：

电商平台广告变现能力强劲。榜单中电商平台广告排名普遍靠前，电商类广告市场规模依旧处于增长态势。短视频及新兴视频平台增长最快。短视频平台快手广告营业收入增长最快，增幅接近200%，其次是B站，增幅达到126%，这些新兴平台越来越受到广告主的青睐。

从商业化变现角度看，由流量转型到服务依旧为重心。一方面，体现在数据与技术能力的加强，提升广告效果；另一方面，则是在自身生态中搭建商业闭环，在广告主的经营中扮演越来越重要的角色。

2. 竞价广告

竞价广告是一种由用户自主投放，自主管理，按照广告效果付费的新型网络广告形式。

广告主只需要少量的投入，就可以带来大量的潜在客户，直接提升业绩。而灵活的计费和管理方式，使广告主随时可以控制广告投放和花费。

（1）模式：分为手动竞价和自动竞价两种。手动竞价是指广告主自己设定点击价格，而自动竞价则是指广告主设定价格上限，系统将在价格上限之内自动调整点击价格，保证排名。有时系统自动设定的点击价格仅比下一名的竞价价格高0.05元。

（2）优势。① 投放目标准：看到广告的正是需要购买的用户。② 展示面广：可以接触到全世界约80%的互联网用户。③ 费用少，投资少：按访问次数付费，利用数据跟踪投资回报率。④ 灵活性强：满足多个目标，几乎可以即时更改。

知识库

腾讯公司的竞价广告

腾讯竞价广告是一种由用户自主投放，自主管理，按照广告效果付费的新型网络广告形式。腾讯竞价广告根据投放规则和投放位置分为搜索引擎广告和内容相关广告。

随着移动互联网的普及和社交媒体的快速发展，腾讯公司的广告收入规模不断扩大，2020年广告收入占营业总收入的比重同比增长20%，达到823亿元。

资料来源：腾讯官网

3. 地址栏搜索广告

地址栏搜索广告属于第三代的中文上网方式，广告客户将自己的公司名、产品名注册为网络实名，用户无须记忆复杂的域名，直接在浏览器地址栏中输入中文名字，就能直达企业网站或者找到企业、产品信息，从而为企业带来更多的商业机会。

地址栏搜索广告具有更强的目标针对性。但当搜索者对要寻找的企业或产品不清楚时，会影响搜索效果。

第四节　社交媒体的特点和应用

社交媒体是人们彼此之间用来分享和交流意见、观点、经验的虚拟社区和网络平台，主要包括微信、微博、论坛、博客等。

与一般大众媒体不同，社交媒体让用户享有更多的选择权利和编辑能力，自行集结成某种阅听社群，参与者不仅人数众多，而且是自发传播。社交媒体传播信息的形式包括文本、图像、音乐和视频。移动互联网的迅速发展，对社交媒体的应用、发展和普及起到巨大推动作用，使社交媒体的广告价值迅速提升。

一、社交媒体的含义

社交媒体（social media，又称社会化媒体和社会性媒体）是指允许人们撰写、分享、评价、讨论、相互沟通的网站和技术，泛指具有社交功能的互联网应用，包括综合类社交网站、即时通信工具以及垂直类社交网站，社交媒体以综合类社交网站和即时通信工具为主。

综合性社交网站是指以交互性为主，建立起的人与人之间社会网络或社会关系连接的平台，是社交拓展的一种方式。

垂直性社交网站是指在特定领域为用户提供社交关系连接的平台。

即时通信工具又被称作聊天软件、聊天工具等，指能够通过有线或者无线设备登录互联网，实现用户间文字、语音或者视频等实时沟通方式的软件。

社交应用市场主要包括即时通信工具、综合社交应用和垂直细分社交应用。

1. 社交媒体的特点

在企业营销中，社交媒体的价值主要包括：增加品牌曝光度；提升网站知名度；促进企业品牌建设，加强客户管理等几个方面。社交媒体作为一种给予用户极大参与空间的新型在线媒体，其特点主要包括以下几个方面：

（1）及时响应。在社交媒体应用中，营销者作为社交媒体的参与者，和用户处在同一平台，营销者发布的广告信息可能随时获得用户的响应。

（2）以用户为中心。传统媒体均以企业为中心，企业根据推广的需要编制广告信息的内容和形式。社交媒体广告信息传播不同于一般广告媒体的广告投放，需要营销者根据社交媒体平台的特点和用户特征，以用户为中心，根据用户的不同需求，通过分析用户行为和需求制定客户规划。

（3）用户体验。用户体验的提升是建立在对用户需求和理解基础之上的，这需要营销者对用户有深刻的洞察力和反应力，设计出具有吸引力和传播力的广告信息。

（4）即时数据分析。社交媒体信息传播以大数据分析为基础，营销中介或平台公司通过数据分析，为营销者确定传播对象、传播形式和传播内容。

2. 社交媒体的分类

典型综合社交平台在产品定位、社交关系紧密度、分享内容上差异明显。根据社交媒体参与者差异可将社交媒体分为朋友圈社交媒体和公开社交媒体。

（1）朋友圈社交媒体。以微信朋友圈、QQ 空间为代表。即以即时通信工具为基础衍生出的社交服务，在社交关系上偏重熟人社交，趋向于通过分享个人生活信息来促进朋友间的互动、增进彼此感情，网民使用率分别为85.8%和67.5%。

（2）公开社交媒体。以新浪微博为代表的基于社交关系来进行信息传播的公开平台，网民使用率为 37.1%，用户使用目的主要是了解新闻资讯、热点和兴趣信息，关注的内容相对公开化，社交关系上更侧重于陌生人社交。

3. 社交媒体的发展趋势

网络社交用户在整体网民中的占比不断扩大，社交应用为网络娱乐、购物、新闻应用提供了流量入口；社交应用媒体属性增强，成为热点事件传播的重要途径；用户在社交应用上的视频消费习惯养成，社交应用成视频内容分享的重要平台。

直播功能成为社交平台应用的标配，直播在提升用户活跃度的同时也带来收入快速增长。

据中国互联网络信息中心发布的《2016年中国社交应用用户行为研究报告》显示，截至2016年12月，84.4%的用户通过社交应用收看网络视频节目，59.4%的用户在社交应用上分享或转发过网络视频节目；3.44 亿的直播用户中，24.4%的人通过社交平台来收看直播，直播成为新的用户交流方式。

4. 社交媒体广告

社交媒体广告包括SNS社区网站，传统社区，博客等类型，也包括门户网站旗下的网络社区及微博、微信等。随着广告技术的不断进步，展示广告和效果广告的结合提升了社交广告效果，立足于社交网络而不断发展的原生信息流广告、视频广告等形式的应用推动了社交广告的快速发展。

随着社交媒体用户规模的不断扩大，社交广告规模增长迅速。据艾瑞咨询研究报告显示：中国社交广告规模由2012年的31.6亿元增至2016年的239.6亿元，四年增长了658.2%。

二、信息流广告

信息流有广义和狭义两种。广义的信息流指在空间和时间上向同一方向运动过程中的一组信息，它们有共同的信息源和信息的接收者，即由一个信息源向另一个单位传递的全部信息的集合。狭义的信息流指信息的传递运动，这种传递运动是在现代信息技术研究、发展、应用的条件中，信息按照一定要求通过一定渠道进行的。

目前，手机APP上展现的信息流有按时间顺序排列的，也有按热度高低或算法排序的。

信息流广告从PC时代的搜索广告开始萌芽，最早出现在Facebook上。2016年，Facebook的广告收入排名全球第二，达到269亿美元，移动营销占总收入的比重高达98%。

2015年年初，微信朋友圈接入了信息流广告。随后，今日头条、新浪微博、手机百度等各大社交媒体APP相继接入信息流广告。信息流广告是目前移动APP上常见的广告形式之一。

拓展案例：中国信息流广告洞察报告

1. 信息流广告的特点

信息流广告是指出现在社交媒体用户好友动态中的广告，广告信息与内容信息混排在一起，又叫原生广告。一般以文字图片加链接的形式，或以视频流的形式出现。

投放特点：基于用户行为和平台公司大数据分析，精准投放（基于用户在平台上的浏览、评论、分享等各种互动行为，了解用户偏好，匹配相关度高的广告）。

收费形式：CPM（按展示次数收费）和CPC（按点击次数收费）为主。

如果网民不留意在广告周围出现的“推广”或“广告”字样，可能都不会发现这是一条广告。信息流广告依托海量的用户数据和信息流生态体系，精准捕捉用户意图，有效降低用户干扰，将广告展现给目标客户，并且容易激发受众的主动性，促使其主动接受、分享。

2. 信息流广告的优势

信息流广告把广告和内容融为一体，广告效果越好，内容性就要越强，让广告真正地成为内容的一部分，从而促进行业的整体升级。与硬广告相比，信息流广告有明显的优势：

（1）易接受。信息流广告与原有内容融合在一起出现，而不是用户操作和阅读时强行插入，容易被用户所接受，能较好地平衡商业广告和用户体验之间的关系。

（2）效果好。信息流广告能根据用户偏好实现精准投放，可自发产生二次传播（如微博转发，朋友圈点赞），转化率高，广告效果好。

（3）互动性强。用户可以参与点赞、评论、分享等，使得信息流广告可以更好地进行传播，提升广告效果。

3. 信息流广告的缺点

与搜索引擎广告相比较，信息流广告的主要缺点包括：① 广告后台简单，不便于针对不同广告主进行调整；② 广告信息投送是建立在大数据分析基础上的，难以针对不同类型人群进行更精准的推广。

4. 信息流广告的关键

信息流广告和其他广告的关键区别，是信息流广告背后的大数据支撑。信息流广告不是广告主向媒体单位购买广告位或广告时间，而是建立在大数据分析基础上的购买用户。即通过大数据聚合、算法和逻辑，在合适的时间、合适的场景、给合适的人展示合适的广告创意，最终使广告信息无声地融入信息流，成为信息流的有效组成部分，实现广告的精准推送。

5. 信息流广告的适应性

广告信息与非广告信息融合在一起，用户参与和转发是信息流广告的基本特征。信息流平台很多，不同的信息流平台适合不同的行业，如新闻客户端的信息流广告适合类型包括游戏、旅游、物流加盟、培训机构等。

在目前移动信息碎片化背景下，信息流广告集中在移动端，通过各种场景对受众产生持续影响。

知识库：信息流广告优化

6. 信息流广告规则

（1）触发机制。通过定向进行触发，最主要的定向是兴趣点、兴趣词、号码包、再营销、媒体；此外还有很多辅助定向，例如性别、年龄、网络环境、手机设备等。

（2）展现规则。主要分为排期、竞价两部分。大客户一般是按排期进行购买，优先获取曝光；剩下的曝光库存量则留给竞价模式，按ECPM进行PK展现。

（3）计费模式。排期模式一般直接按CPT或CPM购买；竞价模式一般按CPC或CPM进行购买。

三、原生广告

原生广告以搜索广告的出现作为标志，随着媒体形式的多样发展和移动互联网的出现，广告形式开始出现变化。脸书首次根据自身的社交页面推出插入在内容中的、与社交信息一致的广告形式，从而开启了原生广告新的发展阶段。美国互动广告局（IAB）在2014年发布的《原生广告手册》中提出了较为标准的原生广告定义，使美国原生广告逐渐走向规模化和规范化，同时促进了中国原生广告的爆发性增长。

知识库：美国原生广告的发展

1. 原生广告的含义

自2012年原生广告概念被提出至今，还没有一个具体且权威的定义，它的产生和发展与移动互联网的发展密不可分，是移动广告中最具有代表性的产物。美国互动广告局在其发布的《原生广告手册》中是这样描述的：原生广告是与页面内容紧密关联，融入于整体设计，且与平台行为一致的广告，以至于用户感觉广告属于产品的一部分。

原生广告存在多种形态和样式，其本身更像是一种理念和思维。从本质上来讲，原生广告即原于形式，生于内容。甚至可以说，每个人脑海中都有一个原生广告。

2. 原生广告的特点

从广告发展和传播来看，通常意义的广告需求是由广告主提出的，经过广告公司、广告媒介和广告代言传播，广告形式和广告内容独立于媒体之外。随着智能手机、移动互联网使用的普及与社交媒体的广泛应用，信息传播形式、信息传播工具和途径也越来越丰富，广告信息开始逐渐融于新闻、话题讨论之中，原生广告信息随之而生。

（1）媒体适应性。原生广告“源于媒体”，是指广告形式与媒体间存在着很高的适应性，媒体整体形式和表现形式决定广告的表现形式。

（2）内容创意适用性。原生广告存在于信息流中，与信息融为一体，其内容创意与信息流的传播和内容协调一致。原生广告把广告信息形式和内容与信息流融为一体，广告、内容/服务与载体之间的高度结合，使品牌所要传达的信息可以更加灵活巧妙地触达用户并引起其兴趣，从而引起用户主动关注、点击、购买，甚至二次传播。

（3）内容价值高。内容本身是否有足够的实用性和观赏性是决定原生广告价值的主要因素。随着社交网络的发展和消费者选择的理性化程度的提高，提升原生广告的实用性和观赏性成为提高原生广告价值的基础。这与“工商硬广”存在着明显的区别。

（4）用户自主选择性高。原生广告存在于信息流之中，用户在浏览信息流时，可以点击带有“广告”标识的信息，也可以忽略不点击，其决定权在用户手中。

另外，随着大数据信息的积累和算法的不断提高，原生广告在信息推送时机、对象选择和信息处理能力等方面不断提高，平台公司的信息管理能力也不断提高，原生广告的推送对象越来越明晰，推送时机也将越来越符合用户的使用习惯。

知识库

中国原生广告的发展动力

原生广告在中国的爆发主要有六大幕后推动力。

1. 网络广告市场规模不断扩大

在中国广告市场中，网络广告已经成为具有主流话语权的广告形式，广告花费不断向互联网媒体倾斜，移动互联网的快速发展又加剧了这种变化趋势。

2. 用户使用习惯的变化

智能手机的普及和移动互联网的应用正在改变着人民生活方式。移动端的媒体形态、用户使用习惯等都与PC互联网具有较大差异，直接照搬PC端成熟广告形式的套路不再具有理想效果，移动屏幕的有限空间与APP选择的相对封闭凸显用户注意力的价值。

3. 广告主诉求的变化

广告主对于广告的要求不断发生改变，品牌和效果的统一成为当前的突出需求，广告主不再满足于单纯的曝光或转化，而希望获得双重效果。

在互联网思维的渗入和“人本主义”理念的影响下，广告主广告诉求正在由知名度、美誉度转向共鸣度，即由追求品牌曝光、塑造品牌形象转向以人为主要因素的基于媒介的品牌内容，将广告价值与品牌情感高度结合。

4. 网络广告管理政策的变化

网络广告政策性收紧，网络广告常规尝试遇到瓶颈，用户对于广告的侵扰越来越敏感。

5. 内容产业的发展

内容成为吸引用户注意力的核心。基于内容创意的探索成为广告信息传递的重要手段。在移动互联网时代下，简单粗暴的工商硬广已难以吸引受众的关注。

6. 广告技术的发展

随着互联网技术的发展，程序化广告市场不断规范；大数据积累和经验，以及广告技术与数据算法能力的提升，成为原生广告发展的有力提升。

归根结底，这是中国互联网环境变化引起的一场产业变革。

资料来源：艾瑞网.中国原生广告市场研究报告

3. 原生广告的形式

从完全独立于页面的固定广告位到成为内容一部分的广告信息，广告的原生化在不断演进。原生广告的类型可以分为形式原生和内容原生，而内容原生一般是基于形式原生产生的二者之间的比较见表7–2。

表7–2　形式原生与内容原生的比较

	形式原生	内容原生
含义	与信息载体在形式上一致，广告本身相对独立，但与载体的展现形式和产品设计与风格等融合，用户体验更好	参与到内容表达中的软文广告信息，广告本身是内容的一部分，品牌深度参与到内容提供的信息中，有很强的定制性
具体形式	信息流广告	图文植入广告
	搜索关键词广告	创意中插等视频广告
	推荐/互动广告	深度定制内容广告

同步案例

“今日头条”广告投放

1. 多种广告样式

支持大图、小图、组图、动图、视频等素材样式，根据不同的产品特性选择不同的平台和广告样式能带来更好的广告转化效果。

2. 多维度定向

“今日头条”定向维度更加丰富。

位置定向：按用户所处的区域、商圈精准推送广告。

APP定向：按用户手机上安装的APP类型精准推送广告。

设备定向：按用户的手机类型和网络环境精准推送广告。

属性定向：按用户年龄性别和兴趣爱好精准推送广告。

3．亿级活跃用户，海量资源覆盖

至2021年年底，今日头条日活跃用户数月均同比增长9.18%，已超过3亿。通过对每一个用户样本数据进行精细化管理，提供行为、基本属性、关键词等多种形式的定向，帮助客户找到最合适的目标受众。

4．更精准的人群判断

（1）机器算法。机器通过分析人的特征和信息内容的特征，将两者进行匹配，实现个性化精准推荐，帮助广告主把商业信息传达给真正需要的人，以减少广告费用的浪费。

（2）千人千面。每天30万条信息，千人千面一次分发，深度分析用户偏好，建立清晰人群画像，打造丰富场景，对每一位客户进行个性化资讯推荐，满足用户多样化需求，为客户打造一站式服务。

（3）量化透明。广告商为全方位支持监控，主动开放第三方监控，以真实的曝光量、点击量帮助客户直观了解投放效果，让每一笔投放都清晰透明。

资料来源：今日头条，有删改。

问题：根据案例资料，查看“今日头条”的信息流广告并分析特征。

4. 原生广告与植入广告

原生广告的常见形式是信息流广告与植入广告。原生广告将广告变成内容的一部分，展现形式包括：视频植入、搜索竞价、信息浏览、应用嵌入等。

信息流广告属于原生广告最为常见的一种形式，且以移动端为主要载体。

植入广告（Product Placement）是指把产品及其服务具有代表性的视听品牌符号融入影视或舞台作品中的一种广告方式，通过表演节目给观众留下深刻印象，以实现品牌传播。常见的广告植入物有：商品、标识、VI、CI、包装、品牌名称以及企业吉祥物等。

四、网络直播广告

随着互联网应用场景的不断丰富，网络广告价值被不断挖掘，互联网广告形式也层出不穷。网络直播广告以其特有的形式，展现出巨大的发展潜力。

1. 直播营销的特点

直播营销是指在现场随着事件的发生与发展进程的推进，同时制作和播出节目的营销方式。直播营销活动以直播平台为载体，通过活动场景展现，获得受众认可。直播营销是一种营销形式上的重要创新，也是非常能体现出互联网视频特色的板块。直播营销的优势得到广告主的广泛认可，其特点主要有以下几个方面：

（1）直观/传播范围广。直播本身就是一种写实活动。高水平的场景设计和节目录制，不仅能收到及时回应，也同时会带来二次传播。在轻松愉悦的环境中，一个有用且有趣的事件或话题，本身就具有很高的传播性。

（2）精准营销。与一般的广告信息传播不同，直播的受众一般是对直播平台传播信息和内容感兴趣的群体，且在直播时间进入平台。特别是在垂直细分市场下进行的直播营销，能够精准定位目标客户。

（3）实时互动。与电视等其他形式的视频相比，在视频直播时用户能够同时参与互动，加深参与感和市场集中度。无论是打赏还是吐槽，都有利于营销者改进和提高营销水平。

知识库：我国网络直播的发展过程

（4）移动化趋势。随着移动互联网应用的普及，视频客户端移动化趋势不断提高。据中国互联网信息中心发布的统计报告显示：2017年年底，中国网民手机视频用户规模达5.49亿，网民使用率为72.9%；手机直播使用率达84.1%。

据艾瑞咨询发布的《2018年中国网络直播营销市场研究报告》显示：2017年网络广告正在转向“智能化”和“原生化”，广告与内容的界限越来越模糊，视频正在成为人们接受信息的习惯媒体，视频广告呈现快速增长趋势。

阅读资料

快速发展的网络直播

网络直播服务在资本力量的推动下持续快速发展。根据 CNNIC《第50次中国互联网络发展状况调查》，截至2022年6月，网络直播用户规模达到7.88亿，较2021年12月增长1.8%，网民使用率68.1%。其中，电商直播的用户规模超过4.6亿，占网民整体的44.6%。

网络直播收看设备使用中，手机使用率第一，远远高出排在第二位的台式计算机。

资料来源：中国互联网络信息中心

2. 网络直播广告

2017年以前，直播营销的广告主主要是围绕互联网营销的游戏、网络服务、3C类企业和快速消费品企业。随着直播平台的发展，直播内容制作越来越精良，电商、汽车、科技类、户外旅游和影视剧制作等企业开始选择直播广告，一线品牌广告主受直播平台创新营销模式的影响，开始选择定制性合作。

据《中国网络直播营销市场研究报告》显示，97%的网络用户对直播营销持正面态度，其中，37%的用户乐意观看新产品的发布、分享或卖家秀，27%的用户对自己喜欢的主播推荐的产品会增加购买概率。

3. 直播营销模式

直播营销模式分为两种，一是传统的“硬广”模式，二是新的、定制化的“直播+”模式。

（1）“硬广”模式。“硬广”模式对创意和内容制作要求不高，广告形式和内容可以被多次复制和重复使用，因此制作成本较低，但收效随播放频次递减。“硬广”模式的广告形式分为两种。① 品牌展示：在直播中利用banner，冠名、展开等形式，将企业或产品品牌暴露呈现。② 贴片广告：与电视广告一样，在直播时以视频形式播放前插、中插或后插的广告。

（2）“直播+”模式。“直播+”模式倾向于“定向制作”，包括场景、内容、表现形式，甚至主播都需要定制，属于一次性的制作和播放，因此，制作成本高但广告收效好。

直播+内容营销：以品牌推广和产品宣传为目的，在直播时亲身使用产品或参与产品体验。主要用于产品体验、新产品发布和户外活动或旅游等的推广。

直播+互动营销：在直播中需要用户参与时加入广告信息，加强与用户的沟通和交流，提高品牌形象。

直播+电商：电商平台内商家进行的产品展示营销，以提升用户对产品的进一步了解，促进销售。

同步案例

陌陌的视频直播营销

扫码查看案例，回答问题：结合案例中资料分析直播营销的模式，谈谈你对直播营销的理解。

思考与练习

一、单项选择题

1. 在网络广告中，占比例最高的广告信息是（　　）。
   A. 品牌图片广告　　B. 分类广告
   C. 文字链接广告　　D. 富媒体广告
2. 静态文字广告在网页页面的显著位置利用（　　）发布广告信息。
   A. 文字链接　　B. 文字内容　　C. 文字符号
3. 垂直搜索是针对某一个（　　）的专业搜索引擎。
   A. 地区　　B. 产业　　C. 行业
4. 关键字广告应用的关键是选好关键词。客户在使用关键字广告时，（　　）自定义每天的点击次数。
   A. 不能　　B. 可以　　C. 部分可以
5. 竞价广告是一种由用户自主投放，（　　）管理，按照广告效果付费的新型网络广告形式。
   A. 平台公司　　B. 用户　　C. 广告中介
6. 在社交媒体应用中，营销者是社交媒体的（　　）。
   A. 管理者　　B. 参与者　　C. 所有者
7. 信息流广告是指出现在社交媒体用户好友动态中的广告，广告信息与内容信息（　　）的广告。
   A. 分开编排　　B. 混排　　C. 无法区别
8. 原生广告“原于媒体”，就是指广告形式与（　　）间存在着很高的适应性。
   A. 产品/品牌　　B. 广告内容　　C. 媒体

二、多项选择题

1. 网络媒体的突出优点包括（　　　　）。

A. 传播速度快　　B. 传播范围广　　C. 内容全面、丰富
D. 交互性强　　E. 传播模式灵活多变

2. 从广告和市场观点来看，互联网在企业营销中的主要用途包括（　　　　）。

A. 广告媒体资源　　B. 直销资源
C. 企业展示和介绍　　D. 提供营销和促销信息资源

3. 网络广告形式主要有（　　　　）等。

A. 旗帜广告　　B. 按钮广告　　C. 文字广告
D. 浮动按钮　　E. 富媒体广告

4. 手机广告的特点包括（　　　　）。

A. 针对性强　　B. 广告成本低
C. 覆盖面广　　D. 互动性强

5. 竞价广告的优势包括（　　　　）。

A. 投放时机准确　　B. 展示面广
C. 费用和投资少　　D. 灵活性强

6. 与硬广告相比，信息流广告的明显优势有（　　　　）。

A. 易接受　　B. 效果好
C. 互动性强　　D. 广告后台简单

7. 原生广告的特点包括（　　　　）。

A. 媒体适应性强　　B. 内容创意适用性强
C. 内容价值高　　D. 用户的自主选择性高

8. 原生广告的常见形式包括（　　　　）。

A. 关键词广告　　B. 竞价广告
C. 信息流广告　　D. 植入广告

三、思考题

1. 简述网络广告的特征。
2. 简述网络广告的主要形式。
3. 简述网络广告效果评估标准与技术统计方法。
4. 简述手机广告的主要形式。
5. 简述搜索引擎广告的主要特点与主要应用形式。
6. 简述信息流广告规则。
7. 简述原生广告的主要形式。
8. 简述社交媒体广告的主要形式。

案例分析

凤凰网原生广告形式

原生广告是以互联网为载体，从用户角度出发，其形式、风格、设计与展示平台相一致的广告，广义的原生广告还包括与广告内容、含义与展示平台或使用场景充分融合。因此其突出特点是：① 形式、风格、设计适应展示界面的浏览环境，整合可视化；② 广告内容与展示平台或载体的原有内容息息相关，充分融合；③ 广告与场景、展示情境紧密结合；④ 广告的呈现更加友好，可引发大量主动传播，给用户留下深刻印象。

在国内，凤凰网率先引入原生广告。通过深度挖掘行业及用户数据，生成有价值区隔的原生内容，创设场景体验和沟通定制，寻求品牌和市场、服务、传播的平台型聚合，为用户创造短期的高度关注和长期的可持续营销品质。

原生品牌新闻：以新闻的视角通过《中国牛仔的一天》系列图文报道，深入中国养牛第一旗的伊利哈沙图牧场，反衬品牌。

原生视频：纪录片《中国才最美》以4+1的方式，有机融合纪录片的真实性和柒牌的商业性，诠释柒牌创新的品牌理念。

原生栏目和专题：全新桑塔纳重现，凤凰网为其量身定制原生栏目四期《世说真力量》，以热点话题发轫，衍生出信仰、爱情、梦想和亲情四大话题。

原生频道：凤凰网创建“创新频道”，旨在推广创新理念，让创新产品被政府决策者和相关消费者熟知。

问题：分析凤凰网原生广告的特点和成功的原因，并举例说出几种原生广告。

实践与实训

实训一：网络广告分析

实训目标：

（1）了解网络广告的类型；

（2）了解网络广告的应用状况。

实训内容：

（1）登录新浪网或搜狐网，记录首页的网络广告内容、广告类型及客户所属行业；

（2）选择某一频道，记录该频道网络广告内容、广告类型及客户所属行业；

（3）进入该网站的“广告服务”页面，了解其广告报价；

（4）分析该网站的网络广告媒体受众及优势，形成调研报告。

实训要求：

个人完成，以纸质作业形式上交调研报告，做到图文并茂。

实训二：原生广告应用

实训目标：

（1）了解原生广告的发展和特点；

（2）了解原生广告的应用状况。

实训内容：

通过互联网查找相关资料，回答问题。

（1）分析我国原生广告市场现状和发展机会；

（2）如果你是一家小餐馆的老板，为餐馆制定一个原生广告营销方案。

实训要求：

个人完成，以纸质作业形式上交调研报告，做到图文并茂。

引思明理

加强个人信息保护

党的二十大报告指出："加强个人信息保护。"个人信息保护是当下社会面临的重要问题之一。随着互联网技术的发展，越来越多的个人信息被收集和使用。为了有效防范和打击个人信息泄露和滥用行为，我国已经建立了一系列法律法规和制度。其中最重要的是《中华人民共和国网络安全法》，该法明确了处理个人信息应遵循"合法、正当、必要"的原则，并规定了个人信息处理者的相关职责和义务。

在互联网络媒体广告实践中，要落实"加强个人信息保护"方针，需要各方共同努力。对于广告企业和机构而言，需要通过采取技术措施和加强内部管理等方式，有效保护个人信息安全。同时，也需要从国家层面加强监管和执法力度，对个人信息泄露、滥用等行为进行严肃打击。对于个人而言，要增强信息安全意识，加强密码管理和防范网络钓鱼等攻击行为。只有各方共同努力，才能全面保护个人信息安全。

第八章

广告创意与广告创作

本章学习目标

※ **知识目标**

- 了解广告创意的内涵及广告创意在整体广告运作中的作用
- 了解广告创意的过程及方法
- 熟悉广告文案的结构和写作要求
- 掌握不同媒体广告设计的要求

※ **技能目标**

- 能够在实践中提出可行的广告创意
- 能够撰写广告文案

※ **素养目标**

- 培养高雅的广告创意审美，增强美学素养
- 严守广告创意道德标准，拒绝低俗广告创意

本章结构

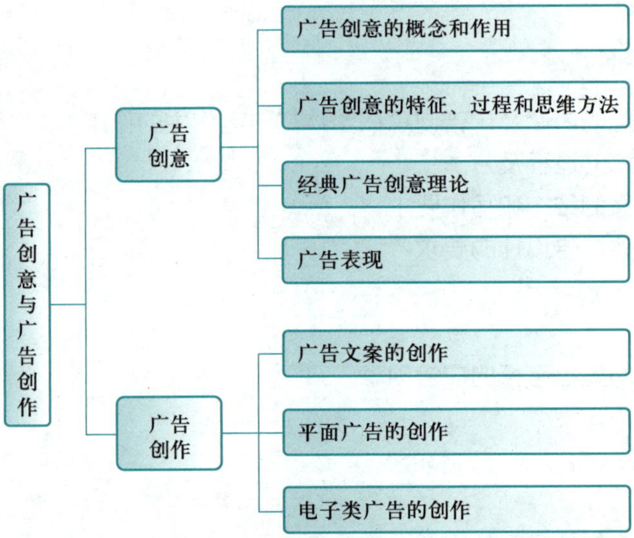
广告创意与广告创作
广告创意
广告创意的概念和作用
广告创意的特征、过程和思维方法
经典广告创意理论
广告表现
广告创作
广告文案的创作
平面广告的创作
电子类广告的创作

引导案例

麦当劳送餐平面广告创意

为了强调自己具备完善的配送系统，麦当劳发布了一系列以“Every order gets its own trip”（一单一路）为主题的平面广告。广告中，配送箱化身为冒着热气的经典快餐单品，令人有立刻下单的欲望，如图8-1所示。

图8-1　麦当劳平面广告

为了从一系列的竞争者中脱颖而出，麦当劳的广告并没有着重展现配送的迅速与便捷，而是另辟蹊径，主要体现自己完善的配送网络。麦当劳表示，我们本着先顾客之忧而忧的服务精神，保证每一个订单都有自己独一无二的“旅程”，食物配送新鲜及时。

问题：结合图片信息，分析该系列广告的创意和表现。

点评：广告创意通过独特的技术手法和巧妙的创作角度，突出产品的特点和品牌内涵，促进产品销售并提升品牌形象。平面广告中最突出部分都是麦当劳的经典产品，不仅能引起受众需求，“一单一路”的诉求点更能提升企业形象，引发顾客好感。

第一节 广告创意

一、广告创意的概念和作用

（一）广告创意的概念

20世纪80年代初，“创意”一词开始在中国广告界出现。广义的广告创意体现在整个广告活动中，包括媒体创意、促销创意、公关创意等。

广告创意的内容包括两个方面：一是广告诉求，二是广告表现。广告诉求是指通过广告向消费者传达什么样的信息，即“说什么”；广告表现是指通过相应的表现手法，将广告诉求有效地表达出来，即“怎么说”。例如，佳洁士牙膏的广告诉求点是坚固牙齿，广告通过一个医学会权威专家的比较实验，来突出表现佳洁士牙膏坚固牙齿的特性。广告表现是为广告诉求服务的，其作用是将广告诉求以最鲜明、最有说服力的方式传达给目标消费者。

1. “创意”和“广告创意”的区别

在艺术领域，创作者可以把自己的价值观、世界观、人生观、审美意识、兴趣爱好等自由地表现在自己的作品中，作品是创作者的个性体现。尽管后人可以利用艺术家们的伟大作品来做广告（例如，达·芬奇的“蒙娜丽莎”被众多广告作品所采用），但是艺术大师不一定能成为广告大师。

> 广告创意：创意人员根据广告主的营销目标和策略，对抽象的产品诉求概念予以具体形象表现的创造性思维活动。

广告创意固然也是创造性的思维活动，但又与一般意义上的创造性思维不同。广告创意是广告活动的一个环节，而广告活动具有商业目的，具有计划性和一定的程序，所以广告创意必然受到各种条件的约束，广告创意人员只能在有限的自由空间内发挥无限的创作潜能。

2. 广告创意=创异＋创益

这个公式揭示了广告创意的本质属性。

创异，就是使广告标新立异、与众不同，是广告创意在信息传播方面的任务。广告只有与众不同，才能引起受众的注意。“创异”的首要目的就是吸引受众的注意力，获得较高的收视率。

创益，就是使广告产生效益。商业广告的目的是为企业带来更多的商业利益，没有效益的广告不是成功的广告。

广告创意从根本上讲是一种商业活动，是广告商借助合适的广告媒体和恰当的艺术表现手法传播广告信息，提高广告传播效果，促进产品销售。

（二）广告创意在广告中的作用

广告创意是广告活动的重要环节，好的广告创意能使广告更好地引起受众的注意，节省广告费用。美国广告大师大卫·奥格威指出：“要吸引受众的注意力，同时让他们来购买你的产品，非要有好的点子不可。除非你的广告有好的点子，不然它就像很快被黑夜吞噬的船只。”这里“好的点子”指的就是广告创意。

广告创意有助于提高产品的附加价值。例如，苹果公司的iPhone X“三分钟”公益广告，由著名导演陈可辛执导，讲述了一对母子在短短的三分钟团圆的故事，突出了团聚时刻的可贵，借此表达该产品可以记录人生的重要时刻，提升了产品的附加价值。

“三分钟”公益广告

广告创意的好坏直接影响到受众对广告的接受程度。好的广告创意能使受众更好地认知产品或品牌，在深层次上影响受众的心理，促进产品的销售。

二、广告创意的特征、过程和思维方法

（一）广告创意的特征

一个好的广告创意必须具备以下特征：

1. 广告诉求明确、单一

好的广告创意就是传达能给受众留下深刻印象，并能为其所接受的广告信息。广告创意必须首先确定什么是最重要的信息，即主信息。对广告主来讲，所有的产品或企业信息都很重要，希望有限的广告预算最好能把所有的信息都传达给目标受众。但受广告时间、空间和受众接受能力的限制，广告只能传播有限的信息，这就要求广告诉求必须集中在最有竞争力、最能打动受众的信息上。例如，宝洁洗发水的差异化广告诉求：潘婷——使头发更加营养、健康；海飞丝——去屑；飘柔——使头发更加飘逸、柔顺；沙宣——使发型更完美。

2. 广告表现方式新颖独特

广告只有标新立异，才能在众多的广告中引起受众的注意，给受众留下深刻印象。因此，广告表现必须针对受众的心理需求，不断推陈出新。例如，在美国的一则不用开瓶器就能开瓶的电视广告中，一位相貌平平、年龄在50岁左右的男士，用手毫不费力地就打开了瓶盖，面向观众说道：“今后不必再用牙齿了!”然后嘿嘿一笑，他竟然少了两颗门牙。

同步案例

B-good创可贴

B-good创可贴发布了一则创意广告，如图8-2所示。

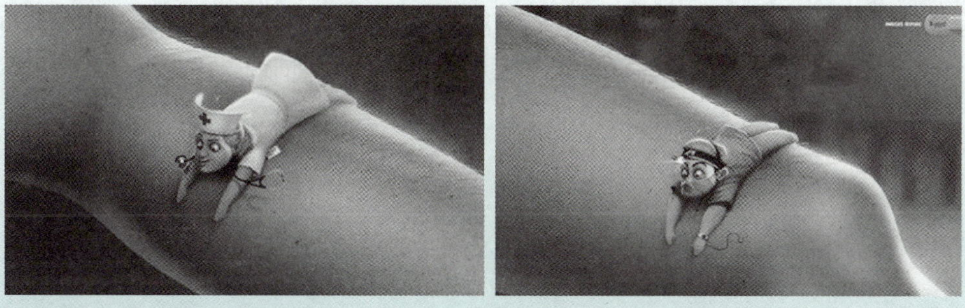

图8-2　B-good创可贴广告图

这则广告标新立异，生动地表明该创可贴的效果好得像医护人员护理一样，创意十足。

问题：试分析，这个创意的立意点是什么？

3. 广告创意要具有震撼力

广告创意不仅要具有视觉和听觉的冲击力，更要有让人为之心动的力量，激发受众的购买欲望和动机。

（二）广告创意的过程

广告创意是广告策划的一个核心环节。随着现代广告策划的科学化和程序化发展，广告创意形成了更为理性、更为科学的广告创作步骤。广告创意过程可分为以下四个阶段：

1. 调查阶段——收集大量的资料

广告创意是建立在广告调查和市场分析的基础上的，创意从收集资料开始。

2. 分析阶段——提炼广告的诉求点

分析从调查资料中获得的问题点，并从中提取该产品具有吸引力的卖点，从中引出产品的概念描述、定位和广告的诉求点。

3. 形成阶段——以文字或图形将创意具体化

通过调查分析，确定了产品的概念和主要卖点后，广告创意活动进入“发酵”和“消化”阶段。沿着创意纲要指明的方向，分析问题，寻找关键的语言、文字、图像等符号，形成广告创意。

4. 评价阶段——决定好的创意

对形成的各种广告创意进行分析评估，选择出合适的广告创意。

（三）广告创意的思维方法

1. “二旧化一新”创意法

亚瑟·科斯勒的“二旧化一新”的概念是他在研究人类心智作用对创意的影响时提出的。新构想常出自两个想法的再组合，即把两个相当普遍的概念、想法或事物放在一起，形成新的组合，甚至两个完全对立、互相抵触的事物，经由“创意的行动”和谐地融为一体，也会产生引人注目的新构想，即通过对旧的元素进行新的组合，得到新的广告创意。

“二旧化一新”创意方法的价值体现在它能使创意者把各种互不相关甚至互相抵触的事物组合在一起，形成一个令人注目的创意，并给人以意料之外、情理之中的感受。

课堂练习

请从下面的词中选择若干个词构想一小段有创意的语言。（时间：10分钟）

水、玫瑰、计算机、飞鸟、石头、刺猬、餐厅、钢笔、金鱼、冰箱、火、月光

2. “水平思考”创意法

“水平思考”概念是由英国心理学家爱德华·戴勃诺博士在管理心理学的研究中提出的。水平思考创意法要求首先找到支配性的构想，然后把思考的重点从明晰的看法转换到其他尚不明确的看法上去，通过多角度地思考问题实现创新。水平思考创意法有效地弥补了垂直思考法的不足，克服了垂直思考法所引起的头脑的偏执性和经验对人的思维的约束，有利于人们突破思维定式，转变观念，获得创造性构想。例如，一家生产窗帘的公司，面对市场激烈的竞争，致力于如何把窗帘设计得更好、更美观，期望能进一步扩大市场规模。一天该公司老板的朋友在参观公司时问道：“窗帘主要是用来调节光线的，你为什么不做大调节光线的生意？”真是一语道破天机。

知识窗

垂直思考法

垂直思考法又称逻辑思考法，即按照一定的思维路线或思维逻辑进行的向上或向下的垂直式思考方法，这是一种头脑的自我扩大方法，以思维的逻辑性、严密性和深刻性见长，它一向被评价为最理想的思考方法之一。

该思考法思考问题答案的方式，往往是从问题本身出发，依循惯用的逻辑路线探索答案，此路不通换条思路。而不论用了几条思路，也不管每条思路的复杂性如何，这些思路都是针对着那个清楚又确定的答案集中收敛。该方法认为，问题与答案间是一对一的，问题若是平面上的一个点，答案就是空间中相对应的一个定点，两点之间有条或长或短的思路，由面而起层层攀升，垂直射向答案。

3. 头脑风暴法

头脑风暴法也称为智力激励法，由美国BBDO广告公司经理奥斯本创立。它是一种通过小型会议的组织形式，诱发集体智慧，相互启发灵感，最终产生创造性思维的创意方法。

（1）头脑风暴法的操作程序如下：

① 准备阶段。广告创意负责人事先对所议问题进行分析研究，弄清问题的实质，找到问题的关键，拟定所要达到的目标；同时，选定会议参加人员（一般为5～10人），确定会议的时间、地点和所要解决的问题，准备会议资料。

② 热身阶段。会议开始后，主持人首先宣布会议的规则，谈论一些热点或有趣的话题，使与会者思维处于轻松活跃状态，逐步导入会议议题。这个阶段的关键是创造一种自由、宽松、祥和的氛围，使与会者无拘无束。

③ 明确问题。主持人扼要地介绍有待解决的问题，力求简洁、明确，以免影响与会者的思维和想象力。

④ 重新表述问题。经过一段时间讨论后，与会者对问题有了较深的认识和理解。主持人或书记员对会议发言记录进行整理和归纳，找出富有创意的见解和有启发性的表述，为进一步讨论提供参考。

⑤ 畅谈阶段。畅谈就是让与会者畅所欲言，自由表述自己的观点和想法。为激发与会者

的思维和想象力，让与会者真正做到畅所欲言，自由轻松地讨论问题，与会者应遵守以下三个规则：一是不要私下交谈，以免分散注意力；二是不妨碍和批评他人发言，与会者只谈自己的想法；三是发表的见解要简单明了，一次发言只谈一种见解。该阶段是头脑风暴法的创意阶段。

⑥ 筛选阶段。在会议结束后的一两天内，主持人应向与会者了解会后的新想法和新思路，补充会议记录；然后将与会者的想法整理成若干方案，根据可识别性、创新性、可实施性等标准进行筛选；经过多次反复的比较和选优，最后确定1～3个最佳方案。这些方案是多种创意的组合，是集体智慧综合作用的结果。

（2）头脑风暴法应遵循一定的原则，主要包括：

① 自由畅谈原则。与会者不应受到任何限制，让思维自由驰骋；从不同角度、不同层次、不同方位展开想象，尽可能地标新立异，提出独创性的想法。

② 延迟评判原则。头脑风暴必须坚持当场不对任何设想做出评价，不论是肯定或是否定，也不发表评论性意见。为防止评判意见对与会者思维的约束，破坏自由畅谈的气氛，一切评价和判断都要延迟到会后进行。

③ 禁止批评原则。禁止批评原则要求与会者不得进行批评和自我批评，以免抑制创造性思维。

④ 追求数量原则。头脑风暴会议的目标是获得尽可能多的设想，至于设想的质量问题，可留到会后研究。从某种意义上说，设想的质量和数量密切相关，产生的设想越多，其中的创造性设想就可能越多。

⑤ 会后处理原则。通过组织头脑风暴畅谈会，能获得大量与议题有关的设想，对这些设想的分析整理工作，通常安排在会后进行。设想处理的方式有两种：一种是专家评审，即聘请有关专家和与会者代表共同评审；另一种是二次会议评审，即组织与会者举行第二次会议，对设想进行评价处理。

三、经典广告创意理论

（一）李奥·贝纳的固有刺激理论（或称为内在戏剧性诉求理论）

知识库：李奥·贝纳及其代表作

李奥·贝纳所代表的芝加哥学派在广告创意上强调“与生俱来的戏剧性”。李奥·贝纳认为，每件产品都有戏剧化的一面，创意者的当务之急就是要替产品发掘出特点，然后令产品戏剧化地成为广告里的英雄。

李奥·贝纳认为，产品“与生俱来的戏剧性”是建立在受众的欲求和兴趣基础上的，产品中必然包含有受众感兴趣的东西。创意的出发点是产品，应从产品出发去寻找受众心中对应的兴趣点。

李奥·贝纳认为，根据产品和受众的情况，创意要做到恰当准确，只有一个能表示它的字，只有一个动词能使它动，只有一个形容词能准确描述它。对于创意人员来说，一定要找到那个名词、动词和形容词。利用这一创意理念，李奥·贝纳和他的公司创作了许多著名的广告。

李奥·贝纳以自己创作的广告作品为例，说明了三种可能与固有刺激创意法背离的创意方法，如下所示。

（1）用许多不证自明的事实堆砌成一篇无趣味的自吹自擂的文章。这种人可能会这样写广告：“如果你想要最好的豌豆，你就要青豆巨人。青豆巨人经过精心种植与装罐，保证你最后对味道满意。因为它们是同类产品中最好的，所以这些大而嫩的豌豆在美国最畅销。今天就在你买东西的食品杂货店中买一些吧。”

（2）用明显的夸大之词构成夸张的狂想曲。李奥·贝纳指出，有这样倾向的创意人员可能会醉心于这样的文案：“好似蔬菜王国中的大颗绿宝石，你从来不会知道一颗豌豆能够像这样似露般甜蜜，像六月清晨那么新鲜并洋溢着丰富的豌豆的芬芳。把它端到烛光照射的餐桌上，如果你丈夫把你的手握得更紧，一点也不足为奇。”

（3）炫耀才华，舞文弄墨。这类创意人可能会这样写：“这种豌豆计划永远终止蔬菜战争。青豆巨人，它不过如玉米粒那么大，剥豌豆的人能够剥下。青豆巨人有一个保证豌豆永存于世的计划——豌豆在大地，善意满人间。”

（二）罗瑟·瑞夫斯的独特销售主张理论

罗瑟·瑞夫斯的“独特销售主张”的核心观点如下：

第一，每一则广告必须向受众“说一个主张”（proposition），必须让受众明白，购买广告中的产品可以获得什么具体的利益。例如，“除去牙垢”的牙膏广告，“治愈口臭”的漱口剂广告，“祛除体味”的肥皂广告，“清洁牙齿，口气清新”的牙膏广告，都是独特销售主张的范例。

知识库：罗瑟·瑞夫斯及其代表作

第二，广告中所强调的主张必须是竞争对手做不到的或无法提供的，必须说出产品或服务的独特之处，并在品牌和说辞方面是独一无二的。

例如，手机产品为突出其不同的功能，纷纷在广告文案中展示其独特点。OPPO手机的“充电五分钟，通话两小时”是为了突出它的快充功能；“这一刻，更清晰”和“前后2 000万，拍照更清晰”则为了强调它的拍照功能。而牛奶产品中，特仑苏的“不是所有的牛奶都叫特仑苏”的经典广告语表达了其高端的品质。

第三，广告所强调的主张必须是强而有力的，必须聚焦在一个点上，集中打动、感动和吸引消费者来购买相应的产品。

罗瑟·瑞夫斯认为，一旦找到“独特销售主张”，就必须把这个独特的说辞贯穿于整个广告活动，体现在各个具体广告中。

罗瑟·瑞夫斯为M&M巧克力提炼的“只溶在口，不溶在手”的广告语，沿用至今仍历久弥新。虽然产品同质化现象使寻找“独特销售主张”越来越难，但是它仍是现代广告创意重要的思考方法之一。

课堂练习

请列举采用独特销售主张策略的广告。（时间：15分钟）

（三）大卫·奥格威的品牌形象理论

知识库：大卫·奥格威及其代表作

大卫·奥格威的品牌形象理论的基本观点有以下四个方面：

第一，为塑造品牌服务是广告最主要的目标，广告就是要力图使品牌具有并维持一个很高的知名度，塑造品牌形象。

第二，任何一个广告都是对品牌的长期投资，从长远来看，广告诉求必须有助于维护良好的品牌形象，而不应追求短期效益的诉求重点。

第三，随着同类产品的差异性减小，品牌之间的同质性增大，消费者选择品牌时理性成分越来越少，因此，描绘品牌的形象要比强调产品的具体功能特征要重要得多。

第四，消费者购买时所追求的是“实质利益+心理利益”，对某些消费群来说，广告尤其应该重视运用形象来满足其心理需求。例如，全球第二大咖啡品牌麦氏咖啡的广告词“滴滴香浓，意犹未尽”与雀巢咖啡的广告词“味道好极了”相比，麦氏咖啡的感觉体验更胜一筹，虽然不如雀巢那么直白，但却符合品咖啡时的那种意境，同时又把麦氏咖啡的那种醇香与内心的感受紧紧结合起来，同样经得起考验。

品牌形象理论提出后，在广告界产生了巨大的影响，对广告观念产生了很大的冲击。这种广告创意法理论强调把对产品品牌的长期投资放在首要地位，有时候为塑造和维护企业品牌形象，必须牺牲短期利润，正如奥美广告公司一再声明的“做品牌至少要3年”。

（四）威廉·伯恩巴克的实施过程重心理论

知识库：威廉·伯恩巴克及其代表作

伯恩巴克被称为广告界的“艺术派旗帜”。他认为广告信息策略的“如何说”这个实施的部分可以独立成为一个过程，形成自己的内容，这就是所谓的实施过程重心理论。

伯恩巴克认为，广告的秘诀不在于“说什么”，而在于“如何说”，他首倡美术指导和文案人员的协作。他对他的员工说：“我警告你们，不要相信广告是科学”“调查研究可以使你了解消费者需要什么，然后去满足他们，这是一种保守的方法，而广告需要的是冒险”。当然他并不是否定研究和分析的重要性，而是认为不要把研究和分析当作救命稻草，不要让创意被数字束缚灵活性。伯恩巴克领导的DDB广告公司尤其喜欢使用大标题、大图片，以及别出心裁的幽默荒诞等刺激手法。

（五）艾尔·里斯和杰克·特劳特的定位理论

知识库：艾尔·里斯和杰克·特劳特及其代表作

艾尔·里斯和杰克·特劳特的“定位”理论的主要观点有以下五个方面：

第一，广告的目标是使某一品牌、公司或产品在受众心目中获得一个据点，一个认定的区域位置，或者占有一席之地。

第二，广告应将火力集中在一个狭窄的目标上，在受众的心智上下功夫，要创造出一个心理位置。

第三，应该运用广告创造出独有的位置，特别是“第一说法、第一事件、第一位置”。只有创造第一，才能在受众心中造成难以忘怀的、不易混淆的优势效果。

第四，广告表现出的差异性，并不是指出产品的特殊功能或利益，而是要显示和实现品牌之间的差异。

第五，有效定位一旦建立，无论何时何地，只要受众产生了相关的需求，就会自然想到广告中的品牌或产品，达到“先入为主”的效果。

从以上五种最经典的广告创意理论中可以看出，威廉·伯恩巴克的实施过程重心理论特别强调“如何说”，其他四种创意理论虽然也注重“如何说”，但却倾向于认为“说什么”将决定一个广告的成败。

四、广告表现

很多人把广告创意简单理解为广告表现，其实广告表现只是广告创意的一个部分，它主要解决的是广告“怎么说”的问题。广告表现不仅要为创意找到最佳的表现语言、营造最有魅力的氛围，还应该对丰富的艺术表现形式进行准确选择，使广告创意得到最单纯、最简洁的诉求途径。

（一）广告诉求

广告诉求分为情感诉求和理性诉求两种。

1. 情感诉求

情感诉求是针对受众的心理和精神需求，表现受众与企业、产品、服务相关的情感或情绪，通过建立受众与品牌之间的情感关联，引发受众的共鸣，激起消费者的购买欲望。广告中所运用的感情主要为爱情、亲情、友情、乡情与怀旧等，广告表现既可以做纯粹的抒情、浪漫或深情的渲染，也可以做生活化的生动表现。

2. 理性诉求

理性诉求是针对诉求对象的认知，或真实、准确地传达企业产品或服务的功能和利益，为诉求对象提供分析判断的信息，或明确提出观点并进行论证，促使受众做出理智的判断。

理性诉求应当注意利益点的数量，利益诉求过多可能导致受众接受困难，核心利益不突出，影响广告的传播效果。

情感诉求贴近诉求对象的切身感受，突出亲和力；理性诉求偏重于客观、准确描述产品特性，说服力强，对完整准确地传达产品信息非常有利。但是，过于注重对情绪和情感的描述，会影响信息传播效果；而过多的事实传达和道理阐述，也会使广告显得生硬、枯燥，影响受众对广告信息的兴趣和接受。因此，在实际的广告创意中，两种诉求经常结合运用，既采用理性诉求传达客观的信息，又使用情感诉求引发受众的情感共鸣，实现优势互补，以达到最佳的广告效果。

课堂练习

请写出你喜欢的理性诉求广告和情感诉求广告。（时间：5分钟）

（二）广告表现应注意的问题

1. 广告表现要具有吸引力

在注意力经济时代，广告要想吸引受众的眼球，就必须充分运用各种艺术手法使广告标新立异。广告大师伯恩巴克曾说过，如果你的广告没有吸引力，就没有人来看你的广告，不管你在广告中说了什么，都是在浪费金钱。

同步案例

鲜活的果汁广告

图8-3　鲜活派平面广告

如图8-3所示，充沛的果粒从瓶中迸发出来，营造出该果汁中含有大量果肉和果粒的产品特点。广告语则强调了原料产地。整个画面色彩鲜艳，引人注意。

问题：请收集并描述一则表现方式新颖并且吸引你的广告，指出其新颖之处。

2. 围绕主题，突出诉求点

广告表现应紧密围绕广告主题，准确表达广告创意的诉求点。广告的表现不仅要新颖独特，具有吸引力，更要准确地表达广告创意的诉求点，围绕广告主题展开。广告表现与广告主题和诉求点的脱离，导致受众记住了广告表现形式而忽视了广告中的产品名称和利益。例如，在某食品广告中，一男明星一边唱着“好饿好饿好饿，我真的好饿”，一边夸张地揉着肚子跳着舞，虽然该广告语很容易被受众识别并记住，但是产品很容易被忽视。据调查，很多人回忆不起来到底是什么产品让他“不饿了”。

3. 广告表现应符合特定媒体的特征

广告媒体的传播特点决定了广告的表现形式，广告表现必须符合具体的媒体特征，有效地运用媒体优势传播广告信息。

第二节 广 告 创 作

一、广告文案的创作

广告文案是广告作品中（产品包装说明除外）全部的语言文字部分，通过语言或文字两种符号来体现。

（一）广告文案的构成

广告文案由标题、广告语、正文、随文四个部分组成。

1. 标题

标题是包含广告诉求的中心内容或最能引起受众的兴趣的信息，位于广告文案最前面，对全文起统领作用。例如，“我们已突破了世界语言的障碍”（荷兰电信广告标题），“35岁以上的妇女如何才能显得更年轻”（某荷尔蒙霜广告标题）。文案标题是广告诉求的中心内容，体现受众对产品的期待和希望获得的利益。

知识库

奥格威广告标题准则

（1）平均而论，标题比正文多5倍的阅读力，如果在标题里未能畅所欲言，就等于浪费了80%的广告费。

（2）标题向受众承诺其所能获得的利益，这个利益就是产品所具备的基本效果。

（3）要把最重要的消息贯注于标题之中。

（4）标题里最好包括产品名称。

（5）唯有富有魅力的标题，才能引导受众阅读副标题及正文。

（6）就推销效果而言，较长的标题比词不达意的短标题更有说服力。

（7）不要使用只有受众研读正文后才能了解广告的标题。

（8）不要写含混不清的标题。

（9）使用适合于产品诉求对象的语言。

（10）使用情绪上、气氛上具有冲击力的词，如心肝、幸福的、爱、金钱、结婚、家庭、婴儿等。

2. 广告语

广告语又称为广告口号、广告标语，是为加强受众对品牌、产品或服务的印象而在广告中长期、反复使用的，向受众传达一种长期不变的观念的语言或文字。

广告语和广告标题一样，也要求简洁明了。广告语通常提炼成一句话。它与广告标题的主要区别在于：① 广告语的目的在于建立一种观念，用以影响受众的购买行为；而标题的目的则是吸引受众阅读正文。② 广告语具有长期性，可以在不同广告媒体中反复使用；而标题则是短效的，一则广告一个标题，用完即废。

知识库：经典广告语

课堂练习

请列出你所能记得的广告语。(时间：5分钟)

3. 正文

正文是广告文案中传达大部分广告信息、居于主体地位的语言或文字。

4. 随文

随文又称为附文，是传达企业名称、地址、产品或服务的购买办法等附加广告信息，位于广告文案结尾处的语言或文字。

在印刷媒体的广告文案中，一般都包括这四个部分，最能体现广告文案结构的完整性；在电视广告文案中，标题常常省略，随文常以字幕形式出现；在广播广告文案中，标题也常被省略，随文以语言形式表现。

同步案例

瑞士欧米茄手表报纸广告文案

广告语：欧米茄——卓越的标志。

标题：见证历史　把握未来。

正文：全新欧米茄碟飞手动上链机械表，备有18K金或不锈钢型号。瑞士生产，始于1848年。对少数人而言，时间不只是分秒的记录，亦是个人成就的佐证。全新欧米茄碟飞手表系列，将传统装饰手表的神韵重新展现，正是显赫成就的象征。碟飞手表于1967年首度面世，其优美典雅的造型与精密科技设计尽显贵族气派，瞬即成为殿堂级的名表典范。时至今日，全新碟飞系列更把这份经典魅力一再提升。流行的圆形外壳，同时流露古典美态；金属表圈设计简洁、高雅大方，灯光映照下，绽放耀目光芒。在转动机件上，碟飞更显工艺精湛。机芯仅2.5毫米薄，内里镶有17颗宝石，配上比黄金罕贵20倍的铑金属，价值非凡，经典时计，浑然天成。全新欧米茄碟飞手表系列，价格由8万~20余万元不等，不仅为您昭示时间，同时见证您的杰出风范。具备纯白金、18K金镶钻石、18K金及上乘不锈钢款式，并有相配衬的金属或鳄鱼皮表带以供选择。

问题：请分析该广告文案的特点。

（二）广告文案的语言要求

1. 简明扼要

罗瑟·瑞夫斯认为：“消费者从一个广告里面只记得一件事——强烈的一项诉求或者强烈的一个概念。”美国广告研究的先驱人物史考特教授曾总结出广告引人注目的六大法则，其中第一条法则就是：“干扰越少则诉求力越强。”与其他文体相比，广告文案对语言简洁性提出了更加严格的要求。广告文案要求摒弃任何无用的、无关的信息，同时要“抓住要点，抓住要害”，即使是有用的信息也要分清主次，简明扼要=简洁明了+重点突出。例如，立白洗洁精的广告语——洗得干净不伤手。虽然这种洗洁精还有其他特点，比如容易清洗、消毒杀菌等，但广告仅仅抓住这一个特点进行了诉求。

2. 打动人心

好的文案让人看了心动。如果看后无动于衷，那就是失败的文案。打动人心有许多方法和途径，可以用利益打动，即切中消费的需求和欲望。例如，雅芳一句“现在你猜猜我几岁？”使很多对年龄敏感的、欲挽留青春的女性怦然心动。还可以用情感打动，即煽动消费者强烈的情感体验。例如，丽珠得乐的“男人也需要关怀”曾感动了不少人，因为广告抓住生活中最基本的元素和素材，用朴素的形体语言把产品很自然地融入情感的渲染中，使广大消费者由衷地发出感慨：男人的确需要关怀。

同步案例

瓶身广告文案

习惯了不期而遇，就不敢主动邀约。

想见你的人，二十四小时都有空。

我微醺时想起了你，那是你最美的样子。

攒够了思念，等一场相聚。

活在别人的眼光下，不如活在自己的期待中。

可以一无所有，但绝不能一无是处。

耽误你的不是运气和时机，而是你数不清的犹豫。

问题：请分析以上瓶身广告文案的特点以及对受众的影响。

3. 通俗易懂

广告文案要通俗易懂。通俗易懂应是针对目标消费者而言的。对于一般的消费者，一定要采用大众化的词汇、口语化的句子；而对于文化层次较高的目标消费者，可适当文雅一些，但不能“曲高和寡”，令人难懂。近年来，广告文案创作有一种“口语化”的趋势。

文案创作要抓住具有潜在流行性的口语，提高对语言流行性的感知能力和预测能力。实践证明，好的广告文案非常容易成为流行用语。例如，澳柯玛的广告语——“没有最好只有更好！”铁达时手表的广告语——“不在乎天长地久，只在乎曾经拥有！”

二、平面广告的创作

（一）平面广告的构成要素

课堂练习

顺丰速递的平面广告

图8-4 顺丰速递平面广告

仔细观察图8-4平面广告，写出你所看到的各种广告信息。（时间：5分钟）

1. 文案

平面广告的文案可以是一句话、一篇文章，也可以是一幅图画和文字的结合。

2. 图形

图形是最重要的平面广告编写元素，既包括表现广告创意的特定画面、产品图片，也包括与品牌形象相关的各种象征图形元素，如企业标志、象征图形、专用字体等。

3. 色彩

除了报纸黑白版面的广告外，平面广告多采用彩色印刷。不同的色彩格调，可以使相同文案和图形的平面广告产生完全不同的视觉冲击力和感染力。

4. 编排

广告画面的编排是平面广告表现必须执行的程序，是将广告图形、文字以及色彩要素有序地结合、铺陈成为完整信息的编程操作。编排的任务是展现全部视觉元素在画面上的构成关系。

（二）平面广告的创作技巧

1. 视觉元素之间的面积对比

对广告画面中的所有视觉元素进行面积匹配的对比处理，以求在画面上形成主次分明的视觉关系，体现画面的节奏感和个性。

2. 图像之间的质感对比

不仅图与图之间的面积可以形成对比，图像的视觉质感处理以及图像本身的非关联性、异质性和冲突性，都可以形成鲜明的对比效果，营造情节趣味感和新鲜感，强化广告的个性特征，如图8–5所示。

图8–5　某品牌剃须刀平面广告

3. 点、线、面的对比

广告画面中的图形与文字形态，在编辑上都是被视为点、线、面形式的视觉元素。将这些视觉元素有效归纳，形成合理的点、线、面对比关系，并将各个视觉单元用视觉导向技巧串联起来，构成具有动感、韵律感的画面结构，使受众能够轻松准确地接受广告信息，如图8–6所示。

4. 色彩与明暗的对比

广告设计非常重视色彩感情、色彩联想和色彩运用，以提高画面的视觉冲击力。运用对比技巧调整广告画面中的各个视觉元素间的色彩关系，不仅使广告的视觉效果更鲜明、更协调，而且也传达了品牌的个性与品位。高水准的色彩表现能够提升产品的价值感，如图8–7所示。

5. 位置的对比与协调

在编排中调整视觉元素之间的位置对比与相互协调关系，是提高广告画面的节奏感和视觉冲击力的关键，同时，图形本身的朝向也使画面中的动态暗示得到加强，如图8–8所示。

6. 重复处理

重复并不意味着呆板。根据创意要求，在广告画面设计中运用重复手段可以提高广告的趣味性和广告效果。同一图形在面积不同或处理手法不同的情况下重复使用，有助于加深受众的印象，如图8–9所示。

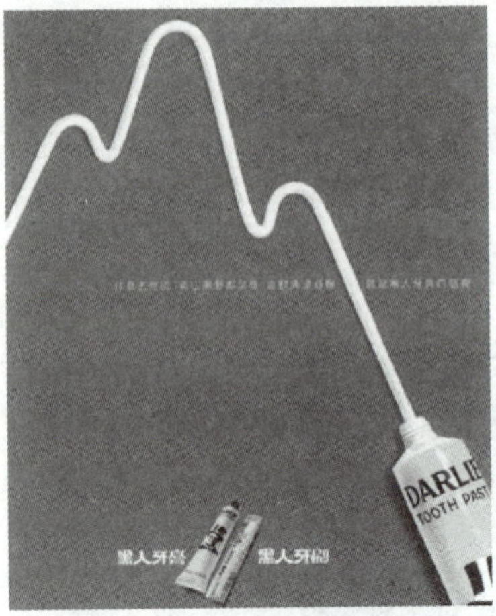

图8-6 某牙膏/牙刷广告

图8-7 巴西某品牌拖鞋平面广告

图8-8 某品牌薯片平面广告

图8-9 可口可乐母亲节主题广告

同步案例

豆浆机广告——九阳VS美的

九阳豆浆机定位：轻松

广告语：五谷好豆浆，九阳轻松做

利益：九阳全自动豆浆机，用水一冲就干净

广告创意：家庭、生活、温馨、健康

美的豆浆机定位：轻松

广告语：美的豆浆机，无网更轻松

利益：免泡豆，易清洗

广告创意：明星代言，突出“干豆、无网”

问题：比较九阳豆浆机（如图8-10）与美的豆浆机广告创意和表现，谈谈你的看法。

图8-10　九阳豆浆机广告

三、电子类广告的创作

（一）广播广告的创作

1. 广播广告的构成要素

（1）语言声音。语言声音是广播广告的声音主体，语言声音的表现力是决定广告成败的关键要素。

语言声音是指人的声音，如歌声、情绪声、呼吸声、人的嘈杂声、交谈声等。

（2）音乐。音乐是广播广告的主要辅助声音，是配合广告主题及语言声音的背景。音乐包括两个方面：一是器乐，如器乐合奏曲、独奏曲、电子乐曲等，主要用来作为背景音乐；二是声乐，即歌曲。

（3）音响声音。音响声音包括机械声和自然声。机械声如刹车声、拍照声等，自然声如风声、雨声、雷声、鸟鸣声等。

2. 广播广告要素在广告创作中的要求

（1）语言声音。广播广告创作中，对语言声音的要求主要表现在以下四个方面：

① 语言要通俗易懂。广播广告的语言必须深入浅出，通俗易懂。为了便于受众的理解和接受，广告语言尽量多用短句、简单句，少用长句、复合句；多用浅显通俗的口头语，少用书面语、文言词。

同步案例

××牌助听器广播广告文案

销售员：大爷，您买啥？

大爷：啥，减肥茶？不减，我这么瘦再减就没了。

销售员：……大爷，买什么您自己挑！

大爷：咋的，还得上秤称哟？

销售员：大爷，您老耳背，我给您介绍一个新伙伴儿。

大爷：啊？要给我介绍个老伴儿，不行啊，家里有一个啦！

销售员：大爷，我给您介绍这个，保证您满意。

大爷：啥，助听器？对，我就是来买助听器的。

男声旁白：××牌助听器，让耳背大爷不再打岔。

问题：请分析该广播广告的特点。

② 语言要简洁明快，注意节奏和韵律。广播广告是听出来的创意，在听觉上要注意节奏和韵律，以增强广告的传播效果。

③ 语言要有丰富的感情。在广播广告中感情充沛的语言更能引起受众的共鸣，激发他们的需求。

④ 语言重复要有度。广播广告的时间非常短，要让那些处于非专注状态下的听众记住有关产品或服务的信息是非常难的，所以广播广告必须恰当地运用重复技巧。

（2）音乐。在广告创作中，对音乐的要求主要是对音乐背景和广告歌曲的要求。

① 对背景音乐的要求。背景音乐主要是利用乐曲来烘托气氛，配合人的声音使用。背景音乐的使用要注意以下几点：第一，背景音乐要针对目标受众设计；第二，背景音乐应有助于树立品牌个性；第三，背景音乐要表现产品产地特征；第四，背景音乐应显示出产品的类别。

② 对广告歌曲的要求。广告歌曲是把广告中所要传递的重要信息，用歌曲的形式表现出来。广告歌曲应该具备以下几个特征：第一，要有诱惑性和煽动性；第二，要通俗易懂，生动活泼；第三，要符合品牌个性要求；第四，要简单明了，便于传诵。

（3）音响。在广告创作中，对音响的要求主要表现在音响的表现力和个性上。

① 音响的表现力。音响要有助于创造一个优美的声音环境，有助于叙述或表现一个事件，有助于思想和感情的沟通。

② 音响的个性化。音响既可以采用与产品有某种联系的声音，也可以采用与产品无联系的声音来作为产品的标志。

（二）电视广告的创作

1. 电视广告的构成要素

电视广告是广告信息高度集中和浓缩的广告，兼有报纸、广播和电影等广告媒体的视听特征，以声、像、色兼备，听、视、读并举为优势，受到众多广告主的青睐。

（1）画面。电视广告画面逼真生动，是广告信息的主要载体。

（2）声音。声音从属于画面，是对画面的补充和说明。声音与画面的有机结合，可以增强广告的视听冲击力，提高广告信息的传播效果，给受众以真实的感觉。与广播广告一样，电视广告中的声音也包括语言、音乐和音响三部分。

（3）时间。时间是电视广告重要的构成要素，离开了时间，广告信息就无从传达。广告信息出现的时间顺序和长短不同，直接影响到受众对广告信息的理解和接受。时间越长，信息量就越大，受众接受的可能性就越大。

2. 电视广告的表现形式

电视是艺术表现力最强的综合性广告媒体，集电影、美术、歌舞、文学等艺术技巧于一体，表现形式丰富多样。电视广告常见的表现形式主要有以下几种：

（1）故事式。用讲故事的形式来表达产品与受众之间的密切关系，以求在受众内心产生共鸣。例如，招商银行的留学生信用卡广告“世界再大，大不过一盘番茄炒蛋”，讲述了一个留学生询问父母如何做番茄炒蛋，他的父母半夜起来一步步拍视频教他的故事。一经发布就在社交网络广泛传播，引起热议并产生共鸣。

（2）印证式。用名人或普通人来印证产品的用途和利益，以实现有口皆碑的传播效果。印证式广告要求创作者必须有高超的创作技巧，以提高广告信息的真实性和可信度。如大宝SOD蜜产品电视广告。

（3）示范式。用比较或示范的手法，表现出产品过人之处或独特的优点。例如，汰渍洗衣粉通过广告代言人走街串巷的入户洗衣示范，突出产品的去污能力。

（4）幽默式。用幽默风趣的语言或表演手法，宣传产品的特征，使受众在轻松愉快的气氛中领会和接受广告信息。

（5）悬念式。利用受众的好奇心理，采用悬念手法吸引受众的注意力，引出广告中的产品或服务。

同步案例

中粮福临门大米电视广告

中粮集团推出了几则福临门大米广告。广告通过几个生活片段讲述生活关爱与大米的关系，扫描二维码并上网查看。

问题：这几则大米广告采用了什么样的表现形式？

视频：中粮福临门大米广告

（6）比喻式。比喻式是利用某些事物直观鲜明的特性来代替抽象的广告对象或广告信息，使受众产生相同的联想。比喻式广告在企业形象广告、家用电器和办公通信设备产品广告、药品保健品广告以及金融保险服务业广告中经常使用，因为这些广告诉求点过于抽象化，比喻的创意方式能将抽象的概念具象化。

知识库

电视广告中的比喻方式

电视广告中的比喻有两种：一是直接以喻体来凸显诉求点，不出现产品形象。例如，某洗衣粉广告“垃圾铲、扫帚、地毯篇”，强调衣服如此脏，洗衣粉也能使其恢复原貌。二是产品形象与装饰符号相结合，构成一个新的事物形象，以此来表现广告诉求点。例如，某冰箱系列广告之“糖、蜂窝篇”，把冰箱形状做成糖果和蜂窝，广告的诉求点是以低廉的价格让受众尝够甜头。广告表现以产品为主体，配以适当的修饰物构成了糖和蜂窝的形象，紧扣“甜”的主题。

（7）解决问题式。先夸大问题或困难，然后介绍产品的功能或利益，提出解决问题的方法或手段。

（8）名人推荐式。名人介绍或推荐产品，利用名人的影响力和号召力，影响目标受众的态度，提高广告信息的传播效果。

（9）特殊效果式。在音响、画面、镜头等方面进行特殊处理，营造具有震撼力的气氛。

课堂练习

请写出你认为具有特殊效果的电视广告。（时间：5分钟）

3. 电视广告的制作方式

电视广告片的制作方式包括现场拍摄、室内拍摄和计算机制作三种。

（1）现场拍摄。由广告制作人员携带摄像设备到现场直接把广告内容拍摄下来，经过剪接成为可供刊播的广告片。

（2）室内拍摄。由广告制作人员根据广告创意的要求，在演播室内布置场景或设计造型，拍摄成广告片。许多护肤品、医药保健品的电视广告都是由拍摄人员在演播室内拍摄的。

（3）计算机制作。由广告设计创作人员向计算机编程人员提供广告创意脚本，计算机编程人员利用计算机编程和计算机绘画制作广告。

（三）网络广告的创作

网络广告是基于计算机操作，通过国际互联网发布和传播的电子广告，是综合运用声音、画面、文字的多媒体广告。

网络广告的形式多种多样，主要是运用网络信息处理技术，对计算机文字、图片及动画进行加工处理。广告制作流程一般包括以下五个步骤：① 图片和文字的输入；② 图形绘制和图像处理；③ 网页动画的制作；④ 影像及声音的输入和编辑；⑤ 完成各广告要素及不同文件、页面间的链接。

同步案例

凯迪拉克快进广告

凯迪拉克一直以来给人们的印象是商务座驾，被广大精英人士青睐。品牌形象除了豪华、高大上之外，还有一种不食人间烟火的感觉。它的一则快进广告则使其形象变得生动有趣起来。

视频：凯迪拉克创意广告

画面：全黑的背景上顺序播放出以下文字："是的，这又是一条广告。""想快进？跳过这条广告？""满足你！"随后出现一个有着轿车画面的快进按钮，按钮被按下后画面立刻快进播放。你可以看到这辆红色的轿车飞驰在不同的场所，公路上、跨海大桥上、小巷里……但是与此同时屏幕上不断出现6.2秒、6.2秒、6.2秒……然后，出现"广告怎么这么快？"的文字，同时欢快的音乐响起。文字继续出现："凯迪拉克ATS-L""百公里加速6.2秒""就是那么快！""6.2秒""超快的！""开车就像快进"，随后满屏出现"快"这个字。最后轿车画面再次出现，以凯迪拉克的logo收尾。

整个广告只有30秒，而且可以快进，迎合了受众不想看广告的心理。画面加速快到模糊，只能看到汽车飞驰，"6.2秒"不断被强化。广告的诉求点明确、单一，并且容易被受众捕捉到。"开车像快进"的创意点也紧密贴合年轻化的消费市场，可见凯迪拉克开始将目标市场定位在年轻群体身上。试问这样的广告，哪个受众会不喜欢，会没有想出门飙车的冲动？

问题：如何评价这则广告？它的创意和表现方式是否有效？

思考与练习

一、单项选择题

1. 广告创意包括两个方面的内容，即广告诉求和（　　）。

A. 广告文案　　B. 广告表现　　C. 广告制作

2.（　　）创意法的价值主要体现在创意者把各种互不相关甚至互相抵触的事物交融、组合在一起，形成一个令人注目的创意。

A. "二旧化一新"　　B. 水平思考　　C. 头脑风暴

3. 罗瑟·瑞夫斯的"独特销售说辞"指出：每一则广告必须让受众明白，购买广告中的产品可以获得（　　）。

A. 情感利益　　B. 具体的利益　　C. 情感利益和物质利益

4. 广告文案是指（　　）中的全部的语言文字部分。

A. 广告策划案　　B. 广告作品　　C. 广告正文

5.（　　）是包含广告诉求的中心内容或最能引起受众的兴趣的信息，位于广告文案最前面，对全文起统领作用的语言或文字。

A. 广告语　　B. 广告标题　　C. 广告随文

二、多项选择题

1. 一个好的广告创意必须具备以下特征：（　　）。

   A. 广告诉求明确、单一　　B. 广告表现方式新颖独特

   C. 广告创意要具有震撼力　　D. 广告诉求要面面俱到

2. 广告文案由（　　）组成。

   A. 广告标题　　B. 广告语

   C. 广告正文　　D. 广告随文

3. 平面广告的构成要素包括（　　）。

   A. 文案　　B. 图形　　C. 色彩　　D. 编排

4. 广告文案的语言要求包括（　　）。

   A. 简明扼要　　B. 打动人心

   C. 通俗易懂　　D. 高雅优美

5. 电视广告的构成要素包括（　　）。

   A. 画面　　B. 时间　　C. 声音　　D. 故事情节

6. 平面广告的创作技巧包括（　　）。

   A. 视觉元素之间的面积对比　　B. 图像之间的质感对比

   C. 色彩与明暗的对比　　D. 位置对比与协调

   E. 重复处理

三、思考题

1. 简述广告创意的内涵和特征。
2. 简述广告创意的方法。
3. 简述广告表现应注意的问题。
4. 简述广告文案写作的语言要求。
5. 简述电视广告的表现形式。
6. 举例分析五种经典广告创意理论在广告实践中的作用和意义，评析其针对性。

案例分析

案例一：三毫米的旅程，一颗好葡萄要走十年

某品牌的广告文案：

三毫米，

瓶壁外面到里面的距离，

一颗葡萄到一瓶好酒之间的距离。

不是每颗葡萄，

都有资格踏上这三毫米的旅程。

它必是葡萄园中的贵族；

占据区区几平方公里的沙烁土地；

坡地的方位像为它精心计量过，
刚好能迎上远道而来的季风。
它小时候，没遇到一场霜冻和冷雨；
旺盛的青春期，碰上了十几年最好的太阳；
临近成熟，没有雨水冲淡它酝酿已久的糖分；
甚至山雀也从未打它的主意。
摘了三十五年葡萄的老工人，
耐心地等到糖分和酸度完全平衡的一刻才把它摘下；
最德高望重的酿造师，
每个环节都要亲手控制，小心翼翼。
而现在，一切光环都被隔绝在外。
黑暗、潮湿的地窖里，
葡萄要完成最后三毫米的推进。
天堂并非遥不可及，
再走十年而已。

问题：该广告文案突出表现了产品的哪些特征？结合上述资料谈谈如何进行广告创作。

案例二：士力架广告两则——“林黛玉篇”和“唐僧篇”

这两则广告诉求主题一致，场景和人物不同，有异曲同工之妙。

“林黛玉篇”：球场上的比赛正在热火朝天地进行着，守门员的位置却站着一位柔弱的身着古装的“林黛玉”，周围还漂浮着粉色的花瓣。当然这样的“林黛玉”是无法完成守门任务的。气得队友大叫：“大哥，你敢再逊一点儿么？饿得跟林黛玉似的手软脚软。”“林黛玉”却挑衅地说：“要不你来？”眼看就要发生争执，一位队员关切得向“林黛玉”递了一条士力架说：“饿得都站不稳了，来条士力架吧！”撕掉包装，咬了一口，瞬间“林黛玉”变成了健壮的守门员。“来劲了！”守门员又回来了！紧接着出现士力架的产品及广告语：“横扫饥饿，做回自己”“士力架，真来劲！”。

视频：士力架“林黛玉篇”

“唐僧篇”：龙舟比赛上，“唐僧”坐在船头闭目敲木鱼，一群划船的队员面面相觑，你看我，我看你，大眼瞪小眼。别的龙舟风驰电掣，他们的却原地不动。一队员大叫：“使劲儿啊，你敲什么呢？”“唐僧”十分镇定：“这叫木鱼！悟空，你休得无礼！”队员诧异，“无礼？你这是无力啊！”另一个队员凑过来说：“就没见过比你弱的。”“唐僧”则唱起了他的经典搞笑曲目“only you”。一位队员坚定得递给他一条士力架，“饿货，快来条士力架吧！一饿就手软。”同样，咬了一口士力架后的“唐僧”瞬间变回龙舟队队长，“嗯，走你！”他敲起鼓，龙舟快速前进。随即出现“横扫饥饿，做回自己”“士力架，真来劲！”的广告语。

视频：士力架“唐僧篇”

问题：请分析这两则士力架广告，它们采取了哪些表现手法？其创意主要体现在哪里？

实践与实训

实训一：广告创意分析

实训目标：

（1）深入体会广告创意的价值；

（2）理解广告创意对广告效果的影响。

实训内容：

（1）选择某一类产品，如饮用水、手机、洗发水类等，收集一个你认为比较成功的广告案例，说明选择该广告的理由；

（2）在该类产品中，收集一个你认为很失败的广告案例，说明理由；

（3）比较以上两则广告在广告创意、表现手法等方面的差异，并进行分析和点评。

实训要求：

分组完成，以PPT形式展示，并在课堂上交流讨论。

实训二：广告创意设计

实训目标：

掌握广告创意的简单方法与技巧。

实训内容：

（1）根据实训一中所做的分析，为该类产品中某个品牌的产品设计一个简单的广告；

（2）明确广告的主体，设计广告的标题，写出广告文案；

（3）为该广告选择合适的媒体。

实训要求：

分组完成，以PPT形式展示所设计的广告，并在课堂上交流讨论，要做到思路清晰，主题明确，标题醒目，广告诉求点合理，符合媒体特性。

第九章

广告效果与测评

本章学习目标

※ **知识目标**

- 了解广告效果的含义及广告效果的表现形式
- 熟悉广告效果测评的指标
- 熟悉广告效果测评的步骤和方法
- 掌握避免无效广告的对策

※ **技能目标**

- 能够在实践中进行广告效果的测评
- 能够在实践中分析无效广告，并给出避免无效广告的对策

※ **素养目标**

- 提升广告职业素养，厚植广告效果测评中的爱国情怀
- 培养文化自信和审美意识，将优秀传统文化融入广告

本章结构

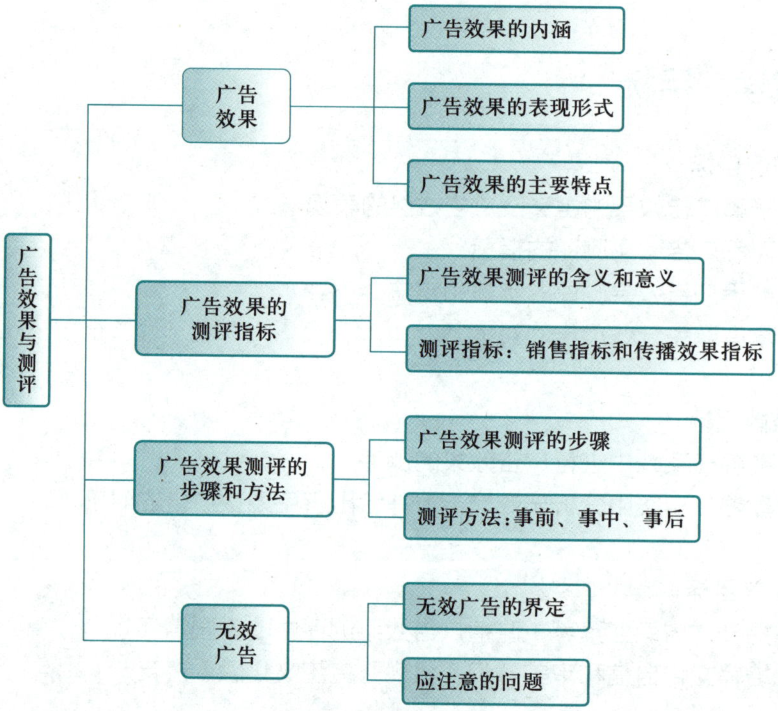
广告效果与测评
广告效果
广告效果的内涵
广告效果的表现形式
广告效果的主要特点
广告效果的测评指标
广告效果测评的含义和意义
测评指标：销售指标和传播效果指标
广告效果测评的步骤和方法
广告效果测评的步骤
测评方法:事前、事中、事后
无效广告
无效广告的界定
应注意的问题

引导案例

杜邦公司的广告实验

作为一个享誉世界的优秀企业，杜邦公司是全球最早设计广告实验的公司之一。杜邦公司颜料部将56个销售区域分成高、中、低三种市场份额区域，在其中1/3区域安排正常数额的广告费，在另一个1/3区域安排正常数额的1.5倍的广告费，在余下的1/3区域安排正常数额的3倍的广告费。结果发现：较高的广告支出所产生的销售增长呈递减状态。这说明，广告力度水平较低时，收益递增，而广告力度较高或中等时则出现收益递减现象。

对于这样的实验结果和结论，大多数广告主都无法接受。几乎所有广告主都认为，高密度的广告轰炸能确定无疑地增加收益，至少是一段时间内的收益增加。事实上，高密度的广告展示是一种浪费，而在这些展示力度的限度之内，通过在长时间内的展示来分散使用广告支出，在每一个媒体上以渐进的方式进行，或在更多的媒体上展示，或在更广的地域分配广告支出，会带来更多的受益，获得更好的广告效果。

问题：广告效果测评的依据、目的和评价方法有哪些？

点评：广告效果测评是衡量广告目标达成的重要手段，不同的广告形式和表现，有不同的测评指标和方法。学习广告效果测评有利于检验广告效果达成程度，帮助企业调整广告计划和广告活动，提高广告效果，减少广告预算浪费。

广告预算的浪费，意味着广告投资没有得到应有的回报，广告没有收到预期的效果。然而，不同的广告主有不同的广告预期，追求不同的广告效果，会采用不同的广告效果评价方式。

第一节 广告效果

一、广告效果的内涵

“广告效果在于提高企业或产品的知名度。”

“广告效果在于改变受众的消费态度和行为。”

“广告效果在于塑造企业或产品的品牌形象。”

“广告效果在于直接促进产品和劳务的销售。”

……

不同的企业在不同的时期开展广告活动的目的不同，广告预期也不同。广告活动既是一种经济活动，又是一种社会性的传播活动，广告效果具有广泛性和多元性。

（一）广告的社会效果

在现实生活中，人们的消费观念、价值观、道德风尚及生活方式经常会受到广告的影响。广告的社会效果是指广告对社会文化道德和意识形态所产生的影响。广告的内容、表现手法、媒体的选择等都带有意识形态的烙印，这种烙印通过广告活动影响受众，并对他们施加影响。在广告活动中，提倡什么、鼓励什么、采用什么手段、运用什么媒体、使用哪些技术等，都要考虑到可能产生的社会效果，确保广告的社会效果符合我国的国情和社会主义精神文明建设的总体要求。

广告效果：广告主通过广告活动为企业带来的各种影响，包括社会效果和经济效果。

同步案例

肯德基“鼓励篇”广告

三个读高三的伙伴两男一女。男生小东勤奋用功，另一个红衣男生功课则不是很好。小东在肯德基餐厅里给另外两人补课，红衣男生只顾着吃肯德基。

高考结束，小东高考落榜，而红衣男生与女生则都考上了北京的大学。

小东正站在天台上郁闷时，另外两个伙伴出现了，红衣男生手里握着一个老北京鸡肉卷，地上有一只纸飞机，是用鸡肉卷的包装纸折的，上面写着“小东加油”。

视频：肯德基“鼓励篇”

两人一起说了句“我们在北京等你”，小东微微一笑，拿起纸飞机往空中一投……

这是肯德基被称为“鼓励篇”的电视广告。然而，这则广告却因涉嫌宣扬读书无用论而备受争议。尽管肯德基做出积极的回应，称广告片的本意是要传递一个主题：肯德基鼓励年轻人以积极的态度面对生活，无论成功还是失败，都不气馁。由于部分观众对广告片产生了一些误解，为了尊重他们的感受，肯德基决定暂停播出并修改广告片的结尾，同时发出英雄帖，寻找更具创意的修改方法。

问题：企业应如何避免广告产生负面的社会效果？

（二）广告的经济效果

广告的经济效果是指广告对社会整体的经济结构及企业、受众个体的经济活动所产生的影响。从整个社会来看，商业广告是社会商品经济发展的产物，为商品经济的发展服务。积极的广告经济效果表现在能够推动整个社会的经济发展，提高受众的物质生活水平，改善受众的消费观念、消费结构和消费层次。从广告主的角度来看，广告的经济效果是指企业通过广告活动所获得的经济效益，包括品牌知名度的提高、品牌形象的建立、产品销售额的增加等。广告的经济效果是商业广告活动的目的，是商业广告的核心效果。

课堂练习

请列举你认为社会效果和经济效果都很好的广告。（时间：5分钟）

二、广告效果的表现形式

从广告作用于受众的过程，可以将广告效果的表现形式分成三个层次。

第一个层次是广告的到达效果。它是指广告到达的受众对广告的注目程度，包括广告的收视率、收听率、阅读率及影响范围等。从广告是如何对受众产生作用的AIDAS原理可以看到，广告效果首先体现在到达受众，被受众看到。广告只有有效地覆盖目标受众，并被受众注意，才能影响受众的态度和行为。优秀的广告作品，如果没有被目标受众注意，或很少被受众注意，就很难获得良好的广告效果。因此，广告的传播效果是广告效果的基础。

知识库

AIDAS原理

A（attention）——使之注目；

I（interest）——使之产生兴趣；

D（desire）——使之产生欲望；

A（action）——使之采取行动；

S（satisfaction）——使之满意。

第二个层次是广告的心理效果。它是指广告创意的诉求内容和表现形式对受众产生的吸引力和心理反应，包括广告的认知效果、态度效果等。如某受众看到某药品广告后，对该药品广告作品较欣赏，且对该药品的功能、独特性或品牌有了一定的认知，从而在心理上对该药品品牌产生好感或偏爱，甚至产生了购买欲望和行为倾向。

第三个层次是广告的行为效果。它是指受众受广告的刺激或影响而产生的购买行为。行为效果是广告投资效果的最终体现，是广告主最关心的广告效果。

广告的到达效果和广告的心理效果是广告行为效果的基础。三个层次的广告效果是依次递进的关系，评价广告效果也必须按照这三个层次去评价。

三、广告效果的主要特点

广告效果既体现在广告计划之中，也存在于广告实施过程中，更表现在广告活动之后，广告活动的各个环节都会影响广告效果；同时，广告环境如市场环境、社会环境、政治环境也会影响广告效果。广告效果的特点主要表现在以下几个方面：

（一）广告效果的复合性

广告效果是广告的经济效果、社会效果和心理效果的统一。作为商业广告，其核心效果是经济效果，即促使产品的销售量的提高或劳务的扩大。但产品销售量的提高或劳务的扩大除了受广告活动的推动外，还受到销售铺货、产品价格、产品质量、消费者的购买力及其他促销手段的影响，这就使广告效果测评变得更加复杂。例如，某消费者看了某品牌化妆品的广告后，对产品有了认知，后来受降价促销的刺激产生了购买行为，这一购买能否作为广告活动的效果？再如受众受到广告的刺激产生购买动机，去商场购买，但商场却没有销售该化妆品，消费者购买行为未能实现，产品销售没有增加，那么该广告有没有效果呢？

（二）广告效果的累积性

广告活动是一个动态的过程，广告信息对受众的影响并非局限于当时，有相当部分的广告信息转化到受众的意识中，形成沉淀和积累，并对受众今后的购买行为产生影响，这就使得广告效果的形成或实现有一定的时空距离，广告活动对产品销售的影响存在一定的滞后性。因此，在广告活动中，既要讲究战术，也要讲究战略；既要讲究即效，也要追求长期，充分把握广告效果的累积性特点，从战略角度规划企业的广告活动。

例如，某电子产品的目标受众是上班族，因该产品广告长期广泛地传播，使产品品牌在大学生的潜意识中慢慢积累沉淀下来，这种潜意识的品牌形象就有可能影响他们将来工作后的购买行为。

（三）广告效果的滞后性

广告效果的产生不是立竿见影的，除了促销广告之外，大多数广告的效果都要经过一段时间才能表现出来。广告主在制定广告计划时，必须考虑广告效果的滞后性特点，提前一段时间发布广告，以便在销售旺季引导销售。广告对销售的影响一般经过“预热—升温—沸腾”的过程，虽然各阶段的准确界定比较困难，但是，广告投放还是可以分阶段进行的。以月饼销售为例，市场预热为节日前1~2个月，市场成长期为节日前15天，而节日前一周为沸腾期。不同阶段的广告宣传重点不同。市场预热阶段以品牌形象和产品信息类广告为主；市场升温阶段以促销广告为主，争取团购客户；市场沸腾阶段以传播品牌、产品、服务三大优势为主，争取个人购买。

（四）广告效果的难预测性

广告效果的难预测性主要表现在两个方面：一是广告效果的复合性，它说明广告效果的产生是广泛地、分散地体现在经济、社会、受众心理各个层面；二是广告效果的累积性和滞后性，它决定了广告效果的产生往往是无形的、隐含的，很难从质和量上予以准确测评。广告效果的准确测评一直是广告界探讨的重要问题之一，广告效果的难预测性对广告效果的测评手段和方法提出更高的要求。

第二节　广告效果的测评指标

一、广告效果测评的含义和意义

（一）广告效果测评的含义

广告效果测评是指运用科学的方法，对广告活动全过程中的每个工作环节进行鉴定，评价其质量和效果。

（二）广告效果测评的意义

广告效果测评的意义主要有以下几个方面：

1. 有利于完善广告计划

通过广告效果的测评，可以检验原来预定的广告目标是否正确，广告媒体是否运用得当，广告发布时间和频率是否合适，广告费用的投入是否经济等，进而提高制定广告计划的水平，提高广告效益。

2. 有利于提高广告作品的水平

通过收集受众对广告的接受程度，检测广告主题是否突出，广告创意的诉求和表现是否针对受众心理，是否具有吸引力和说服力，进而改进广告设计，制作出更好的广告作品。

3. 有利于促进广告业务的发展

广告效果的测评能够客观地评价广告效果，增进广告主对广告的信心，从而激励广告公司制定出更加科学、有效的广告活动计划，促进广告业务的发展。

二、广告效果测评的指标

广告效果的测评指标主要有两个：销售指标与传播效果指标。

（一）销售指标

广告的最终目的是促进销售的增加。广告实施后，销售是否增加，增加的程度如何，以此来作为测评广告效果的指标，即销售指标。用销售指标来衡量广告效果，存在两个方面问题：一是影响产品销售的因素有很多，如产品质量、包装、价格、促销手段、销售渠道、竞争状况、受众因素、经济环境、政治文化环境、自然科学环境等，广告只是其中的一个因素；二是就广告效果本身的特点来看，广告效果具有累积性和滞后性，有些广告效果的显现可能需要经过较长的时间。因此，有时很难界定某一广告活动与销售之间的直接关系。

综上所述，测评广告的销售效果，必须具备以下三个条件：① 广告是各测评指标中的唯一变量；② 广告对促销组合具备支配性力量；③ 广告刺激的是直接性购买反应。在复杂的市场营销环境中，以上三个条件是很难满足的。因此，用销售指标来测评广告效果不具有科学性和准确性，销售指标只能作为企业广告决策的参考依据。

（二）传播效果指标

广告传播效果是指某一特定的广告信息作用于受众所产生的心理反应和行为倾向的效果，包括广告到达率，广告传播作用于受众心理系统后引起的心理变化，受众对广告内容的知晓、理解、偏爱以及在心理变化的基础上引起的购买行为的倾向性。以传播效果作为衡量广告效果的指标，即为传播效果指标。

广告传播效果的显现，一般是经过“不知晓—知晓—理解—态度—行为倾向”五个阶段。

1. 知名

知名是广告传播效果的最低要求或第一目的。当新产品进入导入期时，广告活动的目的首先是扩大产品的知名度，让受众知道该品牌或产品的存在。对品牌知名度的测评较为简单。

2. 认知与理解

认知与理解指标是测评受众对广告的主题及广告所做的利益承诺、产品的销售信息等的认知和理解程度。在现实生活中，知道品牌名称但对品牌或产品知之甚少的情况也不少见。

3. 喜欢与态度改变

广告传播效果显现的第三个层面是喜欢与态度的改变。受众在知名与理解的基础上，对产品或品牌形成了肯定性意见，并产生好感，甚至偏好。

4. 购买欲望与行为倾向

态度往往是行为的基础。通过广告传播引起受众改变对产品或品牌的态度，甚至产生购买欲望和行为倾向。

知识库：艾菲奖在中国

在实践中，传播效果指标具有很高的应用价值。但传播的效果，并不一定直接影响着产品销量。良好的传播效果是实现理想销售效果的必要条件，但并非充分条件。因此，以传播效果作为测评广告效果的唯一指标也存在着一定的局限性。

在广告效果测评中，销售指标和传播效果指标各有利弊，只用其中任何一个指标都存在着一定的不完整性。为客观评价广告效果，必须把两个指标结合起来使用。

第三节　广告效果测评的步骤和方法

1961年，美国广告学专家科雷出版了《为周密的广告效果确定广告目标》一书，提出了著名的达格玛（DAGMAR）法（书名缩写）。达格玛法强调：在广告策划中应该首先确立一个总的广告运动目标，然后再根据广告的传播过程，将总的广告运动目标分解为若干个小的广告目标，形成多层次的广告目标；每一项具体的广告工作或行动，都必须明确完成其直接目标；而每一个直接目标的实现，都在逐步促使总的广告运动目标的实现。在广告运动中，要时时对广告运动的每一个具体目标进行评估。广告运动结束后，再对广告运动进行总体评估。

一、广告效果测评的步骤

在达格玛法的指导下，广告效果测评的程序分为如下几个步骤（见图9–1）：

（1）确定本次广告运作的总目标。

（2）在总目标的指导下，制定一系列的子目标。例如，将总目标分为销售目标和传播目标；进一步将传播目标分成若干子目标，包括品牌知名度、理解度、态度等。目标分解要求把各层子目标汇总起来，构成广告运作的总目标。

（3）制定广告各层次目标测评的步骤和具体方法。

（4）根据广告各层次目标测评的步骤和具体方法，进行调查、研究，资料收集，实施广告效果测评。

（5）对收集的资料进行统计分析，测评广告效果。

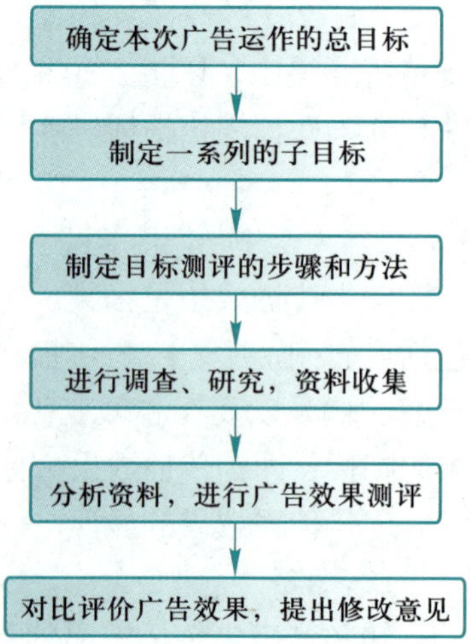

图9–1　广告效果测评程序

（6）结合测评之前制定的一系列具体的广告目标，对广告效果进行对比评价，分析产生偏差的原因，提出广告运作的修改意见。

达格玛法将广告效果的测评贯穿于整个广告运作之中，强调广告效果测评不是一次性的，而是多次性的，即广告效果测评应该分阶段、连续性地进行。根据这一方法，广告效果的测评分为事前测评、事中测评和事后测评三个阶段，每一个阶段的广告效果测评包括以下四个步骤：

第一步，明确本次测评的目标，例如，在事前测评中，测评广告作品是否对目标受众具有吸引力和说服力，以提高广告作品的水平；

第二步，制订测评的计划方案；

第三步，具体实施测评方案；

第四步，撰写测评结论报告。

测评的计划方案应具体，能直接指导测评工作的执行。一般来说，一份测评计划包括以下内容：① 测评的内容，例如，在事前测评中对广告作品和媒体组合进行测评；② 测评的目的和要求；③ 测评的方法；④ 测评的范围和对象；⑤ 测评的时间和地点；⑥ 测评人员的安排；⑦ 测评费用预算。

二、广告效果测评的方法

（一）广告效果的事前测评

所谓事前测评是指在广告活动正式发布之前，对广告实施步骤、广告作品和广告媒体组合进行评价，以期提前发现问题并进行修改，提高广告传播效应。

事前测评的内容包括广告策划的测评、广告作品的测评和广告媒体传播时机与广告媒体组合策略等的测评。常用的事前测评的方法有：

1. 判定法

判定法通常是邀请一定数量的受众对拟订的同一产品的几项广告方案进行顺序评价，评价最高的广告方案则为首选方案。

同步案例

××口香糖广告动画版测试方案

测评内容：××口香糖广告动画版本测试。

测评目的：××口香糖企业为其领导品牌推出新的广告。广告公司为之准备了3个不同的创意，每一个创意都已准备了初稿。初稿是动画形式的电视广告，画面是手绘的，有配音及音乐。广告主希望从中选择一个最有潜力的广告来进行正式拍摄。

测评方法：该测评在广州和北京同时进行，采用街头访问的方法。在每一个城市访问300位被访者（3个广告，每个广告各有100个被访者）。对于每个广告，事先邀请该品牌的经常使用者到市区内指定的地点。访问分以下几个步骤进行：首先是了解被访者近期对不同品牌口香糖的购买情况及购买意向，请被访者连续观看每一个广告3次；然后请被访者回忆，评价这个广告；最后询问被访者观看广告后对不同品牌的口香糖的购买意向。

测评结果：通过测评发现其中一个版本所引发的受众购买意向明显高于其他两个版本，所以推荐使用该版本继续发展。测评更准确地了解到该版本中哪些要素吸引了受众的注意，哪些要素推动了受众的购买意愿，为接下来的广告制作提供了清晰的指引。

问题：请参考以上测评方案，选择某一快速消费品的广告进行广告测评，写出测评方案。

2. 专家小组评定法

专家小组评定法是邀请若干名有相关经验的专家，如市场营销专家、广告专家、心理学专家、传播学专家等，组成专家小组，将拟定好的广告文本及媒体组合计划提交专家小组，由专家小组从各个角度预测广告效果。

3. 机械法

机械法是借助于各种设备和仪器，明确而客观地评估出广告的某些指标。例如，借助心理电测器检验评审者在阅读广告时出汗的程度，以此来评估广告的吸引力和感染力；阅读时心跳越快，说明广告越成功。

（二）广告效果的事中测评

事中测评是在广告正式发布过程中对广告效果的测评。测评内容主要是广告作品和广告媒体组合，目的是为事后测评和评估积累必要的资料和数据。事中测评常用的方法有：

1. 销售区域测评法

销售区域测评法是选择一到两个推出广告的地区和未推出广告地区作为试验区，观察广告区和无广告区受众的反应和销售变化，比较两者的差别，以此测评广告活动的效果。

2. 回函测评法

回函测评法通常是在报纸、杂志、产品包装等印刷出版物上设计特定的回条，让受众阅读广告后将其剪下寄回，根据回条了解广告的接受情况。

3. 分割测评法

分割测评法是回函测评法的分支，属于邮寄调查的范围。其操作方法是选择两种版本的广告，将其中的一种广告刊登在同期的一半发行量的杂志上，将另一种广告刊登在同期的另一半发行量的杂志上，通过回函统计，测评出广告效果。

（三）广告效果的事后测评

事后测评是在广告活动结束之后，对广告活动效果进行全面评估，目的有两个：一是评价广告费用与广告收益是否合理；二是评价广告策略的成败得失，为新的广告活动提供依据。鉴于广告效果的滞后效应，对广告效果的事后测评要注意评估的时机选择。

事后测评的内容包括销售效果测评和心理效果测评。

1. 销售效果测评

以广告活动结束后所取得的销售效果与广告费用的对比来计算广告效果。销售效果测评的计算公式为：

广告效果比率 =（销售增长率 ÷ 广告费增长率）× 100%

广告费比率 =（广告费 ÷ 销售量）× 100%

销售除了受广告活动的影响外，还要受到其他促销手段和社会政治经济形势的发展、人们消费水平的提高、消费结构及消费观念的变化、市场竞争等多种因素的影响。因此，利用该方法测评广告效果难以获得准确可靠的数据资料。

2. 心理效果测评

心理效果测评是通过某种心理现象或心理过程来检验广告的效果，如广告是否能引起受众的注意或兴趣；是否有利于促进受众转变态度；是否给受众留下深刻的印象等。常用的方法有：

（1）认知测评法。主要是用来测评广告的知名度，即受众对广告主及其产品、商标、品牌等的认知程度。认知分为三等："见过""关心过""注意过"。

（2）回忆测评法。主要是用来测评受众对广告的理解程度。为了促成受众的购买行为，广告必须能给人留下记忆。从广告效果的角度来说，记忆比认知更进一步。这种方法不仅仅要了解受众能回忆起多少广告信息，更主要的是能查明受众对产品、品牌、创意等内容的理解与联想能力。

回忆测评法分为自由回忆法和引导回忆法两种，自由回忆法不对受众作任何提示，例如，"你能想起过去几周内看过哪些茶饮料的广告吗？"引导回忆法是调查人员给予一步步的提示，引导受众回忆起尽可能多的广告内容，例如，"你最近看过李易峰代言的茶饮料的电视广告吗？"

第四节　无效广告

同步案例

（一）××洗碗机广告

在济南一辆通往远郊农村的公交车车体上，赫然载有某品牌洗碗机广告。

评析：该广告的目的是什么？它想达到什么效果？有调查显示，济南市市区居民中拥有洗碗机的比率也较小，在"近期计划购买或更换的耐用消费品"选项下，洗碗机的选择率在10%左右。在此情形下，洗碗机作为一种尚未普及的家用电器，其主要使用者应当是城市中经济收入较高、生活行为方式较为超前的年轻人。在媒体策划中应选择能准确覆盖目标受众的媒体，否则此广告必然是无效的。

（二）××洗面奶广告

"小姐、小姐，我很喜欢你。"一位男生怯怯地对一位女生说。"可我不喜欢脸上有油的男生。"女生回答。男生飞快地洗脸，一会儿脸上没油了，又凑过去说："小姐、小姐，我很喜欢你。""可我已经结婚了。"一阵笑声，结束。

评析：这是一个洗面奶的电视广告，有受众反映看过多遍，无论是画面、音效制作都非常精美，每次都觉得很有趣、很有创意。但是总没有记住是什么牌子的洗面奶。记住了广告，而没有注意或记住品牌名称，这也是生活中常遇到的一种现象。叫好而不叫卖的广告同样是不成功的广告。

问题：请列举你所见过的无效广告，并说明理由。

一、无效广告的界定

对于广告的效果，广告界有“有效广告”和“实效广告”之说。广告大师罗瑟·瑞夫斯认为，广告只要被人看到或听到，引起了人们的注意，就可以认为是“有效”。但是，只有最终吸引人们来购买广告中的产品才算是“实效”。根据广告对受众作用的AIDAS理论，“有效广告”只达到了广告的基础效果，而“实效广告”则达到了广告高层次的效果。广告“实效化”是广告主、营销策划公司、广告创作者共同追求的目标。广告运作从广告调查到媒体的策略制定和执行，任何一个环节的失误都可能影响广告的效果。

二、避免无效广告应注意的问题

为避免无效广告，力争广告的实效化，在广告的运作过程中应注意以下问题：

第一，重视广告调查工作，确保广告调查所获得资料的真实性和准确性。没有调查的广告是在拿广告主的广告费做赌注，广告调查做得不到位同样误导广告策略的制定。

同步案例

某牛初乳产品广告失真调查

某牛初乳产品在上市较长一段时间内，利用多种媒体大量投放扩大产品知名度的名人广告，经销商满怀信心地上货，可出人意料的是销售不佳。该公司立刻请另一家知名的营销策划公司进行营销诊断，营销策划公司经过调查发现，广告受众甚至超市的导购员都不知道牛初乳是什么，或误认为牛初乳就是普通的奶粉。在这种情况下，消费者当然不愿花比进口奶粉还贵的价格来购买牛初乳产品。

调查结果显示：“受众知道牛初乳是什么”的资料严重失真，这一重要资料失真是导致营销失败的主要因素。

问题：请分析哪些因素造成了该牛初乳广告的无效。

第二，树立正确的广告创意观。广告创意包括广告诉求和广告表现。广告诉求是通过广告传播向受众传达什么样的信息，达到什么样的目的；广告表现是为广告诉求服务的，是将广告诉求以最鲜明、最容易记忆的方式传达给目标受众。广告表现与广告诉求的脱节是导致广告无效的主要因素之一。

第三，制定有效的媒体计划。广告媒体是受众接触广告的桥梁，没有好的媒体策略，再好的广告也难以到达目标受众。开展广告活动要求媒体策划人员研究目标受众接触媒体的偏好和习惯，有针对性地制定广告投放策略和媒体计划。

第四，选择合适的发布时机。发布时机的选择是否得当，直接影响广告效果。例如，在世界杯足球赛期间，对运动服装、运动饮料等产品来说，是很好的宣传时机。

第五，注重营销手段的整合。广告效果的提高还需要各种广告媒体之间、广告与销售终端、广告与其他促销手段之间的相互配合。

广告作为整个营销活动的组成部分，广告效果的最大化必须放在整个营销过程中才有意义，无论产品质量不过关，产品整体策划不到位，还是销售终端建设不完善，团队执行力不足，预期广告效果都难以实现。

同步案例

2020年营销活动“加油白衬衫”的整合营销方案

2020年毕业季，应届高校毕业生达874万，同比增长4.8%。××平台打通线上线下渠道，运用多元营销手段，在毕业季开展“加油白衬衫”整合营销传播活动，与毕业生建立起全方位情感沟通的桥梁，深化了温情的年轻化品牌形象。本活动内容主要包括以下几个方面：

1. 创意公益广告的线上传播

2020年7月13日，××平台官方在新浪微博发布公益性广告短片《加油白衬衫》，正式拉开本场营销活动的帷幕。短片以毕业典礼开场，先以女主人公第一人称讲述其艰难的求职经历，然后扩展到穿着白衬衫求职却四处碰壁的毕业大学生群像，展示这些叙事主体的心路历程，呈现毕业生和职场人的共同记忆。广告结尾,旁白念出广告语：“每个人的开始都是一件白衬衫，每件白衬衫都将写满未来”，激发观看者拼搏奋斗的勇气和对未来的信心。

2. 线下的艺术展

为从更多渠道接近毕业生，品牌将“白衬衫”这一核心意象投射到毕业生的生活场景中，在上海徐家汇地铁站内举办了为期两周的线下白衬衫艺术展，强化毕业生对此次活动的认知。艺术展由两部分组成，一是对广告里名人故事中出现的白衬衫做了实物展示；二是设置了一台“白衬衫公益贩卖机”。与投入硬币换得商品的传统贩卖机运行逻辑不同，该贩卖机鼓励毕业生投入简历免费兑换一件白衬衫，具有极强的交互性与体验性。

3. 跨平台的联名传播

品牌还联合职场垂直类社会化媒体领英开展了“加油白衬衫”的话题讨论，邀请企业总裁为大学生分享职场相关话题，更引入百名资深名企业职场人，为应届生在线提供一对一面试、求职免费辅导和行业经验分享活动，用公益活动的形式解决用户的实际问题。

4. 电商平台的短期销售促进

在电商平台，公司联合商家打造了“加油白衬衫”主题会场，运用销售促进手段引导目标用户下单购买，大学生上传毕业照和毕业证书参与即可以0.01元购物，还能享受买一送一等权益。

总结本场整合营销传播活动，它以品牌形象构建为导向，以内容创意为核心，联合多种媒介触点，在活动的不同阶段运用多种营销方法，实现以消费者为中心的多元触点、多种场景、全时全景式品牌传播。

资料来源：王一丹.整合营销传播视角下的品牌营销活动探析[J].北方经贸.2021（12）.

问题：结合案例，试评估整合营销广告的传播效果。

思考与练习

一、单项选择题

1. 从广告的影响范围来看，广告效果分为（　　）。
   A. 传播效果和销售效果　　B. 经济效果和社会效果
   C. 经济效果和心理效果
2. 广告传播效果的最低程度是（　　）。
   A. 理解　　B. 认知
   C. 购买欲望和行为倾向
3. 广告效果测评的指标是（　　）。
   A. 传播效果指标和销售指标　　B. 心理指标和销售指标
   C. 经济指标和社会指标
4. 下列不属于广告效果事中测评的方法是（　　）。
   A. 销售区域测评法　　B. 回函测评法
   C. 判定法　　D. 分割测评法
5. 广告大师罗瑟·瑞夫斯认为广告只被人看到或听到，引起了人们的注意，可以认为是（　　）。
   A. 实效　　B. 有效　　C. 无效

二、多项选择题

1. 广告效果的特点包括（　　）。
   A. 累积性　　B. 滞后性　　C. 复合性　　D. 难预测性
2. 广告效果的测评可分为（　　）。
   A. 事前测评　　B. 事中测评　　C. 事后测评　　D. 综合测评
3. 根据广告传播效果的实现过程，可以对传播效果作（　　）几个层面指标上的测评。
   A. 知名　　B. 认知与理解
   C. 喜欢与态度改变　　D. 购买欲望与行为倾向
4. 广告事前测评的方法包括（　　）。
   A. 判定法　　B. 专家小组评定法

C. 回函法　　D. 机械法

5. 每一个阶段的广告效果测评都包括（　　）等几个步骤。

A. 明确本次测评的目标　　B. 制订测评的计划方案

C. 具体实施测评方案　　D. 撰写测评结论报告

三、思考题

1. 简述广告效果的内涵。
2. 简述广告效果的特点。
3. 简述广告效果测评的方法。
4. 为避免无效广告，在广告的运作过程中应注意哪些问题？

案例分析

只需三招，让品牌网络广告效果最大化

各大门户网站的网络广告价格每年都在上涨，使得广告主的成本越来越高。目前大部分广告主还是用在传统媒体投放广告相似的思路来投放网络广告，这样发挥出来的效果是很低的。对于为了提升自身品牌价值的广告主，应该如何聪明的投放网络广告呢？

要提升品牌，就需要把握品牌的三要素：知名度、美誉度和忠诚度。传统的媒体，对于提高品牌的知名度有很大的帮助，但是对于提高品牌的美誉度、忠诚度却不能很好地体现。互联网却不同，它的互动性可提升美誉度和忠诚度。操作步骤如下：

第一步，制作互动专题网页。可以制作有奖活动、用户调查、创意征集等互动方式的专题网站。

第二步，网络广告投放与高质量受众数据库收集。普通的网络广告投放，只是提高曝光率和知名度，其实利用网络广告，可以在提高曝光和关注的同时，收集大量的高质量数据。例如投放CPA按照效果计费的广告（CPA计费就是通过用户的一个行为进行效果付费，例如注册、留言、活动参与等）。在各大门户网站以及其他网络媒体投放广告，使用CPA计费模式可以获得大量曝光量、知名度，同时还可以获得更多的用户数据。假如一个注册行为2元钱，则获得500万的高质量用户E-mail、手机等联系方式仅需要1 000万元，而且是合理获得潜在客户的资料。

第三步，定期通过E-mail、手机等方式进行数据库营销。通过E-mail、手机短信、社交平台等方式，定期对这500万潜在客户进行数据库营销。营销的方式不能只是简单的广告，而要以用户喜欢的方式开展。例如提供奖品让客户为自己品牌和产品提建议等方式。这样不仅成本非常低，还能够直接和潜在客户互动，甚至让客户参与产品的完善过程。而定期地对客户进行自动化的跟踪，可以让客户感觉到你一直关注着他，这样提升企业品牌的忠诚度也是自然而然的事情了。

总而言之，网络媒体是可以有效提升企业品牌美誉度和忠诚度的平台，广告主如果能够以按照效果付费的方式投放网络广告，可以获得较好的品牌宣传效果。

资料来源：绝活传媒微信公众号，有改动。

问题：请结合上述资料，讨论如何能更好地获得网络广告效果。

实践与实训

实训一：广告效果测定

实训目标：

了解广告效果测定的方法。

实训内容：

（1）收集一则平面广告或广告文案；

（2）有针对性地制定出测定此广告或文案效果的具体方法；

（3）在同学中测试所设计的测评方法，并简要分析测评的结果。

实训要求：

分组完成，以书面形式上交测评报告。

实训二：无效广告分析

实训目标：

（1）了解导致无效广告的因素；

（2）基本掌握避免无效广告的技巧。

实训内容：

（1）收集一则无效广告；

（2）分析该广告缺乏实效的原因；

（3）针对该广告所宣传的产品，提出改进方案。

实训要求：

分组完成，以PPT形式展示广告及改进方案，并在课堂上交流讨论。

附录

“广告原理与实务”课程教学建议

一、课程的性质和目标

广告作为营销要素之一——促销的主要手段，在现代企业营销中处于重要位置，具有不可替代的作用。广告原理与实务是市场营销专业学生学习的主干课程之一，也是市场营销课程学习的延续。

通过本课程的学习，要求学生达到如下目标：

（1）了解广告的概念和要素，广告与市场营销、消费心理和消费行为、传播之间的关系。

（2）熟悉广告业务的基本流程，掌握广告调查的基本方法和内容，广告的目标和策略，广告预算的编制方法，广告媒体选择的原则和媒体组合策略，主要广告媒体的特点和应用，广告创意的思路和方法，广告效果的测评等有关内容。

（3）在营销实践中，会组织实施简单的广告活动；设计广告调查问卷和实施调查；判断企业的广告目标和策略的合理性与有效性；根据目标受众选择广告媒体，运用主要广告媒体发布广告；对广告创意、广告作品和广告效果进行评价。

二、课程对象

本课程主要为工商管理类专业学生开设，特别是市场营销专业。随着市场经济的发展和市场竞争的不断加剧，市场营销工作正在由专业营销向全员营销和社会营销转变，本课程也可作为其他经济类或相关专业学生的选修课程或必修课程。

三、知识和能力结构

知识和能力结构如下图所示。

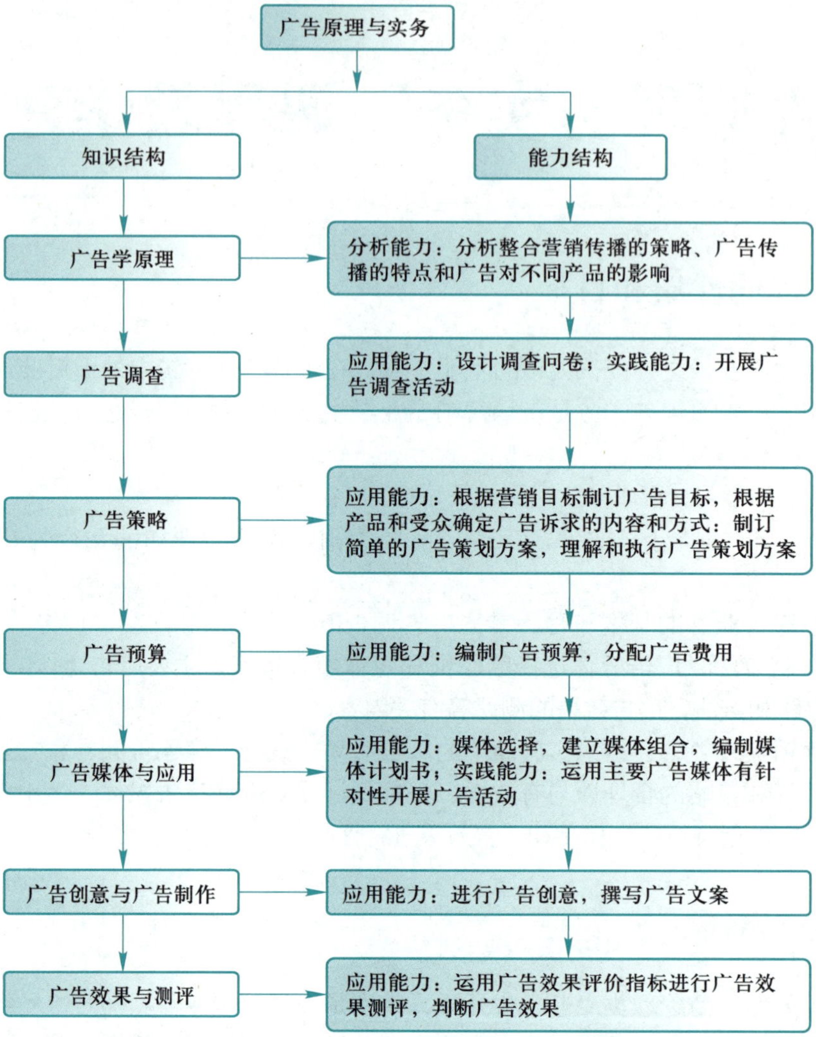

四、教学起点

为保证本课程的教学效果，教学起点应为高职院校二年级学生。前导课程包括经济数学、市场调查与预测、市场营销、消费心理与消费行为、财务会计等。

五、课程大纲

本课程总学时建议为48~54学时，其中：理论教学为36~40学时，实践教学为12~14学时，课外实践根据需要，另行安排。（课时安排建议按54学时设计）

1. 理论课程教学大纲

第一章　广告学原理（建议课时：8学时，其中：理论6学时，实践2学时）

教学重点：广告的概念、广告的要素、个体心理与广告、广告传播的特点、广告传播的功能、广告影响模式。

教学章节及知识点：

第一节　广告的概念及要素

广告的概念、广告的要素、广告的功能、广告的分类

第二节　广告与市场营销

市场营销组合与促销组合、整合营销传播

第三节　广告与受众心理

个体心理与广告、社会心理与广告

第四节　广告与传播

传播的流程与广告传播的特点、广告传播的功能

第五节　广告与消费者行为

消费者行为特征、广告影响模式

第六节　广告代理

广告代理制、广告代理公司的管理模式、广告代理的选择

第二章　广告调查（建议课时：5学时，其中：理论3学时，实践2学时）

教学重点：广告调查的概念，广告调查的内容、程序和方法，广告调查问卷的设计。

教学章节及知识点：

第一节　广告调查的概念和作用

广告调查的概念、广告调查与市场调查、广告调查的作用

第二节　广告调查的内容、程序和方法

广告调查的内容、广告调查的程序、广告调查的方法、广告调查报告的撰写

第三节　广告调查问卷的构成与设计

广告调查问卷的构成、广告调查问卷的设计

第三章　广告策略（建议课时：8学时，其中：理论6学时，实践2学时）

教学重点：广告的目标确定和选择，广告策划，广告策略。

教学章节及知识点：

第一节　广告的目标

广告目标及其功能、广告目标的设定、确定广告目标的思维程序、常见的广告目标

第二节　广告策划

策划与广告策划概述、广告策划的流程、广告策划书

第三节　广告策略

广告市场策略、广告产品策略、广告诉求策略、广告策略的实施过程

第四章　广告预算（建议课时：4学时，其中：理论3学时，实践1学时）

教学重点：广告预算的概念、范围和编制程序，广告预算的编制方法，广告预算的分配方法。

教学章节及知识点：

第一节　广告预算概述

广告预算的概念与范围、广告预算的编制程序、广告预算的影响因素

第二节 广告预算的编制与分配方法

广告预算的编制方法、广告预算的分配方法

第三节 广告预算书的编写

第五章 广告媒体（建议课时：4学时，其中：理论3学时，实践1学时）

教学重点：广告媒体的概念、分类和特点，广告媒体选择的原则，广告媒体选择的策略，媒体计划。

教学章节及知识点：

第一节 广告媒体概述

广告媒体的概念、广告媒体的发展、广告媒体的分类、广告媒体的特点

第二节 广告媒体选择的原则和程序

广告媒体选择的原则、广告媒体选择的程序

第三节 广告媒体选择的策略

单一媒体策略、媒体组合策略

第四节 媒体计划

媒体计划的概念、媒体计划书的基本构成

第六章 传统媒体广告（建议课时：8学时，其中：理论5学时，实践3学时）

教学重点：报纸媒体的特点和应用，杂志媒体的特点和应用，电视媒体的特点和应用，广播媒体的特点和应用，户外媒体的特点和应用。

教学章节及知识点：

第一节 报纸媒体的特点和应用

报纸媒体的特点、报纸媒体的应用

第二节 杂志媒体的特点和应用

杂志媒体的特点、杂志媒体的应用

第三节 电视媒体的特点和应用

电视媒体的特点、电视媒体的应用

第四节 广播媒体的特点和应用

广播媒体的特点、广播媒体的应用

第五节 户外媒体的特点和应用

户外媒体的特点、户外媒体的应用

第七章 互联网媒体广告（建议课时：7学时，其中：理论4学时，实践3学时）

教学重点：网络媒体的特点和应用，移动互联网广告，搜索引擎的特点和应用，社交媒体的特点和应用。

教学章节及知识点：

第一节 网络媒体特点和应用

网络广告的特征、网络媒体的应用

第二节 移动互联网广告

移动互联网广告的含义、手机广告

第三节 搜索引擎的特点和应用

搜索引擎的分类、特点、应用

第四节 社交媒体的特点和应用

社交媒体的应用、信息流广告、原生广告网络直播广告

第八章 广告创意与广告创作（建议课时：6学时，其中：理论3学时，实践3学时）

教学重点：广告创意的特征和思维方法，经典广告创意理论，广告诉求，广告文案的创作，平面广告和电子类广告的创作。

教学章节及知识点：

第一节 广告创意

广告创意的概念和作用，广告创意的特征、过程和思维方法，经典广告创意理论，广告表现

第二节 广告创作

广告文案的创作、平面广告的创作、电子类广告的创作

第九章 广告效果与测评（建议课时：4学时，其中：理论3学时，实践1学时）

教学重点：广告效果的表现形式，广告效果的测评指标，广告效果测评的方法，无效广告的分析。

教学章节及知识点：

第一节 广告效果

广告效果的内涵、广告效果的表现形式、广告效果的主要特点

第二节 广告效果的测评指标

广告效果测评的含义和意义、广告效果测评的指标

第三节 广告效果测评的步骤和方法

广告效果测评的步骤、广告效果测评的方法

第四节 无效广告

无效广告的界定、避免无效广告应注意的问题

2. 实践课程教学大纲

实践教学除案例分析和课堂讨论外，根据教学目的和要求，设计以下几个综合实训项目：

实训一：广告对受众心理的影响

实训重点：广告对受众的心理影响。

实训资料：广告资料，包括电视广告、平面广告和报纸广告等。

实训要求：分别用1分钟和5分钟播放10个广告片（可反复播放），调查学生对广告信息的记忆情况，并进行统计分析。

实训二：广告调查问卷设计

实训重点：根据调查对象和目的设计调查问卷。

实训资料：确定调查产品或服务，调查对象。

实训要求：每4个学生分为一组，在不同区域进行调查，没有条件的可以在学生中进行。

实训三：媒体计划书

实训重点：根据广告预算、产品特性和目标市场编制媒体计划书。

实训资料：地区性广告客户——房地产企业，或全国性广告客户——家用电器生产企业。

实训要求：老师拟定背景资料，学生根据有关资料编制媒体计划书。

实训四：广告评价

实训重点：对广告创意或广告作品进行评价。

实训资料：给出一例广告文案或广告作品。

实训要求：根据所给出的广告文案或作品，结合所学的知识和自己的分析判断，评价作品刊发的可行性和有效性。

六、考核方式及评分标准

本课程有三个考核项目，主要考核学生对广告原理基本知识的理解、广告运作的掌握和运用所学知识开展广告工作的能力。

考核方式采用平时考核和期末考试相结合，其中平时成绩占30%，期末考试占70%。

考核项目一：

类型：作业

形式：书面报告

内容：每章后的思考与练习

目标：本章的知识要求和技能要求

分数：15%

考核项目二：

类型：作业

形式：书面报告

内容：课外作业（第一至八章后，分组指定题目）

目标：各章技能要求

分数：15%

考核项目三：

类型：期末考试

形式：闭卷或开卷（书面报告）

目标：对广告的有关知识的学习和掌握或广告运作能力（开卷）

分数：70%

参 考 文 献

[1] W. 罗纳德·劳恩，卡林·怀特霍尔·金，J. 托马斯·拉塞尔. 克莱普纳广告教程. 7版. 北京：清华大学出版社，2009.

[2] 何修猛. 现代广告学. 上海：复旦大学出版社，2007.

[3] 威廉·阿伦斯，迈克尔·维戈尔德，克里斯蒂安·阿伦斯. 当代广告学. 11版. 丁俊杰，程坪，陈志娟，等，译. 北京：人民邮电出版社，2013.

[4] 袁胜军. 广告学. 北京：人民邮电出版社，2015.

[5] 威廉·维尔斯，桑德拉·莫里亚提，南希·米切尔. 广告学：原理与实务. 9版. 桂世河，汤梅，译. 北京：中国人民大学出版社，2013.

[6] 艾·里斯，杰克·特劳特. 定位：争夺用户心智的战争. 邓德隆，火华强，译. 北京：机械工业出版社，2017.

[7] 清水公一. 广告理论与战略. 13版. 北京：北京大学出版社，2005.

[8] 蔡嘉清. 广告学教程. 5版. 北京：北京大学出版社，2017.

[9] 段轩如，李晓冬. 广告学. 北京：清华大学出版社. 2016.

[10] 艾瑞咨询官方网站.

[11] 中国广告协会官方网站.

[12] 国家市场监督管理总局官方网站.

[13] 中国互联网络信息中心官方网站.

主编简介

王宏伟，1965年11月出生，河南新密人，教授，现任教于郑州工程技术学院。主要从事市场营销专业教学与研究，发表学术论文30多篇，主持地厅级以上科研项目10项，主编《广告原理与实务》《网络营销》《市场营销项目教程》等多部教材。其中，《广告原理与实务》历版先后被评为高职“十一五”“十二五”“十三五”国家规划教材。现兼任郑州金升广告有限公司总经理，2010年被聘为河南省高等学校财经类教学指导委员会委员，2013年被任教大学评为教学名师。